生态环境
行政处罚办法
释义

主　编
李艳芳

副主编
曹炜　张舒

参与撰写人员
张　舒　廖彩舜　张媛媛　周　语　王潇慧

中国法制出版社
CHINA LEGAL PUBLISHING HOUSE

主　编
李艳芳

法学博士，中国人民大学法学院教授，博士研究生导师，兼任中国环境科学学会环境法分会副主任委员，中国法学会环境资源法学研究会常务理事。李艳芳教授长期从事环境法学教学与科研工作，在《清华法学》《法学评论》《法学家》《中国人民大学学报》《政治与法律》等CSSCI刊物上发表论文数十篇。

副主编
曹　炜

法学博士，中国人民大学法学院副教授。曹炜副教授长期从事环境法学教学科研工作，在《中国法学》《清华法学》《法学》《中国人民大学学报》等CSSCI期刊上发表论文十余篇。

张　舒

中国人民大学法学院博士研究生，从事环境与资源保护法学研究。在《中国人民大学学报》《中国地质大学学报(社会科学版)》等期刊上发表多篇论文。

编 写 说 明

　　生态环境行政处罚是生态环境行政执法的重要内容，也是历届国务院生态环境行政主管部门的规范重点。2009 年《中华人民共和国行政处罚法》修正后，原环境保护部于 2010 年 1 月 19 日发布了修改后的《环境行政处罚办法》。原《环境行政处罚办法》实施 10 余年来，对规范生态环境行政处罚、提高生态环境执法水平发挥了重要作用。2010 年之后，一方面，作为《环境行政处罚办法》之上位法依据的《中华人民共和国行政处罚法》和《中华人民共和国环境保护法》等法律已经得到修改；另一方面，自党的十八大以来，党中央、国务院推进法治政府建设，对严格规范公正文明执法作出了新的具体部署。在此背景之下，生态环境部于 2023 年 5 月 8 日审议通过《生态环境行政处罚办法》（以下简称办法），对生态环境行政处罚的实体和程序规则进行调整。相较《环境行政处罚办法》，该办法整体框架不变，仍为八个章节，条款数目由原来的 82 条增加至 92 条，在具体内容上作出了诸多调整，包括修改完善处罚种类、修改完善调查取证的相关规定、完善行政处罚裁量权的相关规定、规范和细化行政处罚的程序、增加行政处罚信息公开的内容、修改相关时限和罚款数额等。

办法出台后，对办法的准确理解、规范解读和深入学习，是促进其得到贯彻落实的重要基础。为了配合办法的学习和贯彻实施，我们编写了《生态环境行政处罚办法释义》。本书力图对办法中每一条款的立法背景、主要内容、疑难之处以及相关法规作出详尽描述，旨在通过细致且全面的理论解读明确条文的内容要点，通过真实且生动的实践案例展现条文的适用样态。我们希望这本释义书能够帮助读者深入领会办法精神，准确把握办法内容，增强学法、守法和维护自身权益的意识。

本书由中国人民大学法学院李艳芳教授统筹编写，曹炜副教授和博士研究生张舒具体负责本书撰写的组织工作。参与编写的人员有张舒、廖彩舜、张媛媛、周语、王潇慧。本书力求准确，但因时间与水平所限，不当之处，敬请广大读者批评指正。

2023 年 7 月

目　录

第三章 普通程序

附 录

生态环境行政处罚办法

（2023 年 5 月 8 日生态环境部令第 30 号公布 自 2023 年 7 月 1 日起施行）

第一章 总 则

第一条 【立法目的】① 为了规范生态环境行政处罚的实施，监督和保障生态环境主管部门依法实施行政处罚，维护公共利益和社会秩序，保护公民、法人或者其他组织的合法权益，根据《中华人民共和国行政处罚法》《中华人民共和国行政强制法》《中华人民共和国环境保护法》等法律、行政法规，制定本办法。

◆ **条文主旨**

本条是对《生态环境行政处罚办法》立法目的与立法依据的规定。

◆ **条文理解**

本条是行政处罚法立法目的在生态环境保护领域的具体化。

---

① 编者按：本书主条文【 】部分为编者总结的条文主旨。

　　生态环境行政处罚直接限制或者剥夺违法行为人的权利或者资格，是生态环境主管部门在日常管理中实施频率很高的一种具体行政行为。鉴于其制裁性、外部性和适用的经常性，历届国务院生态环境主管部门均将其作为规范重点。1992年7月7日，原国家环境保护局发布《环境保护行政处罚办法》（国家环保局令第8号）。第八届全国人民代表大会第四次会议于1996年3月17日通过《中华人民共和国行政处罚法》后，原国家环境保护总局即于1999年8月6日发布了《环境保护行政处罚办法》（国家环境保护总局令第7号），对行政处罚作出了环境保护领域的细化。2009年《中华人民共和国行政处罚法》修正后，原环境保护部于2010年1月19日发布了修订后的《环境行政处罚办法》（中华人民共和国环境保护部令第8号）。原《环境行政处罚办法》实施10余年来，对生态环境领域实施行政处罚，提高执法规范化水平发挥了重要作用。近年来，特别是党的十八大以来，党中央、国务院推进法治政府建设，对严格规范公正文明执法作了具体部署。自2010年《环境行政处罚办法》修订之后，作为《环境行政处罚办法》之上位法依据的《中华人民共和国行政处罚法》和《中华人民共和国环境保护法》等法律也已经修改。在此背景下，生态环境部研究制定《生态环境行政处罚办法》，对生态环境行政处罚的实体和程序规则进行调整，并对近年来生态环境机构监测监察执法垂直管理制度改革和生态环境保护综合行政执法改革实践中出现的一些新情况、新问题予以回应，进一步明确执法主体，完善执法程序，规范执法行为，更好适应生态环境执法新形势。

　　一、立法目的

　　结合法律规定以及生态环境行政处罚的实际经验，本办法的立法目的包括以下四项。

（一）规范生态环境行政处罚的实施

本办法的直接目的在于规范生态环境行政处罚的实施。在《环境行政处罚办法》制定之前，生态环境行政处罚在实际运作的过程中存在一系列问题：一是环境行政处罚种类混乱，部分一线环境执法人员对于哪些行政行为属于行政处罚存在认识不足；二是环境行政处罚执法主体混乱，许多行使着环境行政处罚权的单位和人员实际上并没有相应权力；三是环境行政处罚缺乏细致的程序规定，留给执法人员很大的自由裁量权；四是有些环境行政处罚的实施受到经济利益所驱动，难以保障行政处罚的公平与公正。因此，有必要通过制定行政规章的形式，对《中华人民共和国行政处罚法》中的实体和程序性规定进行细化，同时依照《中华人民共和国环境保护法》以及环境污染防治、环境综合保护等领域的法律法规中涉及行政处罚的规定，对生态环境行政处罚的实施予以规范，从而保证环境立法得以贯彻实施，维护环境公共利益和社会秩序。

（二）监督和保障生态环境主管部门依法实施行政处罚

行政处罚权作为行政权的重要组成部分，具有管理事务领域宽、自由裁量空间大、以国家强制力保证实施等特点，能够对当事人的人身、财产、资格、名誉等造成直接减损，一旦被滥用，将会对公民基本权利和依法治国方略实施造成损害。[①] 全面推进法治政府建设，必须强化对行政处罚权的监督，保障其依法正确行使。"监督"和"保障"是相互关联、密不可分的两个侧面。为突出对生态环境行政处罚的监督，本办法设了专章，即第七章，在第八十二条至第八十七条作出具体规定。一是上级生态环境主

---

① 应松年、张晓莹：《〈行政处罚法〉二十四年：回望与前瞻》，载《国家检察官学院学报》2020 年第 5 期。

管部门负责对下级生态环境主管部门的行政处罚工作情况进行监督检查;二是生态环境主管部门应当建立行政处罚备案制度;三是生态环境主管部门实施行政处罚应当接受社会监督;四是生态环境主管部门可以通过案件评查或者其他方式评议、考核行政处罚工作。保障生态环境主管部门依法行使行政处罚权,是本办法的立法重点。本办法以环境执法人员为本,为保障一线执法人员行使职责,明确规定了生态环境行政处罚法定、公正公开、教育与处罚相结合等重要原则,细化规定了管辖、立案、听证、执行等程序制度。

(三)维护公共利益和社会秩序

本办法的终极目标在于维护公共利益和社会秩序。

关于维护公共利益,生态环境行政处罚的实施对于公共利益的实现而言至关重要。生态环境行政处罚针对违反生态环境行政管理秩序的行为而实施。违反生态环境行政管理秩序的行为通常表现为污染环境、破坏生态等损害生态环境公共利益的行为。人们对作为公共产品的生态环境所产生的利益属于公共利益已经形成共识。环境是人类生存的必要条件,大气、水、土壤、森林等生态要素是人类生存和发展所不可或缺的。生态环境是典型的公共产品,不具有私人物品的独占性和消费排他性,其产生的生态利益表现为公共利益。生态环境行政处罚的实施正是旨在干预此类具有社会危害性的行为,以维护公共利益。

关于维护社会秩序,社会由众多个体组成,不同个体有其价值取向和利益需求。人类共同生存和生活必须存在基本的社会秩序。众多个体的权利与自由的相互制约、有机组合、和谐相处构成了社会发展所必需的秩序。对和谐社会秩序的需求和维护,是大多数社会成员的共同利益和要求。如果某个个体的权利和自由超越边界,必然会影响其他个体的权利与自由,进而损害社会秩序。因此，有必要对个体权利与自由的行使予以有限度的限制和规范。生态环境行政处罚通过惩罚违法行为人，预防环境违法，限制个体权利的恶性膨胀，创造公平的市场竞争环境，实现维护其他个体的环境权益、维护公共利益和社会秩序的目的。

（四）保护公民、法人或者其他组织的合法权益

本办法的根本目的在于保护公民、法人或者其他组织的合法权益。在各式各样的行政行为中，行政处罚被认为属于"侵益性行政行为"。生态环境行政处罚以减损权益或者增加义务的方式实施。行政处罚的不当实施可能会导致行政机关的权力滥用以及行政相对人的合法权益损害。因此，立法在赋予行政机关行政处罚权的同时，必须对行政处罚权的行使加以约束，防止行政处罚权的滥用，确保行政相对人不受行政机关的非法处罚。本办法在规定依法惩罚违法行为人的同时，还规定了保护其合法权益的实体性和程序性规定。坚持教育与处罚相结合，对及时纠正且危害后果轻微的违法行为，不予行政处罚。坚持服务与管理相结合，对相对人的有关技术秘密和商业秘密，依法予以保护。从办案程序上对案件办理人员严格要求，从制度设计上避免侵犯当事人合法权益，如案件调查必须客观、公正，证据获取不得采用违法手段，作出处罚决定前必须充分听取并审核当事人的陈述、申辩意见和理由。对经济困难的当事人可以决定延期或者分期缴纳罚款。实施查封、暂扣等行政强制措施和作出处罚决定，必须告知当事人有申请行政复议和提起行政诉讼的权利。查封、暂扣的财物必须妥善保管，严禁动用、调换、损毁或者变卖，并依法及时解除。本办法规定了行政相对人享有陈述权、申辩权、申请回避权、要求举行听证的权利等程序性权利。

二、立法依据

本办法根据《中华人民共和国行政处罚法》《中华人民共和

国行政强制法》《中华人民共和国环境保护法》等法律而制定。生态环境行政处罚是生态环境部门或者其他行政主体，对违反环境法律规定的单位或个人给予的行政制裁。办法同时受到行政法和环境法的指导，执行行政法领域和环境法领域的法律、行政法规所规定的事项。

自 2010 年《环境行政处罚办法》修订之后，行政领域和环境领域的法律、行政法规又陆续作出重要修改或新的制定。在行政法领域，2011 年 6 月 30 日，第十一届全国人民代表大会常务委员会第二十一次会议通过了《中华人民共和国行政强制法》。2021 年 1 月 22 日，第十三届全国人民代表大会常务委员会第二十五次会议通过了行政处罚法修订草案，颁布实施已 25 年的《中华人民共和国行政处罚法》迎来了首次全面修改，新修订的行政处罚法把党的十八大以来全面依法治国、深化行政执法领域改革的重要成果落实在法律中。此次修订最大的亮点就是贯彻党中央重大改革决策部署，推动行政处罚制度进步。在环境法领域，2014 年 4 月 24 日，第十二届全国人民代表大会常务委员会第八次会议修订通过《中华人民共和国环境保护法》，完善环境管理基本制度，进一步明确企业责任，完善防治污染和其他公害的制度。此外，《中华人民共和国清洁生产促进法》（2012 年修正）、《中华人民共和国海洋环境保护法》（2017 年修正）、《中华人民共和国水污染防治法》（2017 年修正）、《中华人民共和国土壤污染防治法》（2018 年）、《中华人民共和国大气污染防治法》（2018 年）、《中华人民共和国环境影响评价法》（2018 年修正）、《中华人民共和国固体废物污染环境防治法》（2020 年修订）、《中华人民共和国噪声污染防治法》（2021 年）相继修改或制定，对环境行政处罚的设定进一步丰富和严格。同时，在环境行政处罚实践层面，各地积极探索制定了有关地方性法规、地方政府规章和生态环境主管部门工作制度；针对执法人员遇到的疑难问题，生态环境部（含原环境保护部、原国家环境保护总局）有针对性地出台了多项规范性文件。这些经执法实践检验证明行之有效的相关文件和地方经验有必要提升为部门规章的规定，对《中华人民共和国行政处罚法》做有生态环境特色的进一步补充和完善，增强可操作性和指导性。上述法律和行政法规构成本办法的立法依据。

◆ **要点提示**

> 1. 本条是实施生态环境行政处罚的出发点和立足点。实施生态环境行政处罚，应当符合本条规定的立法目的。
>
> 2. 行政处罚并非环境管理的目标，只是环境管理的手段之一，且非最佳手段。实施行政处罚要正确处理管理目标与管理手段的关系。
>
> 3. 实施行政处罚既要注重责任追究，又要注重利益维护（包括对违法行为人合法利益的维护）。
>
> 4. 在依法实施行政处罚的前提下，还要有对利益的判断和衡量。如果在惩罚违法的同时损害了公共利益和社会秩序，就背离了立法的初衷。

◆ **法规链接**

《中华人民共和国行政处罚法》（2021 年修订）

第一条 为了规范行政处罚的设定和实施，保障和监督行政机关有效实施行政管理，维护公共利益和社会秩序，保护公民、法人或者其他组织的合法权益，根据宪法，制定本法。

◆ **相关案例**

案例一：某金属制品有限公司与某市环境保护局环境保护行政管理案①

[**本案要点**] 法院结合行政处罚法的立法目的，判断应受行政法规范调整的行政法律关系主体。

[**基本案情**] 2016 年 2 月 20 日，某市环保局作出行政处罚决定，认定某金属制品公司违法排污。该公司持有的污染物排放许可证规定该公司的废水排放应执行 GB21900-2008《电镀污染物排放标准》规定的排放限值，但该公司于 2015 年 7 月 23 日被监测的废水采样显示铜、总氮已超出上述规定的限值。某金属制品公司不服并诉至法院，主张其已经与某能源公司签订的企业承包经营合同，将厂房及设备发包给某能源公司，实施超标排污行为的当事人是某能源公司，故市环保局处罚对象错误。

法院认为，结合《中华人民共和国行政处罚法》第一条规定的"保障和监督行政机关有效实施行政管理，维护公共利益和社会秩序"之立法目的，在涉案行政活动过程中，受行政法规范调整的行政法律关系应是某金属制品公司与市环保局之间的法律关系，即对外承担行政责任的主体应为某金属制品公司，而非某能源公司。而且，某金属制品公司取得排污许可证后，从未就排污单位名称、地址等事项申请变更，而涉案违法行为发生地与该公司登记的经营地址、许可证载明的地址均吻合。因此，市环保局以某金属制品公司为行政处罚对象，并无不当。

[**处理结果**] 法院认为，市环保局以某金属制品公司为行政处罚对象并无不当。

---

① 广东省中山市中级人民法院（2017）粤 20 行终 50 号行政判决书。

第二条 【适用范围】公民、法人或者其他组织违反生态环境保护法律、法规或者规章规定，应当给予行政处罚的，依照《中华人民共和国行政处罚法》和本办法规定的程序实施。

◆ 条文主旨

本条是对本办法适用对象和适用依据的规定。

◆ 条文理解

本条体现了生态环境行政处罚法定原则。

生态环境行政处罚的适用对象是公民、法人或者其他组织，这意味着个人和各种组织形式的单位均可作为被处罚对象。对违反生态环境保护法律、法规或者规章规定的行为，并不一定都给予生态环境行政处罚，而应区分不同情况分别处理，如情节严重构成犯罪的，追究刑事责任；情节轻微的，不予处罚等。根据本办法第四十二条的规定，违法行为轻微并及时改正，没有造成生态环境危害后果的，不予行政处罚。初次违法且生态环境危害后果轻微并及时改正的，可以不予行政处罚。

《中华人民共和国行政处罚法》规定了实施行政处罚的基本程序，包括一般程序（含听证程序）、简易程序。本办法在遵循《中华人民共和国行政处罚法》有关程序规定的基础上，作出有生态环境保护领域特色的进一步细化。实施生态环境行政处罚，应当适用本办法的规定。本办法未规定的，适用《中华人民共和国行政处罚法》的一般规定。不依照法定程序实施行政处罚的，将产生处罚决定无效等不利的法律后果。此外，2020年3月，生态环境部印发《生态环境保护综合行政执法事项指导目录（2020年版）》（环人事〔2020〕14 号），旨在落实统一实行生态环境保护执法要求、明确生态环境保护综合行政执法职能。《生态环境保护综合行政执法事项指导目录（2020 年版）》的内容主要包括生态环境保护综合行政执法的事项名称、职权类型、实施依据以及实施主体等，其范围包括生态环境保护领域依据国家法律、行政法规设定的行政处罚和行政强制事项，以及部门规章设定的警告、罚款的行政处罚事项。《生态环境保护综合行政执法事项指导目录（2020 年版）》为生态环境行政处罚的实施提供了重要参考。

◆ **要点提示**

> 1. 本办法针对的是违反法律、法规和规章规定且依法应当或者可以给予处罚的行为。
>
> 2. 处罚对象为公民、法人或者其他组织。是否具有法人资格、是否取得营业执照不影响行政处罚的实施。
>
> 3. 程序正当是结果公正的前提和基础。不遵守法定程序的，行政处罚可能被行政复议机关或人民法院撤销。

◆ **法规链接**

《中华人民共和国行政处罚法》（2021 年修订）

第四条 公民、法人或者其他组织违反行政管理秩序的行为，应当给予行政处罚的，依照本法由法律、法规、规章规定，并由行政机关依照本法规定的程序实施。

第三十三条 违法行为轻微并及时改正，没有造成危害后果的，不予行政处罚。初次违法且危害后果轻微并及时改正的，可以不予行政处罚。

当事人有证据足以证明没有主观过错的，不予行政处罚。法律、行政法规另有规定的，从其规定。

对当事人的违法行为依法不予行政处罚的，行政机关应当对当事人进行教育。

《生态环境保护综合行政执法事项指导目录（2020年版）》（环人事〔2020〕14号）

（略）

◆ 相关案例

案例二：某县环境保护局与某化工公司等环境保护行政处罚与复议案①

[本案要点] 生态环境行政处罚应当依照《中华人民共和国行政处罚法》和本办法规定的程序实施，不遵守法定程序的，行政处罚可能被行政复议机关和人民法院撤销。

[基本案情] 2019年11月28日，某县环保局向某化工公司发出（2019）第46号《行政处罚事先（听证）告知书》，告知某化工公司，发现废水排放口前有一暗管，确认废水能够通过暗管排放，决定对某化工公司责令停产整改，处80万元罚款。并告知某化工公司可以自该告知书送达之日起7日内，到该局进行陈述、申辩，或者提交陈述、申辩材料。2019年12月2日，某化工公司向某县环保局递交了《申辩书》，认为（2019）第46号《行政处罚事先（听证）告知书》事实认定错误、法律适用错误，请求该局撤销处罚。当日上午，某县环保局对该案进行专题研究，认为应当对某化工公司从重处罚，决定撤销（2019）第46号《行政处罚事先（听证）告知书》，并于当日向某化工公司发出（2019）

---

① 郑州铁路运输中级法院（2020）豫71行终347号行政判决书。

第 47 号《行政处罚事先（听证）告知书》，认为该公司违法行为特别严重，拟对某化工公司处壹佰万元罚款的行政处罚。该告知书载明"你（单位）可在接到本告知书之日起 3 日内提出书面陈述、申辩意见，或到我局进行陈述、申辩。逾期不陈述、申辩的，视为你（单位）放弃陈述、申辩权利"。2020 年 3 月 9 日，某县环保局对该案进行集体讨论，并于 3 月 12 日对某化工公司作出（2020）第 1 号《行政处罚决定书》，对该化工公司责令停产整治，并处壹佰万元罚款。某化工公司不服该行政处罚决定，向某县人民政府申请行政复议，某县人民政府决定维持案涉《行政处罚决定书》。某化工公司不服（2020）第 1 号《行政处罚决定书》和某县人民政府（2020）第 5 号《行政复议决定书》，诉至法院。

法院认为，某县环保局行政处罚程序存在多处疏漏和瑕疵。第一，信赖利益保护原则要求行政行为的相对人基于对公权力的信任而作出一定的行为，此种行为所产生的正当利益应当予以保护。某县环保局既然在其 46 号告知书中明确告知：某化工公司可以自该告知书送达之日起 7 日内，到该局进行陈述、申辩，或者提交陈述、申辩材料。该局理应在该告知书所指定的陈述、申辩期限届满后再作出后续行政行为，以保障行政相对人的陈述、申辩权行使和保证政府行政执法公信力。该局在指定的陈述、申辩期限届满前撤销原 46 号告知书并发出 47 号告知书，虽未影响某化工公司再次行使陈述、申辩权，但行政程序显然存在瑕疵。第二，在作出行政处罚决定前，应当告知当事人有关事实、理由、依据和当事人依法享有的陈述、申辩权利，某县环保局 47 号告知书告知某化工公司拟对该公司处壹佰万元罚款的行政处罚，但其范环罚决字（2020）第 1 号《某县环境保护局行政处罚决定书》较 47 号告知书却多出"责令停产整治"的处罚内容，显然不利于某化工公司陈述、申辩权的行使，行政程序存在瑕疵。第三，该案集体讨论不符合查处分离的规定，行政程序存在瑕疵。第四，行政机关在作出行政处罚决定之前，应当由从事行政处罚决定审核的人员进行审核。某县环保局在行政执法卷宗中缺少法制审核意见及审核人员的相关资质证明，行政程序亦存在瑕疵。

[处理结果] 法院判决撤销案涉《行政处罚决定书》和《行政复议决定书》。

第三条　【教罚结合原则】实施生态环境行政处罚，纠正违法行为，应当坚持教育与处罚相结合，服务与管理相结合，引导和教育公民、法人或者其他组织自觉守法。

◆ **条文主旨**

本条是对教罚结合原则的规定。

◆ **条文理解**

本条确立了教育与处罚相结合的原则。生态环境行政处罚的功能既包括制裁，也包括预防。生态环境行政处罚是对违法者的法律制裁，直接目的在于对违法者施以惩戒，最终目的在于纠正违法行为，使违法者避免再犯，教育公民、法人或者其他组织自觉守法。

实施生态环境行政处罚时，要坚持教育与处罚相结合。一方面，通过惩罚违法来预防可能的再次违法，引导违法行为人遵守法律规定，自觉维护环境管理秩序。另一方面，行政机关在对违法行政相对人实施处罚的同时，亦可以此警示其他社会成员，强化其他社会成员对行政违法行为的认知。① 本原则体现在实施生态环境行政处罚的各个环节。例如，在告知阶段，生态环境主管部门在作出行政处罚决定前，应当告知当事人拟作出的行政处罚内容及事实、理由、依据和当事人依法享有的陈述、申辩权利。其中，要告知当事人违法事实和相关的法律规定，即是对其进行法律宣传教育。在听证阶段，要在听证会上陈述违法事实、列举相关证据、援引法律条款、论证法律问题，以实现宣讲法律的作用，使当事人和其他听证参与人从中受到教育。行政机关申请人民法院强制执行行政处罚决定之前，应当事先催告当事人履行义务。此外，对当事人的违法行为依法不予行政处罚的，生态环境主管部门应当对当事人进行教育，并根据改正情况责令当事人改正违法行为或消除违法行为后果。

实施生态环境行政处罚时，要坚持服务与管理相结合。生态环境主管部门在实施生态环境行政处罚的同时，可以为管理对象提供相关法律咨询和守法咨询服务，有针对性地对其进行违法预防、提醒、警示。生态环境主管部门通过实施行政处罚，为市场参与者创造公平的市场竞争环境，为社会公众提供优良的环境产品，这都体现出服务与管理相结合的现代行政理念。

◆ **要点提示**

> 1. 生态环境行政处罚坚持教育与处罚相结合，通过个案教育来杜绝违法主体再次违法，目的在于预防违法、促进守法。
> 2. 教罚结合并不意味着以教代罚，二者功能不同，不可偏废。

---

① 江必新、贺译葶：《贯彻〈行政处罚法〉需重点把握的几个问题》，载《法律科学》2021 年第 5 期。

◆ **法规链接**

《中华人民共和国行政处罚法》（2021 年修订）

第六条　实施行政处罚，纠正违法行为，应当坚持处罚与教育相结合，教育公民、法人或者其他组织自觉守法。

◆ **相关案例**

案例三：某市环境保护局与某煤炭经销处非诉执行案①

[**本案要点**]　行政机关在实施生态环境行政处罚时，应注重发挥处罚的教育功能。

[**基本案情**]　某市环境保护局工作人员经对某煤炭经销处现场检查确认，该经销处地面未硬化，料堆未采取有效覆盖措施防治扬尘污染。违反了《中华人民共和国大气污染防治法》第七十二条第一款的规定，于 2018 年 11 月 23 日作出行政处罚决定，对某煤炭经销处罚款 2 万元。某市环境保护局申请强制执行案涉行政处罚决定中对被执行人某煤炭经销处的罚款 2 万元，及加处的罚款 2 万元。

法院引入了教罚结合原则，明确指出，对违法行为施以适度的处罚，既能纠正违法行为，又能使违法者自我反省，同时还能教育其他公民自觉守法；如果处罚过度，则非但起不到教育的作用，反而会使被处罚者产生抵触心理，甚至采取各种手段拖延或抗拒执行处罚，无形中增加了行政机关的执法成本，也不利于树立行政执法的公信力。法院认为，本案中，被执行人所存煤量仅为 1 吨左右，虽未采取符合法定形式的围挡及防扬散措施，但其堆放地点为墙壁角落处，两面有墙壁围挡，另两面有异物围挡，

①　辽宁省兴城市人民法院（2019）辽 1481 行审 217 号行政裁定书。

未造成扬散后果，该处罚与违法行为的事实、性质、情节以及社会危害程度不相当，有悖过罚相当原则；另被执行人虽为煤炭经销处，但申请执行人查处时已至初冬，该所储煤炭是自用还是待售未予核实，系事实不清。故申请执行人的处罚明显缺乏事实及法律依据，应不准予。另外，需要说明的是违法行为轻微并及时纠正，没有造成危害后果的，可不予行政处罚。在前述2万元罚款不准予的情况下，加处罚款缺乏基础事实的法律依据，应不准予。

[处理结果] 法院判决不准予强制执行案涉强制执行申请书中所申请的罚款 2 万元和加处罚款 2 万元。

第四条　【维护合法权益原则】实施生态环境行政处罚，应当依法维护公民、法人及其他组织的合法权益。对实施行政处罚过程口知悉的国家秘密、商业秘密或者个人隐私，应当依法予以保密。

◆ **条文主旨**

本条是对维护合法权益原则的规定。

◆ **条文理解**

本条规定了保障当事人合法权益的原则。公民、法人及其他组织的合法权益包括各种程序性权利，例如，陈述、申辩权，申请听证、回避的权利，申请行政复议、提起行政诉讼的权利等，还包括人身权、财产权等实体性权利。生态环境主管部门在实施生态环境行政处罚时，要注意保护违法行为人的合法权益，不可随意进行限制或者剥夺。

本条还规定了行政机关的保密义务。行政机关对于在实施生态环境行政处罚过程中知悉的国家秘密、商业秘密或者个人隐私，应当依法予以保密。《全面推进依法行政实施纲要》规定，"行政机关实施行政管理，除涉及国家秘密和依法受到保护的商业秘密、个人隐私的外，应当公开，注意听取公民、法人和其他组织的意见"。关于国家秘密、商业秘密和个人隐私，在《中华人民共和国保守国家秘密法》、《中华人民共和国反不正当竞争法》以及《中华人民共和国民法典》中已经有所规定。根据《中华人民共和国保守国家秘密法》第二条规定，国家秘密是关系国家安全和利益，依照法定程序确定，在一定时间内只限一定范围的人员知悉的事项。《中华人民共和国保守国家秘密法》第九条规定："下列涉及国家安全和利益的事项，泄露后可能损害国家在政治、经济、国防、外交等领域的安全和利益的，应当确定为国家秘密：（一）国家事务重大决策中的秘密事项；（二）国防建设和武装力量活动中的秘密事项；（三）外交和外事活动中的秘密事项以及对外承担保密义务的秘密事项；（四）国民经济和社会发展中的秘密事项；（五）科学技术中的秘密事项；（六）维护国家安全活动和追查刑事犯罪中的秘密事项；（七）经国家保密行政管理部门确定的其他秘密事项。政党的秘密事项中符合前款规定的，属于国家秘密。"根据《中华人民共和国反不正当竞争法》第九条规定，商业秘密是指不为公众所知悉、具有商业价值并经权利人采取相应保密措施的技术信息、经营信息等商业信息。《中华人民共和国反不正当竞争法》第十五条规定："监督检查部门及其工作人员对调查过程中知悉的商业秘密负有保密义务。"根据《中华人民共和国民法典》第一千零三十二条规定，隐私是自然人的私人生活安宁和不愿为他人知晓的私密空间、私密活动、私密信息。《中华人民共和国民法典》第一千零三十九条规定："国家机关、承担行政职能的法定机构及其工作人员对于履行职责过程中知悉的自然人的隐私和个人信息，应当予以保密，不得泄露或者向他人非法提供。"对于涉及上述信息的生态环境行政处罚，执法人员在调查取证时要注意为其保密；听证不公开举行，不允许无关人员旁听，也不允许新闻媒体采访报道；处罚文书中也不载明该信息内容。

◆ **要点提示**

> 1. 在实施生态环境行政处罚时，应当依法维护当事人的实体权利和程序权利，不得随意限制或剥夺。
> 2. 在实施生态环境行政处罚时，应特别注意保守实施行政处罚过程中知悉的国家秘密、商业秘密或者个人隐私。

◆ **法规链接**

《中华人民共和国行政处罚法》（2021 年修订）

第四十二条　行政处罚应当由具有行政执法资格的执法人员实施。执法人员不得少于两人，法律另有规定的除外。

执法人员应当文明执法，尊重和保护当事人合法权益。

第五十条　行政机关及其工作人员对实施行政处罚过程中知悉的国家秘密、商业秘密或者个人隐私，应当依法予以保密。

《中华人民共和国政府信息公开条例》（2019 年修订）

第十四条　依法确定为国家秘密的政府信息，法律、行政法规禁止公开的政府信息，以及公开后可能危及国家安全、公共安全、经济安全、社会稳定的政府信息，不予公开。

第十五条　涉及商业秘密、个人隐私等公开会对第三方合法权益造成损害的政府信息，行政机关不得公开。但是，第三方同意公开或者行政机关认为不公开会对公共利益造成重大影响的，予以公开。

◆ **相关案例**

案例四：徐某与某县环保局不履行法定职责之诉①

[**本案要点**] 在诉讼中，生态环境部门提供的证据涉及其在实施行政处罚过程知悉的国家秘密、商业秘密或者个人隐私的，生态环境部门应当作出明确标注，并向法庭说明，法庭予以审查确认。

[**基本案情**] 原告徐某认为，被告某县环保局负有固体废物污染环境防治的监督管理职责，但其对某县境内发生的危险废物污染环境违法行为并未作出实质性查处，故起诉请求判令被告履行环境保护监督管理职责，对违法主体进行相应行政处罚，并向社会公布处理结果。被告在答辩中提出，被告一直在奔走各地调查取证，并将这些证据材料移送公安机关。在调查过程中，其收集的证据有涉及国家秘密、商业秘密或者个人隐私的，这些证据材料，被告在第一次开庭之前的举证期限内已经提交法庭，并相应作出了明确的标注。对此，法院认为，被告提供的证据系被告在履行职责过程中形成、取得。其中，证据10即8份调查笔录及身份证明、证据11即《关于某镇某坞工业废弃物处置情况的报告》，被告以涉及个人隐私及未决案件信息等为由，要求本院不向当事人送达、不公开质证并未在庭审中出示。法院认为，因涉及未决案件信息及证人隐私，被告予以明确标注并向法庭说明，同时申请不予公开质证，于法有据。经审查，该证据符合证据形式要件，客观真实，可以作为本案证据使用，可以证明被告对相应人员进行了调查的事实。

---

① 浙江省衢州市柯城区人民法院（2017）浙0802行初203号行政判决书。

[**处理结果**] 法院综合原被告提供的证据认为，被告履行了法定职责，故判决驳回原告的诉讼请求。

第五条 　【公正公开原则】生态环境行政处罚遵循公正、公开原则。

◆ **条文主旨**

本条是对公正公开原则的规定。

◆ **条文理解**

生态环境行政处罚的设定和实施应当遵循公正原则。首先，生态环境行政处罚的实施必须从事实出发，有明确的事实和法律依据。《中华人民共和国行政处罚法》第四十条规定："公民、法人或者其他组织违反行政管理秩序的行为，依法应当给予行政处罚的，行政机关必须查明事实；违法事实不清、证据不足的，不得给予行政处罚。"其次，生态环境行政处罚的实施必须平等地对待行政相对人。《全面推进依法行政实施纲要》提出："行政机关实施行政管理，应当遵循公平、公正的原则。要平等对待行政管理相对人，不偏私、不歧视。"最后，生态环境行政处罚的设定与实施必须坚持过罚相当。生态环境行政处罚的程度必须与行政相对人违法行为的事实、性质、情节以及社会危害性相当。《全面推进依法行政实施纲要》提出："行使自由裁量权应当符合法律目的，排除不相关因素的干扰；所采取的措施和手段应当必要、适当；行政机关实施行政管理可以采用多种方式实现行政目的的，应当避免采用损害当事人权益的方式。"

生态环境行政处罚的实施应当实行事前、事中、事后的"三公开"。事前公开要求生态环境行政处罚的依据必须公开。公开是法律的基本要求。《中华人民共和国行政处罚法》第五条第三款规定："对违法行为给予行政处罚的规定必须公布；未经公布的，不得作为行政处罚的依据。"事中公开要求生态环境执法人员在执法过程中必须公示执法身份。本办法第二十三条第一款规定："执法人员在调查或者进行检查时，应当主动向当事人或者有关人员出示执法证件。"生态环境执法人员应当主动向当事人表明身份，主动告知当事人执法事由、执法依据以及当事人的权利义务等内容。事后公开要求生态环境行政处罚决定信息应当依法公开。本办法第三章第七节专门规定了生态环境行政处罚的信息公开。

◆ **要点提示**

> 1. 生态环境行政处罚的设定和实施应当遵循公正原则，生态环境行政处罚的实施必须从事实出发，生态环境行政处罚的实施必须平等地对待行政相对人，生态环境行政处罚的设定与实施必须坚持过罚相当。
>
> 2. 生态环境行政处罚的实施应当实行事前、事中、事后的"三公开"，生态环境行政处罚的依据必须公开，生态环境执法人员在执法过程中必须公示执法身份，生态环境行政处罚决定信息必须依法公开。

◆ **法规链接**

《中华人民共和国行政处罚法》（2021 年修订）

第五条 行政处罚遵循公正、公开的原则。

设定和实施行政处罚必须以事实为依据，与违法行为的事实、性质、情节以及社会危害程度相当。

对违法行为给予行政处罚的规定必须公布；未经公布的，不得作为行政处罚的依据。

◆ **相关案例**

案例五：某市自然资源和规划局申请强制执行某果树专业合作社土地行政处罚案①

[**本案要点**] 行政机关作出行政行为时应选择对相对人权益损害最小的执法措施，以充分考虑并保护市场主体的正当权益。

[**基本案情**] 2019 年 11 月，某市自然资源和规划局对某果树专业合作社作出土地违法案件行政处罚决定书，要求该合作社自接到处罚决定书之日起十五日内自行拆除在非法占用的 3490.33 平方米土地上新建的建筑物和其他设施，恢复土地原状；对非法占用的土地罚款 99408.1 元。该合作社在法定期限内未申请行政复议或提起诉讼，亦未履行处罚决定。某市自然资源和规划局向人民法院申请执行。经审查，被执行人某果树专业合作社系招商引资企业，自 2014 年 2 月起承包土地近 2000 亩种植果树和粮食；自 2016 年 3 月未经批准在承包土地范围内建设了办公室等设施，在房屋南侧硬化了地面，用于晾晒及停放车辆、大型农用机械。

法院认为，行政权力的行使除了有法律依据这一前提外，行政主体还必须选择对人民侵害最小的方式进行。本案中，被执行人所建钢架结构简易仓库房、部分办公用房、仓库、室外具有晾晒场功能的硬化地面所占用的土地系在设施农业项目区域内辅助生产的设施用地，属于设施农用地，根据国家关于设施农用地管理系列文件的规定，对符合设施农业用地的部分应予保留、补办手续。但申请执行人作出的行政处罚决定对此未予区分，决定对

① 2021 年，山东省法院发布 10 起优化营商环境行政诉讼典型案例之案例 10。

涉案土地上的房屋全部拆除并予罚款，属认定事实不清，且违反比例原则。

[处理结果] 法院裁定不予强制执行案涉行政处罚决定。

第六条 【回避情形】有下列情形之一的，执法人员应当自行申请回避，当事人也有权申请其回避：

（一）是本案当事人或者当事人近亲属的；

（二）本人或者近亲属与本案有直接利害关系的；

（三）与本案有其他关系可能影响公正执法的；

（四）法律、法规或者规章规定的其他回避情形。

申请回避，应当说明理由。生态环境主管部门应当对回避申请及时作出决定并通知申请人。

生态环境主管部门主要负责人的回避，由该部门负责人集体讨论决定；生态环境主管部门其他负责人的回避，由该部门主要负责人决定；其他执法人员的回避，由该部门负责人决定。

◆ 条文主旨

本条是对回避情形的规定。

◆ 条文理解

本条是《中华人民共和国行政处罚法》第四十三条的细化规定，在《环境行政处罚办法》第八条的基础上进行了修改完善。回避制度是程序正当的基本要求，源于"任何人不得做自己案件的法官"的古老法谚以及人类期待受到公平对待的自然本性。行政机关工作人员在履行职责过程中，在与行政管理相对人存在利害关系时，应当回避。

本条第一款规定了回避的具体情形。回避的方式包括两种，一是自行回避，即由执法人员主动提出退出本案的相关工作；二是申请回避，即由当事人提出申请。本条规定的回避情形，主要包括可能影响执法人员公正执法的客观情形。一是执法人员是本案当事人或者当事人近亲属的。其中，近亲属是指与当事人联系较密、相互之间影响较大的亲属关系，包括夫妻关系、直系血亲关系以及其他具有扶养、赡养关系的亲属等。二是执法人员本人或者近亲属与本案有直接利害关系的。所谓"直接利害关系"，是指案件处理的结果可能对其权益产生直接影响。三是执法人员与本案有其他关系可能影响公正执法的。所谓"可能影响公正执法"的其他关系，是指除上述直接利害关系以外的关系，如朋友关系、师生关系等。这些关系也可能影响执法人员对案件的公正处理，但由于这些关系在现实生活中较为普遍，如果执法人员必须因为这些关系的存在而回避，那么将严重影响行政执法的效率。因此，需要结合案件的实际情况，围绕是否会"影响公正执法"而判断是否需要回避。四是法律、法规或者规章规定的其他回避情形。

本条第二款规定了申请回避的方式和程序。当事人在行政程序进行过程中，如果发现负责案件处理的执法人员存在法定回避的情形时，应当在程序终结之前向相关的生态环境主管部门提出申请，要求该执法人员回避。当事人申请回避，应当说明申请回避的理由。生态环境主管部门在接到当事人的回避申请之后，应当尽快给予审查，及时作出是否回避的决定，并将决定通知申请人。

本条第三款规定了回避的决定主体。对于生态环境主管部门主要负责人的回避，由该部门负责人集体讨论决定；对于生态环境主管部门其他负责人的回避，由该部门主要负责人决定；对于其他执法人员的回避，由该部门负责人决定。

◆ **要点提示**

> 1. 符合本条规定回避条件的，执法人员应当自行回避；当事人申请回避的，应当说明理由，生态环境主管部门应当及时作出决定。
>
> 2. 主要负责人、其他负责人、其他执法人员的回避，作出决定的主体有所不同。
>
> 3. 生态环境行政处罚案件中，执法人员应当回避的，必须严格执行相关规定，以确保程序合法性。

◆ **法规链接**

《中华人民共和国行政处罚法》（2021 年修订）

第四十三条 执法人员与案件有直接利害关系或者有其他关系可能影响公正执法的，应当回避。

当事人认为执法人员与案件有直接利害关系或者有其他关系可能影响公正执法的，有权申请回避。

当事人提出回避申请的，行政机关应当依法审查，由行政机关负责人决定。决定作出之前，不停止调查。

◆ **相关案例**

案例六：某燃化公司诉某市生态环境局环境行政处罚案①

[**本案要点**] 当事人申请执法人员回避时，应当说明理由；只有在符合法定的回避条件时，执法人员才需要回避。

[**基本案情**] 2019 年 1 月 15 日，某市生态环境局涧西分局到原告某燃化公司所属加油站进行现场检查，确认该加油站未使用双层罐或者建造防渗漏等其他有效措施防治地下水污染，当场责

---

① 河南省高级人民法院（2020）豫行申 1222 号行政裁定书。

令该公司立即停止违法行为。1月16日，涧西分局以某市生态环境局名义作出《行政处罚事先告知书》和《行政处罚事先（听证）告知书》。同年1月28日，执法人员再次到该加油站检查，该加油站并未停业，仍旧未使用双层罐或者建造防渗漏等其他有效措施防治地下水污染。执法人员再次责令该公司立即停止违法行为。当日，某燃化公司法定代表人樊某提出书面说明，其主要观点为：公司油罐符合国家法律规定，不存在渗漏，并已采取预防措施；因公司合同到期，资金紧张，年内门前要扩宽改造，维持现状至被拆除；暂时营业可增加国家税收、租金收入等达到多方收益；请求某市生态环境局涧西分局回避执法。2019年1月29日，某市生态环境局涧西分局作出（2019）第1005号《行政处罚决定书》，决定对某燃化公司处20万元罚款。某燃化公司接到《行政处罚决定书》不服，提起行政诉讼。一审和二审法院均认为，某燃化公司要求确认案涉行政处罚决定无效的主张缺乏事实及法律依据，对其诉讼请求不予支持。

某燃化公司不服，遂申请再审。某燃化公司认为，涧西分局及其执法人员根本就不是具有熟悉有关法律、法规、规章和业务的工作人员，违反法定程序对其实施了停业、停电；提出本案执法人员与同某公司有利害关系，应当回避而未回避。再审法院经审查后认为，本案中的行政执法人员陈某、赵某系涧西区环保分局的工作人员，二人参与本案执法系履行正常的工作职责，如果在执法过程中二人存在不当行为，亦是给予纪律处理的问题，并不能据此否定其合法的执法资格。本案执法人员并不存在需要回避的法定情形，故某燃化公司的该申请再审理由不能成立。

[**处理结果**]　法院判决驳回某燃化公司的再审申请。

第七条 【法条适用规则】 对当事人的同一个违法行为,不得给予两次以上罚款的行政处罚。同一个违法行为违反多个法律规范应当给予罚款处罚的,按照罚款数额高的规定处罚。

实施行政处罚,适用违法行为发生时的法律、法规、规章的规定。但是,作出行政处罚决定时,法律、法规、规章已经被修改或者废止,且新的规定处罚较轻或者不认为是违法的,适用新的规定。

◆ **条文主旨**

本条是对法条适用规则的规定。

◆ **条文理解**

本条体现了生态环境行政处罚领域的一事不再罚原则,目的在于缓解实践中多头执法、重复执法问题,特别是重复罚款、乱罚款等问题。

实践中,一个违法行为违反了多个行政法律规范的情形大量存在,而多个行政法律规范规定了不同类型的处罚和不同的罚款金额、幅度,形成法规竞合。根据本办法的规定,对于同一个违法行为不得给予两次以上罚款,且按照罚款数额高的规定处罚,意味着就罚款而言不能采并罚主义,而是采取从重主义。对于罚款之外的其他种类行政处罚,如没收违法所得、暂扣许可证件、责令停产停业等,原则上可以并处。因为不同类型的处罚在制裁效果和目的上都有较大差异,允许并处更有利于行政目的的实现。①

---

① 马怀德:《〈行政处罚法〉修改中的几个争议问题》,载《华东政法大学学报》2020年第4期。

　　理解"同一个违法行为",要注意以下四点。第一,"同一个违法行为"是指一个独立的违法行为,即行为从开始到终结的一个完整的过程。一般认为,在行政主体对违法行为处罚完毕后,该违法行为就终结了。第二,"同一个违法行为"并不等同于一次违法事件。一次违法事件可能只有一个违法行为,也可能包含几个违法行为。第三,"同一个违法行为"的实施主体是同一违法行为人。第四,"同一个违法行为"指的是该违法行为的全貌。如果违法行为人针对该行为向行政机关做了重大欺瞒,且该欺瞒严重影响了行政机关对该违法行为的定性和施罚,则行政机关在第一次处罚后可以根据新查明的事实情况对违法当事人追加处罚。一般而言,"同一个违法行为"可以界定为同一行为主体在紧密连接的同一时间空间内,基于同一意思而实施的一次行为。

　　对于"同一个违法行为"的判断,首先要看法律、法规、规章中是否存在明确规定。例如,《中华人民共和国环境保护法》第五十九条第一款规定:"企业事业单位和其他生产经营者违法排放污染物,受到罚款处罚,被责令改正,拒不改正的,依法作出处罚决定的行政机关可以自责令改正之日的次日起,按照原处罚数额按日连续处罚。"据此,首次处罚之后到复查之前的时间段内发生的环境违法行为被视为一个新的违法行为,对此进行按日连续处罚。法律、法规、规章中没有明确规定的,再从自然行为的角度进行判断。

　　本条进一步规定了罚款"就高"的规则。"按照罚款数额高的规定处罚"表明"就高"不是以行政执法中具体处以的罚款数额为标准,而是以法律规范中对罚款数额的规定为标准:对于固定数额的罚款,直接适用罚款数额高的规定给予罚款处罚;对于有幅度的罚款,"就高"需要先比较罚款上限,适用罚款上限较高的规定;没有罚款上限或者罚款上限一致的,适用罚款下限较高的规定；对于从形式上难以比较高低的，例如，一部法律规定罚款以违法所得为计算标准，另一部法律罚款以合同标的额为计算标准，则需要根据案情等实际情况来做出判断。①

◆ **要点提示**

> 1. 对当事人的同一个违法行为，不得给予两次以上罚款的行政处罚，其他行政处罚种类不在此限。
> 2. 同一个违法行为违反多个法律规范应当给予罚款处罚的，按照法律规范中罚款数额较高的规定处罚。

◆ **法规链接**

《中华人民共和国行政处罚法》(2021 年修订)

第二十九条 对当事人的同一个违法行为，不得给予两次以上罚款的行政处罚。同一个违法行为违反多个法律规范应当给予罚款处罚的，按照罚款数额高的规定处罚。

◆ **相关案例**

案例七：某公司诉某区环境保护局环境行政处罚案②

[**本案要点**] 企业事业单位和其他生产经营者堆放、处理固体废物产生的臭气浓度超过大气污染物排放标准，出现大气污染防治法和固体废物污染环境防治法的竞合问题时，可以适用较重的行政处罚。

[**基本案情**] 2016 年 8 月 17 日，被告某区环保局执法人员对

---

① 黄海华：《新行政处罚法的若干制度发展》，载《中国法律评论》2021 年第 3 期。

② 上海市金山区人民法院（2017）沪 0116 行初 3 号行政判决书。

原告某公司无组织排放恶臭污染物进行检查、监测，在原告厂界采样后，经金山环境监测站检测，3#监测点臭气浓度一次性最大值为 25，超出《恶臭污染物排放标准》（GB14554-93）规定的排放限值 20，该行为违反了《中华人民共和国大气污染防治法》的规定，决定对原告罚款 25 万元。原告某公司不服某区环保局的行政处罚提起行政诉讼，认为环保局以其厂区堆放污泥的臭气浓度超标适用《中华人民共和国大气污染防治法》进行处罚不当，应当适用《中华人民共和国固体废物污染环境防治法》处罚，请求予以撤销。

法院认为，本案核心争议焦点在于被告适用大气污染防治法对原告涉案行为进行处罚是否正确。原告超标排放臭气的行为同时违反了大气污染防治法和固体废物污染环境防治法的规定。其中，针对原告的违法行为，固体废物污染环境防治法仅规定了 1 万元以上 10 万元以下的罚款幅度，而大气污染防治法则可处 10 万元以上 100 万元以下的罚款处罚。行政机关选择适用不同的法规范，将导致截然不同的法效果。法院认为，在本案中，认定处罚对象为大气污染物排放情况，适用对象、行为后果与大气污染防治法更为匹配，以此排除了固体废物污染环境防治法的适用。

在本案中，法院并未提及"按照罚款数额高的规定处罚"等字眼，而是通过分析不同法规范的构成要件，认为该案的情形与大气污染防治法的要件规定更为匹配。最高人民法院在对案件事实进行归纳提炼后，确定了如下裁判要旨："企业事业单位和其他生产经营者堆放、处理固体废物产生的臭气浓度超过大气污染物排放标准，环境保护主管部门适用处罚较重的《中华人民共和国大气污染防治法》对其进行处罚，企业事业单位和其他生产经营者主张应当适用《中华人民共和国固体废物污染环境防治法》对其进行处罚的，人民法院不予支持。"从这一裁判要旨来看，最高人民法院认为，当出现规范竞合情形时，行政机关可以适用对当事人更为不利的法规范。

[**处理结果**] 法院判决驳回原告某公司的诉讼请求。

第八条 【**处罚种类**】根据法律、行政法规，生态环境行政处罚的种类包括：

（一）警告、通报批评；

（二）罚款、没收违法所得、没收非法财物；

（三）暂扣许可证件、降低资质等级、吊销许可证件、一定时期内不得申请行政许可；

（四）限制开展生产经营活动、责令停产整治、责令停产停业、责令关闭、限制从业、禁止从业；

（五）责令限期拆除；

（六）行政拘留；

（七）法律、行政法规规定的其他行政处罚种类。

◆ **条文主旨**

本条是对生态环境行政处罚种类的规定。

◆ **条文理解**

本办法的重要任务之一在于科学合理地设定环境行政处罚类型和种类，这对于严格限定处罚类型、规范处罚行为具有重要作用，对于正确行使行政处罚权、维护相对人合法权益具有重大的价值和意义。

《中华人民共和国行政处罚法》修订的一项重要内容就在于重塑行政处罚的分类方式，第九条采用列举加兜底条款的形式对行政处罚种类作出了规定。第九条将行政处罚种类分为六项，分别对应申诫罚、财产罚、资格罚、行为罚、人身罚以及其他行政处罚，并列举了每一类行政处罚的具体种类。

本办法综合考虑了《中华人民共和国行政处罚法》《中华人民共和国环境保护法》以及生态环境保护领域的其他法律法规，对生态环境行政处罚的种类作出规定。首先，本办法规定处罚种类的逻辑思路与《中华人民共和国行政处罚法》保持一致，即按照环境行政处罚的功能划分五种类型，进而对环境行政处罚的种类进行具体列举。其次，本办法对行政处罚种类的列举并不拘泥于形式用语，而是着眼于概念所表现法规范效果的实质方面。在相似的形式用语中，选取具有代表性的表达方式，作为生态环境行政处罚的一般种类，用于统摄所有实质上产生相同法律效果以及具有相同要件特征的环境行政处罚。下文将对不同生态环境行政处罚的要点分而述之。

一、申诫罚

本项规定的是对违法者发出警戒的申诫罚，即行政主体向违法者发出警戒，申明其有违法行为，通过对其名誉、信誉等施加影响，引起其精神上的警惕，使其不再违法的处罚形式。

（一）警告

警告，是指行政机关对轻微违法行为人的警示和告诫，目的在于对违法行为人进行精神上的惩戒，申明其违法行为，以使其不再违法。警告是行政处罚种类中最轻微的一种。警告属于要式行政行为。根据《中华人民共和国行政处罚法》第五十二条，警告必须有书面的行政处罚决定书，并送达当事人。如果是口头警告，则属于一般的批评教育，不属于行政处罚。

（二）通报批评

通报批评作为行政处罚的一个种类，可以涵摄所有通过向社会公布的方式，以减损名誉、降低社会评价为法律效果的行政处罚。① 警告和通报批评的区别在于，后者的告知范围更加广泛，不限于告知行为人自己，还包括告知与行为人有关的公民、法人和其他组织，即通报批评的侵益性更强，但在行政处罚决定公示的背景下，这种区别的意义逐渐减小。②

在现行环境立法中，形式上直接使用"通报批评"文字表述的行政处罚数量极少。《中华人民共和国行政处罚法》中对于行政处罚种类的规定，采用的是实质主义的立场，并不是以形式用语为规范对象，而是着眼于概念所表现法规范效果的实质方面。对违法信息予以公告或通报的行为属于实质上的"通报批评"。例如，《中华人民共和国环境保护法》第六十二条规定："违反本法规定，重点排污单位不公开或者不如实公开环境信息的，由县级以上地方人民政府环境保护主管部门责令公开，处以罚款，并予以公告。"一方面，从行为后果来看，对违法信息予以公告或通报的行为将导致行政相对人的社会评价降低，构成声誉制裁。公告或通报均以对社会公开的方式呈现。"违法信息"的定性构成对声誉的否定性评价。在声誉信息广泛传播的社会背景下，对违法信息予以公告或通报一经作出，行政相对人名誉减损和社会评价降低的结果就随之而至。另一方面，从行政机关的效果意思来看，"予以公告"或"予以通报"显示出行政机关试图通过公开曝光其违法信息而形成制裁的目的。尤其是在与常态化信息公开行为的对比之下，"予以公告"或"予以通报"仅针对法律法规所规定的特定违法行为，并非普遍适用，对特定违法行为的谴责意味

---

① 朱芒：《作为行政处罚一般种类的"通报批评"》，载《中国法学》2021年第2期。

② 袁雪石：《中华人民共和国行政处罚法释义》，中国法制出版社2021年版，第63页。

更加明显。可见，"予以公告"或"予以通报"虽未强调"批评"，但带有显著的谴责性，传达了行政机关的否定性评价。因此，对违法信息予以公告或通报的行为构成实质上的"通报批评"。

二、财产罚

本项规定的是财产罚，即剥夺违法者的某种物质利益的行政处罚，主要包括罚款和没收。根据本办法第四十六条，较大数额罚款，没收较大数额违法所得、没收较大价值非法财物的行政处罚均被纳入听证范围。

（一）罚款

罚款，是指行政主体依法要求违法者在一定期限内交纳一定数量货币的处罚。罚款的数额应由具体的法律规范设定，行政主体只能在法定幅度内决定罚款数额。根据《中华人民共和国行政处罚法》和《罚款决定与罚款收缴分离实施办法》，作出罚款决定的行政机关应当与收缴罚款的机构分离。

（二）没收违法所得

没收违法所得，是指行政主体将行为人违法所获的财物强制收缴并充入国库的一种行攻处罚。关于何为"违法所得"，存在总收入说和净收入说两种认识。总收入说是指将违法行为所获得的价款或报酬全部追缴，而不扣除其原有成本费用等；净收入说是指以违法行为所获得的收入扣除其取得成本、合理支出、国家税费等，即以净利益作为追缴标的。① 可见，净收入说的核心在于扣除合理成本，一方面，合理成本难以计算，影响行政效率；另一方面，仅收缴净收入不具有制裁性，因为这些利润本身就不是违法行为人应得的。行政处罚是以减损权益或者增加义务的方式予

---

① 王贵松：《论行政处罚的制裁性》，载《法商研究》2020 年第 6 期。

以惩戒的行为，仅采取净收入说存在不妥之处。总收入原则无疑具有制裁性，但可能违反过罚相当的要求，在确定没收的数额时，需要考虑整个行政处罚的效果，接受比例原则或过罚相当原则的控制。

《环境行政处罚办法》将违法所得界定为："当事人违法所获得的全部收入扣除当事人直接用于经营活动的合理支出，为违法所得。"可以看出，采纳的是净收入说。本办法第八十八条规定，"违法所得是指实施违法行为所取得的款项"，删除了扣除合理支出的规定，应当理解为采取总收入说。此外，在确定具体的没收数额时，需要考虑过罚相当原则，对没收总数加以控制。

（三）没收非法财物

没收非法财物，是指行政机关将违法行为人非法占有的违禁品或其他财物予以无偿收缴归国家所有的处罚方式。在现行环境立法中，有时也将非法财物的"没收"表述为"收缴"。非法财物是指违法者用以从事违法活动的违法工具、物品或违法持有的违禁品等，主要包括以下三种类型。一是违法工具，即作为违法行为工具使用的物品。例如，《中华人民共和国大气污染防治法》第一百零七条规定的"没收燃用高污染燃料的设施"。二是违禁品，即国家规定禁止或限制私自生产、制造、购买、运输、持有、进出口的物品。三是违法财物，即违法生产经营的物品。例如，《中华人民共和国大气污染防治法》第一百零九条规定的"没收销毁无法达到污染物排放标准的机动车、非道路移动机械"。

三、资格罚

本项规定的四项措施为剥夺或降低资质的资格罚。剥夺或限制某种资格或能力，必须得以行政相对人拥有这项资格或能力为前提。根据本办法第四十六条，本项规定的生态环境行政处罚均被纳入听证范围。

（一）暂扣许可证件

暂扣许可证件，是指行政主体对违法者依法实施暂时扣留其许可证件，暂时中止其从事某项生产或经营活动权利的行政处罚。《环境行政处罚办法》在处罚种类中规定了"暂扣、吊销许可证或者其他具有许可性质的证件"，本办法删除了"其他具有许可性质的证件"，可以理解为将"其他具有许可性质的证件"并入"许可证件"。

（二）降低资质等级

降低资质等级，是限制当事人经营范围的行政处罚。部分领域的行政许可分为甲、乙、丙等级别，不同级别的资质对应着不同的经营范围。因此，降低资质等级就是限制了当事人经营范围。例如，《中华人民共和国大气污染防治法》第一百一十二条第一款规定："违反本法规定，伪造机动车、非道路移动机械排放检验结果或者出具虚假排放检验报告的，由县级以上人民政府生态环境主管部门没收违法所得，并处十万元以上五十万元以下的罚款；情节严重的，由负责资质认定的部门取消其检验资格。"

（三）吊销许可证件

吊销许可证件，是使当事人丧失从事被许可活动的权利或资格的行政处罚。吊销许可证件适用于被许可人取得行政许可后有严重违法行为的情形。例如，《中华人民共和国固体废物污染环境防治法》第一百一十四条第二款规定："未按照许可证规定从事收集、贮存、利用、处置危险废物经营活动的，由生态环境主管部门责令改正，限制生产、停产整治，处五十万元以上二百万元以下的罚款；对法定代表人、主要负责人、直接负责的主管人员和其他责任人员，处五万元以上五十万元以下的罚款；情节严重的，报经有批准权的人民政府批准，责令停业或者关闭，还可以由发证机关吊销许可证。"

（四）一定时期内不得申请行政许可

一定时期内不得申请行政许可，是指在行政许可撤销或吊销后的一定期限内不得再次申请行政许可的行政处罚。"一定时期内不得申请行政许可"在惩戒和预防违法的强度方面甚至要强于《中华人民共和国行政处罚法》中规定的"暂扣许可证件"或"吊销许可证件"。后者在期满后行为人可以去申请同类的行政许可，而前者剥夺的是行为人一段时期甚至终生的申请资格，其惩戒和预防违法的强度都更强。①

在《中华人民共和国行政处罚法》修订一审稿中，曾将"不得申请行政许可"明确列举为行政处罚种类，但在修订二审稿中予以删除。由于在生态环境保护领域的行政法规中存在对"不得申请行政许可"的规定，故将其列入本办法。《排污许可管理条例》第四十条规定："排污单位以欺骗、贿赂等不正当手段申请取得排污许可证的，由审批部门依法撤销其排污许可证，处 20 万元以上 50 万元以下的罚款，3 年内不得再次申请排污许可证。"当事人"3 年内不得再次申请排污许可证"，实质上是剥夺当事人在一定期限内申请某类行政许可的资格，属于行政处罚中的"资格罚"。根据行政处罚法的规定，行政法规可以设定除限制人身自由以外的行政处罚。《排污许可管理条例》作为行政法规，具有对此类行政处罚的设定权。

此外，需要注意的是，行政许可的撤销一般不属于行政处罚，而是行政机关的纠错行为。《中华人民共和国行政许可法》第六十九条第二款规定："被许可人以欺骗、贿赂等不正当手段取得行政许可的，应当予以撤销。"对于通过撤销的方式纠正违法的授益行

---

① 宁立成：《我国"剥夺申请行政许可权"行政处罚的立法完善》，载《江西社会科学》2021 年第 9 期。

为，虽然构成对相对人的不利，但不是行政处罚，因为相对人本就无权获得该授益行为。此时，撤销该授益行为相当于恢复原状。全国人民代表大会常务委员会法制工作委员会也曾指出，撤销被许可人以欺骗等不正当手段取得的行政许可，是对违法行为的纠正，不属于行政处罚。[①]

四、行为罚

本项规定的是限制或禁止行为的行为罚。根据本办法第四十六条，本项规定的生态环境行政处罚均被纳入听证范围。

（一）限制开展生产经营活动

限制开展生产经营活动，可以表现为限制开展生产经营的业务范围、经营区域、经营期限等，但这种限制不能达到使当事人停产停业的程度，否则将构成"责令停产停业"。在现行环境立法中，形式上直接使用"限制开展生产经营活动"文字表述的行政处罚数量极少。"限制生产"构成实质上的限制开展生产经营活动。

（二）责令停产整治

责令停产整治，是环境立法中较为常见的行政处罚种类，由"停止生产"与"采取整改措施"两部分组成。其中，"停止生产"针对企业的整个生产经营行为，而不仅限于违法行为；"采取整改措施"则是针对企业的违法行为。可见，停产整治措施是以对行政相对人科以新的不利负担的形式而实现的，不仅限于要求违法者完成整治任务，而是附加了停产义务，带有显著的惩罚意味。停产整治措施之所以强调"整治"，就在于其解除程序的特殊性，即停产整治决定的解除不再依赖于生态环境主管部门的核查、验收等程序，而是取决于排污者自身，可以极大地调动排污者的

---

① 《全国人民代表大会常务委员会法制工作委员会关于公司法第一百九十八条"撤销公司登记"法律性质问题的答复意见》（法工委复〔2017〕2号）。

整改积极性。但与此同时，停产整治措施对当事人科以的停产义务，对当事人构成新的不利负担。从适用范围来看，停产整治措施一般适用于污染较为严重且需要一定整改期限的行政相对人。

（三）责令停产停业

责令停产停业，是在保留行政相对人生产、经营资格的前提下，要求行政相对人在一定期限内暂停某项生产或某种业务，即在一定时间内剥夺相对人的生产经营权，但并未剥夺其从事生产经营的资格。在实践中，责令停产停业需要有明确的期限，不能是永久性的，否则将构成"责令关闭"。责令停业通常需要由生态环境主管部门报经有批准权的人民政府批准实施。例如，《中华人民共和国环境保护法》第六十条规定："企业事业单位和其他生产经营者超过污染物排放标准或者超过重点污染物排放总量控制指标排放污染物的，县级以上人民政府环境保护主管部门可以责令其采取限制生产、停产整治等措施；情节严重的，报经有批准权的人民政府批准，责令停业、关闭。"

需要注意的是，对于"责令停止某项行为"的措施是否属于行政处罚，可以通过以下思路予以判断。第一，具有行政处罚属性的责令停止某项行为，必须以行政相对人具备从事该行为的资格为前提；第二，对行政相对人的业务全面停止的责令停止行为具有行政处罚属性，仅对行政相对人违法业务停止的责令停止行为具有责令改正的属性。例如，《中华人民共和国环境保护法》第六十一条规定："建设单位未依法提交建设项目环境影响评价文件或者环境影响评价文件未经批准，擅自开工建设的，由负有环境保护监督管理职责的部门责令停止建设，处以罚款，并可以责令恢复原状。"由于《中华人民共和国环境保护法》第十九条第二款规定"未依法进行环境影响评价的建设项目，不得开工建设"，因此建设单位未依法提交建设项目环境影响评价文件或者环境影响评价文件未经批准的，本身就不具有开工建设的资质，其开工建设行为属于违法行为。行政机关责令建设单位停止建设，不属于行政处罚，而是属于"责令改正违法行为"的具体表现形式。

（四）责令关闭

责令关闭，是通过责令违法行为人关闭企业来实现惩戒目的的行政处罚。责令关闭一般适用于违法情节严重的情形。责令关闭通常需要由生态环境主管部门报经有批准权的人民政府批准实施。例如，《中华人民共和国噪声污染防治法》第七十五条规定："违反本法规定，无排污许可证或者超过噪声排放标准排放工业噪声的，由生态环境主管部门责令改正或者限制生产、停产整治，并处二万元以上二十万元以下的罚款；情节严重的，报经有批准权的人民政府批准，责令停业、关闭。"

（五）限制从业、禁止从业

限制从业、禁止从业，是指行政主体对违反行政管理秩序的当事人在时间和领域等方面实施经济和社会方面的职业限制。限制从业、禁止从业，既包括从时间方面进行限制，也包括从领域层面予以限制，如在一定年限内禁止从事特定业务，或终身禁止从事特定业务。例如，《中华人民共和国土壤污染防治法》第九十条规定："违反本法规定，受委托从事土壤污染状况调查和土壤污染风险评估、风险管控效果评估、修复效果评估活动的单位，出具虚假调查报告、风险评估报告、风险管控效果评估报告、修复效果评估报告的，由地方人民政府生态环境主管部门处十万元以上五十万元以下的罚款；情节严重的，禁止从事上述业务，并处五十万元以上一百万元以下的罚款；有违法所得的，没收违法所得。前款规定的单位出具虚假报告的，由地方人民政府生态环境主管部门对直接负责的主管人员和其他直接责任人员处一万元以上五万元以下的罚款；情节严重的，十年内禁止从事前款规定的业务；构成犯罪的，终身禁止从事前款规定的业务。本条第一款规定的单位和委托人恶意串通，出具虚假报告，造成他人人身或者财产损害的，还应当与委托人承担连带责任。"

（六）责令限期拆除

责令拆除或责令限期拆除，是生态环境保护立法中常见的行政措施，对行政相对人构成显著的不利影响。例如，《中华人民共和国水污染防治法》第八十四条第一款规定："在饮用水水源保护区内设置排污口的，由县级以上地方人民政府责令限期拆除，处十万元以上五十万元以下的罚款；逾期不拆除的，强制拆除，所需费用由违法者承担，处五十万元以上一百万元以下的罚款，并可以责令停产整治。"《中华人民共和国噪声污染防治法》第七十三条第二款规定："违反本法规定，建设单位在噪声敏感建筑物禁止建设区域新建与航空无关的噪声敏感建筑物的，由地方人民政府指定的部门责令停止违法行为，处建设工程合同价款百分之二以上百分之十以下的罚款，并报经有批准权的人民政府批准，责令拆除。"

五、人身罚

本项规定了在一定期限内剥夺行政相对人人身自由的人身罚，即行政拘留。

行政拘留，是指公安机关对违法行为人在短期内限制其人身自由的一种行政处罚。《中华人民共和国行政处罚法》第十八条第三款规定："限制人身自由的行政处罚权只能由公安机关和法律规定的其他机关行使。"生态环境主管部门拥有行政拘留移送权，即按照法律规定将案件移送公安机关。例如，《中华人民共和国环境保护法》第六十三条规定："企业事业单位和其他生产经营者有下列行为之一，尚不构成犯罪的，除依照有关法律法规规定予以处罚外，由县级以上人民政府环境保护主管部门或者其他有关部门将案件移送公安机关，对其直接负责的主管人员和其他直接责任人员，处十日以上十五日以下拘留；情节较轻的，处五日以上十日以下拘留：（一）建设项目未依法进行环境影响评价，被责令停止建设，拒不执行的；（二）违反法律规定，未取得排污许可证排放污染物，被责令停止排污，拒不执行的；（三）通过暗管、渗井、渗坑、灌注或者篡改、伪造监测数据，或者不正常运行防治污染设施等逃避监管的方式违法排放污染物的；（四）生产、使用国家明令禁止生产、使用的农药，被责令改正，拒不改正的。"《中华人民共和国土壤污染防治法》第八十七条规定："违反本法规定，向农用地排放重金属或者其他有毒有害物质含量超标的污水、污泥，以及可能造成土壤污染的清淤底泥、尾矿、矿渣等的，由地方人民政府生态环境主管部门责令改正，处十万元以上五十万元以下的罚款；情节严重的，处五十万元以上二百万元以下的罚款，并可以将案件移送公安机关，对直接负责的主管人员和其他直接责任人员处五日以上十五日以下的拘留；有违法所得的，没收违法所得。"

六、法律、行政法规规定的其他行政处罚种类

本项是兜底条款。本条对于生态环境行政处罚种类的列举已经可以将大部分行政制裁行为囊括其中，但在法律的未来发展过程中，尤其是在风险社会和信息社会的复杂需求下，依然可能出现新的行政处罚种类。《中华人民共和国行政处罚法》第九条第六项规定，行政处罚种类包括"法律、行政法规规定的其他行政处罚"，认可了法律和行政法规中设定的其他处罚种类。需要注意的是，根据《中华人民共和国行政处罚法》第十条到第十六条，法律、行政法规、地方性法规、国务院部门规章、地方政府规章均可以设定一定种类的行政处罚。但是，只有"法律和行政法规"可以设定新的行政处罚种类，亦即地方性立法和国务院部门规章均无权创设新的行政处罚种类，只能在现有的行政处罚种类框架中作出设定和具体规定。

在实践中，部分新型生态环境行政措施构成实质上的行政处罚，但并未在法律或行政法规中得到规定，仅在地方性立法中有所规定。这种情形可能违反《中华人民共和国行政处罚法》中对于行政处罚种类设定权的规定。例如，"列入黑名单"等措施频繁出现于地方规范性文件之中，并得到普遍适用。从减损相对人权益的后果看，"列入黑名单"将在一定时期内如影随形地影响相对人的公共形象，对于相对人具有"点名与羞辱"的效果，显著地降低相对人的声誉和社会评价。从效果意思的角度而看，"列入黑名单"的行为显示出行政主体旨在实现降低相对人名誉、声誉和社会评价的效果。诸如黑名单、行业黑榜、失信名单等负面标签，并非客观中立的信息公开，而是额外地传递了官方的谴责信号，显著地体现出行政主体对相对人的否定性评价。额外施加的负面标签已经明显不同于常态化的政府信息公开。相对人名誉和信用贬损的发生，正是行政主体将相对人列入黑名单所期待的结果。"列入黑名单"等施加负面标签的行政措施符合行政处罚的基本性质。对此，如果环境法律和行政法规中没有规定，部门规章和地方性立法中就不应当规定；如果需要规定，应当通过修法的形式，在法律或者行政法规中予以规定。

◆ **要点提示**

> 1. 本条规定对生态环境行政处罚种类的列举，综合考虑了《中华人民共和国行政处罚法》《中华人民共和国环境保护法》以及环境保护领域的其他法律法规中对处罚种类的规定。
>
> 2. 本条规定对行政处罚种类的列举并不拘泥于形式用语，而是着眼于概念所表现法规范效果的实质

方面，用于统摄所有实质上产生相同法律效果以及具有相同要件特征的生态环境行政处罚。

3. 生态环境主管部门在具体案件办理中选用何种行政处罚种类，应当结合违法行为的性质、情节和法律、法规、规章的具体条款来判断。

◆ **法规链接**

《中华人民共和国行政处罚法》（2021 年修订）

第九条 行政处罚的种类：

（一）警告、通报批评；

（二）罚款、没收违法所得、没收非法财物；

（三）暂扣许可证件、降低资质等级、吊销许可证件；

（四）限制开展生产经营活动、责令停产停业、责令关闭、限制从业；

（五）行政拘留；

（六）法律、行政法规规定的其他行政处罚。

◆ **相关案例**

案例八：某渔村与某市环境保护局某区分局环境保护行政处罚纠纷案①

[**本案要点**] 生态环境主管部门作出"责令停止生产"的行政行为属于行政处罚。

[**基本案情**] 2006 年，某渔村利用租赁的场地进行餐饮业经营，办理了工商营业执照和食品经营许可证，但未办理环评审批手续，其生产生活污水通过沉淀池沉淀后，直接排入洞庭湖中。

---

① 湖南省岳阳市中级人民法院（2018）湘 06 行终 91 号行政判决书。

2017年5月6日，某区环保分局对某渔村作出（2017）12号《责令停止生产决定书》，责令某渔村立即停止生产，并于2017年5月31日前将改正情况书面报告某区环保分局，如拒不执行，将根据《中华人民共和国环境保护法》第六十三条规定将案件移送公安机关。该决定书于2017年5月7日向某渔村送达。某渔村不服，在法定期限内向法院提起行政诉讼，请求撤销案涉《责令停止生产决定书》。

法院认为，某区环保分局对某渔村作出的《责令停止生产决定书》，虽然在告知当事人的权利救济部分将决定书表述为"行政命令"，但决定书适用的法律之一是《中华人民共和国行政处罚法》。某区环保分局作出的决定书的内容是责令某渔村立即停止生产，具有强制性和惩罚性，故应认定该行政行为属于行政处罚的一种。《中华人民共和国环境保护法》第六十条规定："企业事业单位和其他生产经营者超过污染物排放标准或者超过重点污染物排放总量控制指标排放污染物的，县级以上人民政府环境保护主管部门可以责令其采取限制生产、停产整治等措施；情节严重的，报经有批准权的人民政府批准，责令停业、关闭。"对某渔村的环境违法行为的查处属于环保部门的职责。某区环保分局系某市环境保护局的直属单位，没有法律授权，也未经有批准权的人民政府或者上级环境保护主管部门的委托，以自己名义实施行政行为，其执法主体不适格。根据《中华人民共和国行政处罚法》的规定，行政机关作出责令停产停业、吊销许可证或者执照、较大数额罚款等行政处罚决定前，应当告知当事人有要求举行听证的权利；当事人要求听证的，行政机关应当组织听证。本案中，某区环保分局对某渔村作出责令停止生产的行政处罚决定前，未告知当事人有要求举行听证的权利，剥夺了当事人陈述事实、申辩的权利，行政程序存在瑕疵。

本案中，某区环保分局执法主体和执法程序均存在违法，本应撤销。但是，某区环保分局作出的《责令停止生产决定书》是落实中央环保督查组限期整改东洞庭湖生态环境问题的重要依据，且某渔村在某区环保分局于 2017 年 5 月 7 日送达《责令停止生产决定书》后，直到 2017 年 10 月才全面停止生产经营活动，撤销该决定书必然导致关停取缔某渔村的行政行为失去依据，使湖南东洞庭湖国家级自然保护区的生态环境不能得到及时有效保护，故判决确认案涉《责令停止生产决定书》的行政行为违法，但不撤销该行政行为。

[处理结果] 法院认为，案涉《责令停止生产决定书》虽然在告知当事人的权利救济部分将决定书表述为"行政命令"，但实际上构成行政处罚。法院判决确认案涉《责令停止生产决定书》的行政行为违法，但不撤销该行政行为。

第九条　【责令改正与行政处罚的衔接】 生态环境主管部门实施行政处罚时，应当责令当事人改正或者限期改正违法行为。

责令改正违法行为决定可以单独下达，也可以与行政处罚决定一并下达。

责令改正或者限期改正不适用行政处罚程序的规定。

◆ **条文主旨**

本条是对责令改正及其与行政处罚如何衔接的规定。

◆ **条文理解**

责令改正违法行为，是指生态环境主管部门要求违法行为人

作为或者不作为，使其终止实施违法行为，使违法行为人履行其
法定义务或者以其他方式达到与履行义务相当的状态。"责令改
正"的行政措施在环境立法中存在不同的表述方式，可以总结为
两种类型。第一，责令改正违法行为类。"责令改正违法行为"针
对违法行为本身，适用于违法行为正在进行、有必要进行纠正的
情形，主要表现形式包括"责令停止违法行为""责令停止施工"
等。第二，责令消除行为后果类。"责令消除行为后果"针对行为
造成的损害后果，适用于违法行为已经造成一定的损害结果，有
必要予以处理的情形，目的在于使社会秩序恢复到理想法秩序所
要求的秩序状态中，主要表现形式包括"责令限期采取治理措施"
"责令消除污染""责令恢复原状"等。

生态环境行政处罚与责令改正既有区别，又相互联系。生态
环境行政处罚与责令改正的联系主要包括：第一，都是由行政相
对人的违法行为而引起；第二，实施目的都是维护公共利益和行
政管理秩序。生态环境行政处罚与责令改正的区分主要体现于以
下两个方面。第一，责令改正并不会对行政相对人科以新的不利
负担。从法律义务的角度而言，行政处罚可以被定位为是对违反
第一性法律义务的行为人所科处的第二性法律义务；责令改正是
行政执法者具体化行政违法者所应承担的第一性行政法律义务的
一种意思表示。[1] 所谓第一性法律义务是由相应的法律规范设定的
秩序所产生，作为社会成员的公民、法人或者其他组织普遍必须
遵守的义务；所谓第二性法律义务，是指社会成员因违反第一性
法律义务所导致的应该承受的法定制裁。行政违法者实施行政违
法行为，实质上是没有履行法律规范所设定的第一性法律义务。面

---

[1] 黄锴：《行政执法中责令改正的法理特质与行为结构》，载《浙江学刊》2019
年第2期。

对行政违法行为以及相应的法秩序破坏，要求行政相对人履行其本就具有的第一性法律义务，并不构成新的不利负担；而对行政相对人科处第二性法律义务，减损其合法权益或者对其增加义务，则构成行政处罚。第二，责令改正并不意在对行政相对人进行惩罚和制裁，而是旨在恢复合法秩序。与行政处罚不同，责令改正要求行政相对人从没有履行义务的状态回归履行义务的状态，其目的在于对违法状态进行补救，以期恢复被破坏的合法秩序。例如，未获得排污许可即进行排污的企业，被责令停止该活动，只是要求其履行法定义务，恢复合法秩序，而并非旨在对其进行惩罚或制裁。

在生态环境行政处罚与责令改正的适用顺序上，有三种不同形态。第一，单独适用责令改正。对于最轻微的环境违法行为，只需要单独适用责令改正即可。《中华人民共和国行政处罚法》第三十三条第一款规定："违法行为轻微并及时改正，没有造成危害后果的，不予行政处罚。初次违法且危害后果轻微并及时改正的，可以不予行政处罚。"此项规定为责令改正的单独适用提供了依据。第二，责令改正作为适用生态环境行政处罚的前置条件，经责令改正逾期未改正的，才能实施行政处罚。相关的法条结构通常为"责令改正+拒不……/逾期不……的+行政处罚"。对于并不严重的环境违法行为，行政机关可以将责令改正作为环境行政处罚的前置条件，只有当行政相对人"拒不改正"或"逾期不改正"时，才进一步适用行政处罚。第三，责令改正与生态环境行政处罚并行适用。行政机关实施行政处罚时，应当责令当事人改正或者限期改正违法行为。因为仅实施行政处罚，不足以恢复正常的环境管理秩序；仅责令改正违法行为，不足以惩戒违法行为人。二者并行才能够实现管理目的。

本条第三款规定，责令改正或者限期改正不适用行政处罚程序的规定。就行为性质而言，责令改正属于行政命令，不属于行政处罚，因此，责令改正或限期改正不适用行政处罚程序的规定。但是，这并不意味着责令改正或限期改正不需要遵守任何程序。责令改正或者限期改正以及行政处罚都属于行政行为，且均会对当事人的权利义务产生影响，给当事人带来一定负担，需要遵循正当的程序。行政法以正当程序原则为其遵循的基本原则之一，该原则要求在可能对行政相对人产生不利影响的行政行为中，行政机关应当遵循一定程序，如履行告知义务、阐明行为理据、听取陈述与申辩、提供救济方式等。因此，对于此条规定的"责令改正或者限期改正不适用行政处罚程序的规定"，不应当简单地理解为凡是行政处罚程序一律不适用于责令改正或限期改正。生态环境主管部门在实施责令改正或限期改正之前，也应当对案件进行全面调查、听取相对人的陈述和申辩。责令改正或者限期改正的作出，也需要遵循如立案、调查取证、告知、决定等程序，这些程序是行政行为或行政决定的一般要求。

◆ **要点提示**

> 　　1. 责令改正属于行政命令，与生态环境行政处罚存在区别。
> 　　2. 责令改正在环境立法中存在不同的表述方式，包括责令改正违法行为类，如"责令停止违法行为""责令停止施工"等，还包括责令消除行为后果类，如"责令限期采取治理措施""责令消除污染""责令恢复原状"等。
> 　　3. 责令改正决定可以单独下达，也可以与处罚决定一并下达。

◆ **法规链接**

《中华人民共和国行政处罚法》（2021 年修订）

第二十八条　行政机关实施行政处罚时，应当责令当事人改正或者限期改正违法行为。

当事人有违法所得，除依法应当退赔的外，应当予以没收。违法所得是指实施违法行为所取得的款项。法律、行政法规、部门规章对违法所得的计算另有规定的，从其规定。

第三十三条　违法行为轻微并及时改正，没有造成危害后果的，不予行政处罚。初次违法且危害后果轻微并及时改正的，可以不予行政处罚。

当事人有证据足以证明没有主观过错的，不予行政处罚。法律、行政法规另有规定的，从其规定。

对当事人的违法行为依法不予行政处罚的，行政机关应当对当事人进行教育。

◆ **相关案例**

案例九：某县环保局、某县建材公司行政处罚案①

[**本案要点**] 责令改正期限届满，当事人未按要求改正，违法行为仍处于继续或者连续状态的，可以认定为新的环境违法行为。

[**基本案情**] 2019 年 7 月 16 日，被告某县环保局工作人员通过在线监控数据查到原告某县建材公司在氮氧化物排放浓度超过了法律规定的排放标准，造成大气污染，随即立案调查。某县环保局于 2019 年 7 月 17 日作出召环罚责改（2019）第 6 号《责令（限期）改正决定书》，责令某建材公司立即改正违法行为。2019 年 10 月 23 日，被告某县环保局作出召（2019）第 12 号行政处罚

_____

① 河南省南阳市中级人民法院（2020）豫 13 行终 183 号行政判决书。

决定书。2019 年 10 月 23 日，被告某县环境保护局对原告某建材公司分别作出了（2019）第 10 号、（2019）第 11 号、（2019）第 9 号行政处罚决定书，其处罚内容第一项均为责令停产整治，第二项分别为罚款 16 万元、罚款 21 万元、罚款 16 万元。2020 年 3 月 31 日，某建材公司分别就这三个处罚决定书向法院提起行政诉讼。

法院认为，本案的争议焦点之一在于，本案是否违反了《中华人民共和国行政处罚法》规定的"对当事人的同一个违法行为，不得给予两次以上罚款的行政处罚"。就此问题，《环境行政处罚办法》① 第十一条规定："环境保护主管部门实施行政处罚时，应当及时作出责令当事人改正或者限期改正违法行为的行政命令。责令改正期限届满，当事人未按要求改正，违法行为仍处于继续或者连续状态的，可以认定为新的环境违法行为。"由此可知，对于具有继续或者连续状态的违法行为，生态环境主管部门在实施行政处罚时，应及时作出责令改正或者限期改正违法行为的行政命令，此时即可认定为违法行为中断情形；在责令改正期限届满后，如果违法行为仍处于继续或者连续状态的，应认定为构成另一个新的环境违法行为，从而可以给予另外的行政处罚。

本案中，第一个超标排放行为发生在 2019 年 6 月 30 日，2019 年 7 月 1 日某县环保局即作出并送达了《责令（限期）改正决定书》，要求某建材公司"立即改正违法行为"。第二个超标排放行为发生在 2019 年 7 月 1 日至 7 月 6 日期间，2019 年 7 月 7 日某县环保局即作出并送达了《责令（限期）改正决定书》。第三个超标排放行为发生在 2019 年 7 月 13 日，2019 年 7 月 14 日某县环保局即作出并送达了《责令（限期）改正决定书》。第四个超标排放行为发生在 2019 年 7 月 16 日，2019 年 7 月 17 日某县环保

---

① 编者按：已废止。被本办法吸收。

局即作出并送达了《责令（限期）改正决定书》。在上述四个违法行为查处过程中，某县环保局均于次日作出并送达《责令（限期）改正决定书》，某建材公司在收到相关《责令（限期）改正决定书》后，并未落实责令改正的内容，又再次出现超标排放违法情形，某县环保局将其认定为新的违法行为而给予另案行政处罚，于法有据，并无不当。

[**处理结果**]　二审法院判决驳回一审原告的诉讼请求。

　　第十条　【执法人员数量】生态环境行政处罚应当由具有行政执法资格的执法人员实施。执法人员不得少于两人，法律另有规定的除外。

◆　**条文主旨**

　　本条是对执法人员资格和数量的规定。

◆　**条文理解**

　　本条规定生态环境行政处罚应当由具有行政执法资格的执法人员实施。行政执法资格，是行政执法人员通过行政执法人员资格考试之后所取得的从事行政执法工作的资格。行政执法证件是行政执法人员通过考试之后由有权机关颁发的证件，行政执法人员在执法过程中必须持证上岗。并非行政机关的所有工作人员都有权开展执法活动。行政执法资格是对于行政执法人员的更高要求。在生态环境行政处罚实施过程中，当事人有权利了解执法人员的身份，执法人员有义务向当事人表明执法身份。

　　本条规定了执法人员不得少于两人。《环境行政处罚办法》第二十八条规定"调查取证时，调查人员不得少于两人"，第五十九条第一款规定"当场作出行政处罚决定时，环境执法人员不得少于两人"。可见，《环境行政处罚办法》中"执法人员不得少于两人"的要求仅限于调查取证阶段和简易程序。修改后的办法直接规定"执法人员不得少于两人"，没有限定具体的实施阶段，可以理解为生态环境行政处罚全过程都应遵循这一要求，适用于普通程序、简易程序和听证程序。如果执法人员仅为一人，则构成程序违法，执法人员所取得的证据不能作为定案依据。据此证据实施处罚的，生态环境主管部门将承担不利的法律后果。此外，关于执法人员数量的例外，只允许法律另行规定。

◆ **要点提示**

> 1. 生态环境行政处罚应当由具有行政执法资格的生态环境行政人员实施。
>
> 2. 生态环境行政处罚实施阶段，执法人员不得少于两人。

◆ **法规链接**

《中华人民共和国行政处罚法》（2021 年修订）

第四十二条　行政处罚应当由具有行政执法资格的执法人员实施。执法人员不得少于两人，法律另有规定的除外。

执法人员应当文明执法，尊重和保护当事人合法权益。

◆ **相关案例**

案例十：某药业公司诉某区环境保护局撤销行政决定案①

［本案要点］执法人员数量不足属于程序违法。

［基本案情］2017 年 6 月 2 日，被告某区环保局在对原告某

———————

① 黑龙江省阿城市人民法院（2017）黑 0112 行初 70 号行政判决书。

药业公司进行调查后，认定该公司存在擅自停运污水处理设施，并且将部分生产废水利用外雇吸污车抽走后随意排放的情况，作出责令改正违法行为决定，责令原告某药业公司限期改正，立即恢复污水处理设施的使用，并且立即停止超标排放水中污染物。原告认为，被告作出的行政行为认定事实不清、证据不足、程序违法，请求撤销案涉责令改正违法行为决定书。

法院认为，在被告某区环保局提交的调查询问笔录中，向被询问人出示执法证件的是郭某、李某，询问人和记录人是郭某，李某没有签名。案涉调查询问笔录是由郭某一人进行的，违反了证据收集程序的规定，上述证据法院不予采信。

[**处理结果**] 法院判决被告某区环保局作出的责令改正违法行为行政决定主要证据不足，且违反法定程序，依法应予撤销。

第二章 实施主体与管辖

第十一条 【处罚主体】生态环境主管部门在法定职权范围内实施生态环境行政处罚。

法律、法规授权的生态环境保护综合行政执法机构等组织在法定授权范围内实施生态环境行政处罚。

◆ 条文主旨

本条是对生态环境行政处罚主体的规定。

◆ 条文理解

本条是处罚法定原则在实施主体上的具体体现。

生态环境行政处罚直接限制或者剥夺违法行为人的权利或者资格，在性质上属于法律制裁，具有惩罚性和强制性。因此有必要根据法律对其严格限制和规范，以避免生态环境行政处罚违法或者不当实施对当事人的合法权益的侵犯和对生态环境行政秩序的破坏。对处罚主体进行明确规定，是规范和限制行政处罚权的重要内容。

本条明确规定了生态环境保护领域实施行政处罚的两类主体：第一，在一般情况下，生态环境行政处罚由生态环境主管部门在其法定职权范围内实施；第二，在法律、法规授权的情况下，生态环境行政处罚由生态环境保护综合行政执法机构等组织实施。虽然在具体的生态环境行政处罚中，相关工作由具体的工作人员个人与行政相对人交互完成，但行政主体须以自己的名义独立行使行政职权，亦即实施生态环境行政处罚的法定主体是生态环境主管部门或法律、法规授权的组织，而不能以工作人员个人的名义作出。

一、生态环境主管部门

《中华人民共和国行政处罚法》第十七条规定，行政处罚由具有行政处罚权的行政机关在法定职权范围内实施。根据一般理解，行政职权，是指行政机关依法享有的对国家和社会的公共行政事务进行组织管理和服务的权力，具有命令性、强制性和不可自由处分性。由此，行政机关应当从积极履行法定职责和消极避免行政违法两个维度行使法定职权：第一，在积极层面，行政职权既是权力，也是职责，是行政机关必须积极履行的行政义务，而且作为一项特殊的行政权力，一般情况下只能由行政机关而非其他个人或组织行使；第二，在消极层面，行政机关不能超越其法定行政职权范围，只能根据法律规定，在其行政职权范围内具体实施行政处罚。就此而言，生态环境主管部门是实施生态环境行政处罚的行政机关。《中华人民共和国环境保护法》第十条规定："国务院环境保护主管部门，对全国环境保护工作实施统一监督管理；县级以上地方人民政府环境保护主管部门，对本行政区域环境保护工作实施统一监督管理。县级以上人民政府有关部门和军队环境保护部门，依照有关法律的规定对资源保护和污染防治等环境保护工作实施监督管理。"除《中华人民共和国环境保护法》的一般规定外，各生态环境保护单行法律法规也具体规定了生态环境主管部门实施行政处罚的职责与权限，生态环境主管部门须严格遵循相应的规定。

二、经法律、法规授权的生态环境保护综合行政执法机构等组织

将生态环境保护综合行政执法机构规定为处罚主体，是我国

推进行政执法体制改革的产物，可以有效解决生态环境保护领域中长期存在的多头执法、职权混杂以及行政执法机构肥大化等问题，有利于提升行政执法能力和效率，建立"精简、统一、效能"的行政管理体制。《中华人民共和国行政处罚法》第十八条第一款规定，国家在城市管理、市场监管、生态环境、文化市场、交通运输、应急管理、农业等领域推行建立综合行政执法制度，相对集中行政处罚权。这一规定包含了两重含义：第一，确定了生态环境保护综合行政执法机构集中实施生态环境行政处罚的法定职权；第二，生态环境保护综合行政执法机构行使生态环境行政处罚须根据法律规定行使，不能超越法律划定的范围。例如，倘若没有法律的明确授权，生态环境保护综合行政执法机构不能实施限制人身自由的行政处罚。

◆ **要点提示**

> 1. 生态环境主管部门以及经法律、法规授权的生态环境保护综合行政执法机构等组织均能以自己的名义实施生态环境行政处罚。
>
> 2. 授权生态环境保护综合行政执法机构实施处罚的法律渊源只能是法律、法规，其他法律渊源或规范性文件（如规章等）作出的授权不具有相应的法律效力。
>
> 3. 生态环境主管部门以及经法律、法规授权的生态环境保护综合行政执法机构必须在法定职权范围内行使行政处罚权，不得无权、越权处罚。
>
> 4. 经法律法规授权的生态环境保护综合行政执法机构可以以自己的名义独立实施生态环境行政处罚，须独立承担相应的法律责任。

5. 未经法律法规授权的生态环境保护综合行政执法机构可以承担行政处罚的具体工作，但不得以自己的名义实施处罚，不能独立承担相应的法律责任。

◆ **法规链接**

《中华人民共和国行政处罚法》（2021 年修订）

第十七条　行政处罚由具有行政处罚权的行政机关在法定职权范围内实施。

第十八条　国家在城市管理、市场监管、生态环境、文化市场、交通运输、应急管理、农业等领域推行建立综合行政执法制度，相对集中行政处罚权。

国务院或者省、自治区、直辖市人民政府可以决定一个行政机关行使有关行政机关的行政处罚权。

限制人身自由的行政处罚权只能由公安机关和法律规定的其他机关行使。

《关于深化生态环境保护综合行政执法改革的指导意见》（中办发〔2018〕64 号）

（略）

第十二条　【委托处罚】生态环境主管部门可以在其法定权限内书面委托符合《中华人民共和国行政处罚法》第二十一条规定条件的组织实施行政处罚。

受委托组织应当依照《中华人民共和国行政处罚法》和本办法的有关规定实施行政处罚。

◆ **条文主旨**

本条是对委托处罚的规定。

◆ **条文理解**

委托处罚，是指有行政处罚权的行政机关依法委托符合条件的组织，在法定的范围和委托权限内，以委托机关的名义实施行政处罚，并由委托机关承担法律责任。在生态环境行政领域，存在行政事务繁杂但行政机关的编制与人员有限的矛盾。由此，基于提高行政效率的考虑，有必要在生态环境主管部门之外，再行委托有关组织协助其实施生态环境行政处罚。与此同时，为取其利而避其害，防止出现违法处罚侵害当事人权利的情况，法律须对委托处罚予以适当限制。

《中华人民共和国行政处罚法》第二十条第一款规定："行政机关依照法律、法规、规章的规定，可以在其法定权限内书面委托符合本法第二十一条规定条件的组织实施行政处罚。"根据该法第二十一条所列之条件，生态环境保护综合行政执法机构具有受委托组织的资格，生态环境主管部门可以在其法定权限内将相应的生态环境行政处罚权予以委托，由生态环境保护综合行政执法机构具体承担。结合相关法律规定，委托生态环境行政处罚应当注意以下七点：

第一，委托处罚必须有法律、法规（含行政法规、地方性法规）或者规章（含部门规章、地方政府规章）的明文规定。没有法律、法规或者规章规定的，生态环境主管部门不得自行委托。本办法在法律渊源上属于行政规章，有权规定委托处罚的相关具体事宜，因此，生态环境主管部门可以依据本条的规定，委托生态环境保护综合行政执法机构承担行政处罚的具体工作。

第二，生态环境主管部门只能在其法定权限内进行委托。生态环境主管部门可以依法委托的，只能是法律、法规和规章赋予其的行政处罚权。生态环境主管部门不得超越法律、法规和规章规定的法定权限进行委托处罚，否则构成违法委托和越权委托，不具有法律效力。

第三，受委托的生态环境保护综合行政执法机构等组织必须具备相应的条件。《中华人民共和国行政处罚法》第二十一条明确规定了受委托的组织应当符合相关条件，即"（一）依法成立并具有管理公共事务职能；（二）有熟悉有关法律、法规、规章和业务并取得行政执法资格的工作人员；（三）需要进行技术检查或者技术鉴定的，应当有条件组织进行相应的技术检查或者技术鉴定。"

第四，生态环境保护综合行政执法机构等组织只能在委托范围内从事行政处罚的具体工作，不得超越委托范围。超越委托范围的，该处罚行为无效，由该组织自行承担责任。

第五，行政职权的委托不发生职权、职责和法律后果的转移。换言之，生态环境保护综合行政执法机构等受委托组织只能以委托的生态环境主管部门的名义实施处罚，而不得以自己或者其他机关的名义。以受委托组织的名义实施处罚的，该处罚无效，由该组织自行承担责任。

第六，行政职权的委托不发生行政主体资格的转移，接受委托的生态环境保护综合行政执法机构等受委托组织不得再转委托，不能自行将被委托的职权委托其他任何组织或者个人。在委托处罚中，受委托组织本身并不具有行政处罚权，只是代表具有法定行政处罚权的生态环境主管部门从事具体工作，因此，受委托组织不能将自己并不拥有的权力委托出去。

第七，受委托组织在委托范围内从事的具体行为，在法律上视为委托的生态环境主管部门的行为，生态环境主管部门应当监督受委托组织是否依法实施行政处罚。基于委托与被委托的关系，生态环境保护主管部门与生态环境保护综合行政执法机构等组织之间产生监督与被监督的关系，生态环境主管部门有责任监督受委托组织是否在委托权限范围内，依照法定目的、程序、种类、幅度实施处罚。如果受委托组织违法处罚，则由委托的生态环境主管部门承担法律后果，包括行政复议、行政诉讼、国家赔偿等的法律后果。

需要说明的是，在法理学和宪法学领域，"授权"与"委托"并无严格区别，但在行政处罚领域，"授权"与"委托"的含义须明确区分，才能避免法律适用错误。二者的区别有：（1）权力来源不同。被授权组织的权力直接来源于法律、法规的授予；受委托组织的权力来源于行政机关的委托，即法律、法规或者规章将权力授予行政机关，行政机关又把其中的一部分委托出去。（2）实施名义不同。授权是以被授权组织自己的名义实施；委托是以委托组织的名义，而非受委托组织的名义实施。（3）承担法律后果的主体不同。授权由被授权人承担法律后果；委托由委托组织承担法律后果。（4）法律依据不同。授权须有法律、法规（含行政法规和地方性法规）的明确规定；委托的权限则来源于法律、法规（含行政法规、地方性法规）、规章（含部门规章和地方政府规章）。（5）对组织性质的要求不同。委托限于事业组织，授权则无此限制，企业组织、事业组织均可。

◆ **要点提示**

> 1. 委托实施环境行政处罚的委托机关为生态环境主管部门，受委托组织为生态环境保护综合行政执法机构等符合法定条件的组织。委托机关必须对受委托组织行使行政职权的行为依法进行监督，并承担由此产生的法律责任。

2. 生态环境主管部门可以根据具体情况决定将其拥有的行政处罚权的全部或者一部分委托给生态环境保护综合行政执法机构等组织。

3. 生态环境主管部门应在其法定权限内进行委托，生态环境保护综合行政执法机构等组织应在委托范围内从事行政处罚的具体工作。

4. 委托不发生职权职责、法律后果、实施主体资格的变化和转移。行政处罚的职责仍由生态环境主管部门行使，而非受委托的组织；行政处罚的法律后果仍由生态环境主管部门承担，而非受委托的组织；行政处罚的实施主体仍为生态环境主管部门，而非受委托的组织。

5. 生态环境保护综合行政执法机构等受委托组织在依法接受行政委托后不能进行转委托，否则须承担相应的法律责任。

6. 行政处罚委托是要式行政行为，应当按照相关法律规定，履行相应的手续方能进行行政处罚权的委托。

◆ 法规链接

《中华人民共和国行政处罚法》（2021 年修订）

第二十条　行政机关依照法律、法规、规章的规定，可以在其法定权限内书面委托符合本法第二十一条规定条件的组织实施行政处罚。行政机关不得委托其他组织或者个人实施行政处罚。

委托书应当载明委托的具体事项、权限、期限等内容。委托行政机关和受委托组织应当将委托书向社会公布。

委托行政机关对受委托组织实施行政处罚的行为应当负责监督，并对该行为的后果承担法律责任。

受委托组织在委托范围内，以委托行政机关名义实施行政处罚；不得再委托其他组织或者个人实施行政处罚。

第二十一条 受委托组织必须符合以下条件：

（一）依法成立并具有管理公共事务职能；

（二）有熟悉有关法律、法规、规章和业务并取得行政执法资格的工作人员；

（三）需要进行技术检查或者技术鉴定的，应当有条件组织进行相应的技术检查或者技术鉴定。

◆ **相关案例**

案例十一：某公司与某市生态环境局、某市人民政府行政处罚决定及行政复议决定案①

[本案要点] 生态环境保护综合行政执法机构、生态环境监察总队等受委托组织有权对环境违法行为进行调查处理；处罚决定不得以受委托组织的名义作出，而只能以委托的生态环境主管部门的名义作出。

[基本案情] 2018年1月29日，某市环境监察总队执法人员至某公司处现场检查发现，某公司和谐路蓝天路路口有根直径约1米的雨水管道有水排向三期四期界河，最终排向东海，水量较大，当日天晴，执法人员遂现场采集流动水样，交由某市环境监测中心进行检测。监测报告显示，上述流动水样污染物排放浓度超过了DB31/199-2009《污水综合排放标准》规定的排放限值。同年2月22日，某市生态环境局对某公司的涉嫌违法行为予以立

_____

① 上海市第三中级人民法院（2019）沪03行终625号行政判决书。

案。4月8日，某市生态环境局向某公司作出行政处罚听证告知，告知拟作行政处罚的内容和陈述、申辩权，并可以要求听证。当日，某市生态环境局责令某公司立即改正违法行为。某公司收到听证告知书后，提出听证。5月9日，某市生态环境局召开听证会，某公司到会陈述意见，并希望免予处罚。同月21日，某市生态环境局对某公司的申辩意见未予采纳，经报批，决定维持拟作出的处罚决定。5月25日，某市生态环境局作出《行政处罚决定书》，责令某公司立即改正，罚款65万元人民币。某公司不服，向法院提起诉讼。

[处理结果]　法院认为，根据《中华人民共和国水污染防治法》第八十三条第（二）项、《环境行政处罚办法》① 第十五条第一款、《某市环境保护局关于委托市环境监察总队对环保违法行为实施行政处罚的规定》的规定，某市环境监察总队依法可以对环境违法行为进行调查处理。某市生态环境局具有作出被诉处罚决定的法定职权。

第十三条　【地域管辖】生态环境行政处罚由违法行为发生地的具有行政处罚权的生态环境主管部门管辖。法律、行政法规另有规定的，从其规定。

◆ **条文主旨**

本条是对地域管辖的规定。

◆ **条文理解**

地域管辖，也称区域管辖或属地管辖，适用于确定同级行政机关之间实施行政处罚的权限分工。案件管辖应当遵循便利当事

---

① 编者按：已废止。被本办法吸收。

人原则、有利于维护公共利益和社会秩序原则、灵活运用原则。《中华人民共和国行政处罚法》第二十二条规定："行政处罚由违法行为发生地的行政机关管辖。法律、行政法规、部门规章另有规定的，从其规定。"由此，在行政处罚层面，我国确立了属地管辖原则，采用违法行为地为管辖标准。

违法行为地一般包括违法行为发生地和违法结果发生地。行为人实施了行政违法行为，在其实施过程中的任何一个阶段被发现，相关地方都可以成为违法行为发生地。违法行为发生地包括违法行为的实施地以及开始地、途经地、结束地等与违法行为有关的地点；违法行为有连续、持续或者继续状态的，违法行为连续、持续或者继续实施的地方都属于违法行为发生地。违法结果发生地，包括违法对象被侵害地、违法所得的实际取得地、隐匿地、转移地、使用地、销售地等。根据违法行为发生地来确定管辖，便于行政机关调查取证，有利于消除危害后果和降低行政成本。

◆ **法规链接**

《中华人民共和国行政处罚法》（2021 年修订）

第二十二条　行政处罚由违法行为发生地的行政机关管辖。法律、行政法规、部门规章另有规定的，从其规定。

第十四条　【管辖争议解决】两个以上生态环境主管部门都有管辖权的，由最先立案的生态环境主管部门管辖。

对管辖发生争议的，应当协商解决，协商不成的，报请共同的上一级生态环境主管部门指定管辖；也可以直接由共同的上一级生态环境主管部门指定管辖。

◆ **条文主旨**

本条是对管辖权争议解决的规定。

◆ **条文理解**

首先，本条第一款是对案件优先管辖的规定。以违法行为发生地确定生态环境行政处罚管辖权是一般原则，但在有些情况下，违法行为发生地不止一处．按照地域管辖的规定，实践中会出现两个以上生态环境主管部门都有管辖权的情况。为了确保生态环境主管部门及时发现并制裁违法行为，降低行政成本，以及提高行政效率，本条在地域管辖的基础上，进一步确定由最先立案的生态环境主管部门优先管辖案件。

其次，本条第二款对指定管辖进行了规定。指定管辖，是指上级生态环境主管部门以决定的方式指定下一级生态环境主管部门对某一行政处罚案件行使管辖权。"对管辖权发生争议"，是指两个以上的生态环境主管部门在某一生态环境行政处罚案件上，互相推诿或者互相争夺管辖权，经协商仍达不成一致意见的情况。为了提高生态环境行政效率和降低生态环境行政成本，有争议的生态环境主管部门应当尽可能达成一致意见。实在不能达成一致意见的，应及时报请共同的上一级生态环境主管部门，由其指定管辖部门。为了行政效率考虑，共同的上一级生态环境主管部门可以直接指定案件由哪一部门管辖。

◆ **要点提示**

1. 在两个以上生态环境主管部门都有管辖权的情况下，由最先立案的生态环境主管部门优先管辖案件。

2. 在发生管辖权争议的情况下，共同的上一级生态环境主管部门可以直接指定案件由哪一部门管辖。

◆ **法规链接**

《中华人民共和国行政处罚法》（2021 年修订）

第二十五条　两个以上行政机关都有管辖权的，由最先立案的行政机关管辖。

对管辖发生争议的，应当协商解决，协商不成的，报请共同的上一级行政机关指定管辖；也可以直接由共同的上一级行政机关指定管辖。

◆ **相关案例**

案例十二：跨行政区处罚管辖权争议案①

[**本案要点**]　在发生管辖权争议时，共同的上一级生态环境主管部门可以直接指定案件由哪一部门管辖。

[**基本案情**]　A 市甲公司通过无执照、无经营许可证的个体户袁某，将废农药瓶（属于危险废物）违法转移给 B 市乙塑料厂，造成人员中毒。A 市生态环境局和 B 市生态环境局对甲公司非法转移危险废物的行为分别处以了罚款。甲公司认为 A 市生态环境局和 B 市生态环境局违反了《中华人民共和国行政处罚法》关于"一事不二罚"的规定，遂提起行政复议。A 市生态环境局和 B 市生态环境局就该案管辖权产生争议，协商不成，B 市生态环境局向省生态环境厅申请指定管辖。省生态环境厅依据"污染行为发生地管辖原则"进行了裁定。

[**处理结果**]　省生态环境厅作出裁定：甲公司作为危险废物移出单位，未向迁出地生态环境主管部门报告，其违法行为应当由移出地 A 市生态环境局处罚；乙塑料厂作为危险废物接收单位，

———————————

① 本案为编写人员根据实践情形和条文内容而改编的案例。

无经营许可证并未向接受地生态环境主管部门报告，其违法行为由接受地 B 市生态环境局处罚。

第十五条 【指定管辖】下级生态环境主管部门认为其管辖的案件重大、疑难或者实施处罚有困难的，可以报请上一级生态环境主管部门指定管辖。

上一级生态环境主管部门认为确有必要的，经通知下级生态环境主管部门和当事人，可以对下级生态环境主管部门管辖的案件直接管辖，或者指定其他有管辖权的生态环境主管部门管辖。

上级生态环境主管部门可以将其管辖的案件交由有管辖权的下级生态环境主管部门实施行政处罚。

◆ **条文主旨**

本条是对因事实原因予以指定管辖的规定。

◆ **条文理解**

在一些情况下，相关生态环境主管部门对管辖权并无争议，但由于事实上的原因，有管辖权的生态环境主管部门无法行使管辖权，上级生态环境主管部门可以指定管辖。这些事实原因包括：案件重大、疑难；下级生态环境主管部门实施生态环境行政处罚有困难等。

上一级生态环境主管部门可以将其管辖的案件交由有管辖权的下级生态环境主管部门实施生态环境行政处罚。但为了保障保障当事人行政复议的层级权利以及其他合法权利，上一级生态环境主管部门不能将其管辖的案件交由无管辖权的下级生态环境主管部门实施处罚。除此之外，基于上下级生态环境主管部门的行政隶属关系，当下级生态环境主管部门基于一定事实原因，需要将管辖权向上一级生态环境主管部门移交时，须报请上一级生态环境主管部门，由其决定是否指定移送。而上级生态环境主管部门将其管辖的案件交由下级生态环境主管部门时，则无须下级生态环境主管部门的同意。

本条规定的指定管辖与本办法第十四条规定的管辖争议解决的区别在于发生原因不同。管辖争议解决的发生原因在于不同的生态环境主管部门对是否拥有管辖权具有争议；指定管辖的发生原因不在于是否有争议，而是基于案件重大、疑难等事实原因。

◆ **要点提示**

> 1. 下级生态环境主管部门可以报请指定管辖，上一级生态环境主管部门可以决定指定管辖。
>
> 2. 在案件重大、疑难或者实施处罚有困难的情况下，上一级生态环境主管部门可以指定管辖。
>
> 3. 上一级生态环境主管部门对下级生态环境主管部门管辖的案件指定管辖时，应当对当事人以及下级生态环境主管部门履行通知程序，保护当事人的程序利益。

◆ **相关案例**

案例十三：魏某与某市环境保护局指定管辖争议案①

[**本案要点**] 上级生态环境主管部门可以将其管辖的案件交由有管辖权的下级生态环境主管部门实施行政处罚。

---

① 福建省福州市仓山区人民法院（2016）闽 0104 行初 183 号行政判决书。

[**基本案情**] 2015 年 9 月 30 日，被告某市环境保护局收到原告魏某提交的《查处申请书》，请求查处相关单位和人员未办理环评文件即进行建设的违法行为。2015 年 10 月 10 日，某市环境保护局会同某县环境保护局对某不锈钢公司进行现场检查，检查当天案涉项目尚未开工建设，现场存放大量红土镍矿。2015 年 10 月 16 日，某县环境保护局邀请原告魏某一同针对其所反映的情况进行了现场检查。现场检查情况为：该公司一期项目（年产 92 万镍合金项目）已办理环评审批手续，项目处于生产状态；二期工程尚未开工建设，二期项目用地目前有大量红土镍矿堆放。2015 年 10 月 22 日，被告某市环境保护局作出榕环综执函（2015）119 号《关于查处某不锈钢公司二期项目环境问题的函》，将原告提交的《查处申请书》转给某县环境保护局依法办理，并要求其于 2015 年 11 月 20 日之前将查处情况向原告及某市环境保护局进行反馈。2015 年 10 月 23 日、10 月 29 日某县环境保护局分别通过电话回复某市环境保护局及原告，说明了查处申请的处理情况，内容均为"该公司一期项目已办理环评审批手续，二期工程尚未开工建设，不存在某不锈钢公司二期项目未批先建情况"。对此，原告起诉请求确认被告某市环境保护局不履行查处职责的行政行为违法，并请求责令其限期履行法定职责。

[**处理结果**] 法院认为，根据《中华人民共和国环境保护法》第十条第一款"国务院环境保护主管部门，对全国环境保护工作实施统一监督管理；县级以上地方人民政府环境保护主管部门，对本行政区域环境保护工作实施统一监督管理"的规定，以及《环境行政处罚办法》中"县级以上环境保护主管部门管辖本行政区域的环境行政处罚案件"的规定，对于原告申请查处的事由，某市环境保护局与某县环境保护局具有管辖权，应当履行调查处

理的法定职责。同时，根据《环境行政处罚办法》"上级环境保护主管部门可以将其管辖的案件交由有管辖权的下级环境保护主管部门实施行政处罚"的规定，被告某市环境保护局可以将原告的查处申请转交某县环境保护局进行处理。①

第十六条　【内部移送】对不属于本机关管辖的案件，生态环境主管部门应当移送有管辖权的生态环境主管部门处理。

受移送的生态环境主管部门对管辖权有异议的，应当报请共同的上一级生态环境主管部门指定管辖，不得再自行移送。

◆ **条文主旨**

本条是对案件在生态环境保护系统内部移送的规定。

◆ **条文理解**

内部移送是一种管辖错误的纠错程序，即生态环境主管部门发现本机关对案件没有管辖权时，应当将案件移送给有管辖权的生态环境主管部门处理。为了避免同级生态环境主管之间相互推诿，影响行政处罚效率，受移送的生态环境主管部门对管辖权即使有异议，也不得再自行移送，而应当报请共同的上一级生态环境主管部门予以指定管辖。

本条规定的内部移送与本办法第十五条规定的指定管辖有所区别，须加以辨明。第一，主体不同。指定管辖是在上、下级生态环境主管部门之间进行的；内部移送是在同级生态环境主管部

---

① 编者按：《环境行政处罚办法》已废止。被本办法吸收。

门之间进行的。第二，对象不同。指定管辖的对象是上级生态环境主管部门将某一案件的管辖权指定给某一下级生态环境主管部门；内部移送是无管辖权的生态环境主管部门将不属于自己管辖的案件移送给其认为有管辖权的生态环境主管部门，转移的是案件而不是管辖权。第三，目的不同。指定管辖的目的是基于一定的事实原因，指定更适合的管辖部门对案件进行管辖；内部移送则是为了纠正管辖错误。

第十七条　【外部移送】生态环境主管部门发现不属于本部门管辖的案件，应当按照有关要求和时限移送有管辖权的机关处理。

对涉嫌违法依法应当实施行政拘留的案件，生态环境主管部门应当移送公安机关或者海警机构。

违法行为涉嫌犯罪的，生态环境主管部门应当及时将案件移送司法机关。不得以行政处罚代替刑事处罚。

对涉嫌违法依法应当由人民政府责令停业、关闭的案件，生态环境主管部门应当报有批准权的人民政府。

◆ **条文主旨**

本条是对案件外部移送的规定。

◆ **条文理解**

本条规定的外部移送，是指无管辖权的生态环境主管部门将案件移送到有管辖权的国家机关处理。对不属于生态环境主管部门职责范围内的案件，应当按照有关程序和时限要求移送至有管辖权的国家机关处理，避免"有案不移、以罚代刑"的情况发生。

《中共中央关于全面推进依法治国若干重大问题的决定》提出："健全行政执法和刑事司法衔接机制，完善案件移送标准和程序，建立行政执法机关、公安机关、检察机关、审判机关信息共享、案情通报、案件移送制度，坚决克服有案不移、有案难移、以罚代刑现象，实现行政处罚和刑事处罚无缝对接。"在具体进行移送管辖时，应当注意以下三点：

第一，行政拘留只能由公安机关实施，对涉嫌违法、依法应当实施行政拘留的案件，应当移送公安机关。

第二，违法行为如果涉嫌犯罪，根据刑事优先原则，应首先追究行为人的刑事责任。涉嫌犯罪的案件，生态环境主管部门应当将其移送至司法机关，由司法机关依法追究刑事责任，不能以罚代刑。其中，对于吊销许可证等刑事处罚无法实现的处罚，生态环境主管部门应当依法实施。关于移送涉嫌犯罪的案件，按照《行政执法机关移送涉嫌犯罪案件的规定》等有关规定具体执行。

第三，对涉嫌非法、依法应当由人民政府实施责令停业、关闭的案件，生态环境主管部门应当承担立案调查的前期工作，并基于调查结果提出相应建议，再行报有批准权的人民政府，而非直接移送案件。

◆ **要点提示**

1. 案件移送的目的是提升法律适用效率，更有效地惩罚违法行为。

2. 生态环境主管部门发现不属于其管辖的违法行为，应当将其作为案件线索进行移送。

3. 生态环境主管部门应当根据违法行为的类型和有关机关的职责权限，确定被移送的机关。

4. 移送案件应当遵守有关程序和时限的要求。

5. 报请人民政府处理的案件，生态环境主管部门应当做好立案、调查取证、提出处理建议等前期工作，不得直接移送案件。

6. 注意行政处罚与刑事处罚的衔接，既不能以罚代刑，也不能因刑误罚。

◆ **法规链接**

《中华人民共和国行政处罚法》（2021 年修订）

第十八条第三款　限制人身自由的行政处罚权只能由公安机关和法律规定的其他机关行使。

第二十七条　违法行为涉嫌犯罪的，行政机关应当及时将案件移送司法机关，依法追究刑事责任。对依法不需要追究刑事责任或者免予刑事处罚，但应当给予行政处罚的，司法机关应当及时将案件移送有关行政机关。

行政处罚实施机关与司法机关之间应当加强协调配合，建立健全案件移送制度，加强证据材料移交、接收衔接，完善案件处理信息通报机制。

《中华人民共和国治安管理处罚法》（2012 年修正）

（略）

《中华人民共和国刑法》（2020 年修正）

第一百五十二条　**【走私淫秽物品罪】**以牟利或者传播为目的，走私淫秽的影片、录像带、录音带、图片、书刊或者其他淫秽物品的，处三年以上十年以下有期徒刑，并处罚金；情节严重的，处十年以上有期徒刑或者无期徒刑，并处罚金或者没收财产；情节较轻的，处三年以下有期徒刑、拘役或者管制，并处罚金。

【走私废物罪】逃避海关监管将境外固体废物、液态废物和气态废物运输进境，情节严重的，处五年以下有期徒刑，并处或者单处罚金；情节特别严重的，处五年以上有期徒刑，并处罚金。

单位犯前两款罪的，对单位判处罚金，并对其直接负责的主管人员和其他直接责任人员，依照前两款的规定处罚。

第三百三十八条　**【污染环境罪】**违反国家规定，排放、倾倒或者处置有放射性的废物、含传染病病原体的废物、有毒物质或者其他有害物质，严重污染环境的，处三年以下有期徒刑或者拘役，并处或者单处罚金；情节严重的，处三年以上七年以下有期徒刑，并处罚金；有下列情形之一的，处七年以上有期徒刑，并处罚金：

（一）在饮用水水源保护区、自然保护地核心保护区等依法确定的重点保护区域排放、倾倒、处置有放射性的废物、含传染病病原体的废物、有毒物质，情节特别严重的；

（二）向国家确定的重要江河、湖泊水域排放、倾倒、处置有放射性的废物、含传染病病原体的废物、有毒物质，情节特别严重的；

（三）致使大量永久基本农田基本功能丧失或者遭受永久性破坏的；

（四）致使多人重伤、严重疾病，或者致人严重残疾、死亡的。

有前款行为，同时构成其他犯罪的，依照处罚较重的规定定罪处罚。

第三百三十九条　**【非法处置进口的固体废物罪】**违反国家规定，将境外的固体废物进境倾倒、堆放、处置的，处五年以下有期徒刑或者拘役，并处罚金；造成重大环境污染事故，致使公私财产遭受重大损失或者严重危害人体健康的，处五年以上十年以下有期徒刑，并处罚金；后果特别严重的，处十年以上有期徒刑，并处罚金。

【擅自进口固体废物罪】 未经国务院有关主管部门许可，擅自进口固体废物用作原料，造成重大环境污染事故，致使公私财产遭受重大损失或者严重危害人体健康的，处五年以下有期徒刑或者拘役，并处罚金；后果特别严重的，处五年以上十年以下有期徒刑，并处罚金。

【走私废物罪】 以原料利用为名，进口不能用作原料的固体废物、液态废物和气态废物的，依照本法第一百五十二条第二款、第三款的规定定罪处罚。

第四百零八条　【环境监管失职罪】 负有环境保护监督管理职责的国家机关工作人员严重不负责任，导致发生重大环境污染事故，致使公私财产遭受重大损失或者造成人身伤亡的严重后果的，处三年以下有期徒刑或者拘役。

◆ **相关案例**

案例十四：公益诉讼人某县检察院与某县环境保护局未依法履行职责案①

[**本案要点**] 在应当由人民政府实施行政处罚的案件中，生态环境部门应当对违法行为进行立案、调查，向有处罚权的人民政府建议处罚，并配合有处罚权的人民政府确定处罚对象。

[**基本案情**] 某县人民检察院在履行职责中发现，某火车站等单位直接将生活污水排放到五里店水源保护区，对水源造成污染。某县人民检察院于 2016 年 4 月 11 日向某县环境保护局发出检察建议，建议该局对某火车站环境违法行为限期处理，督促其履行监管职责。某县环境保护局于 2016 年 4 月 18 日作出书面回复，称其已经依法履行了职责，但认为其对某火车站在饮用水水源保

---

① 陕西省某县人民法院（2017）陕 0826 行初 1 号行政判决书。

护区内擅自设置排污口的行为不具有行政处罚权，认为应由县级以上人民政府水行政主管部门实施处罚。2016 年 10 月 19 日，检察机关对回复的情况进行核实，某火车站在饮用水水源保护区内违法排污的问题依然存在，某县环境保护局并没有按照检察建议的要求进行处理，故提起行政公益诉讼，请求判令确认被告某县环境保护局对某火车站排污不依法履行监管职责的行为违法。

法院认为，虽然《中华人民共和国水污染防治法》中规定了在饮用水水源保护区内设置排污口的，由县级以上地方人民政府责令限期拆除、罚款等，但对饮用水水源保护区内的违法行为的日常监管权，仍然属于被告某县环境保护局行使。也就是说，虽然对水源保护区排污口的拆除、罚款的处罚权属于某县人民政府，但对违法行为的立案、调查、向有处罚权的主体部门建议处罚、配合有处罚权的某县人民政府确定处罚对象、涉及违法依法应当实施行政拘留的案件移送公安部门的职责仍属于被告某县环境保护局应当履行的职责。被告在发现某火车站的违法行为后，没有积极进行对违法行为的调查，没有有效配合某县人民政府确定处罚对象，属于怠于履行法定职责。被告认为在本案中按其法定权限已尽其所能，不存在行政不作为的事实的意见，法院不予支持。

[**处理结果**] 法院判决确认被告某县环境保护局未依法履行环境保护监管职责的行为违法。

第三章　普通程序

第一节　立　案

第十八条　【立案审查期限】除依法可以当场作出的行政处罚外，生态环境主管部门对涉嫌违反生态环境保护法律、法规和规章的违法行为，应当进行初步审查，并在十五日内决定是否立案。特殊情况下，经本机关负责人批准，可以延长十五日。法律、法规另有规定的除外。

◆ **条文主旨**

本条是对生态环境行政处罚普通程序的立案审查期限的规定。

◆ **条文理解**

规范的程序是依法行政的重要保障。行政处罚程序由行政处罚的方式、步骤、时间、顺序构成，一般体现为前后相连接的几个阶段，每个阶段又有其相应的具体制度程序。为保证生态环境行政处罚过程客观公正，本办法对环境行政处罚案件的立案、调查取证、案件审查、告知和听证、审核讨论、处理决定各个环节的具体要求作了全面、详尽的规定，生态环境主管部门在实施环境行政处罚时应当遵照执行。

本条是《中华人民共和国行政处罚法》第五十四条在生态环

境领域的具体规定。对于依照《中华人民共和国行政处罚法》第五十一条和本办法第六十七条适用简易程序以外的案件，生态环境主管部门应当按规定对涉嫌违反生态环境保护法律、法规和规章的违法行为及时立案。根据各地执法实践情况，本条调整了《环境行政处罚办法》对立案审查期限的规定，参考《市场监督管理行政处罚程序规定》《住房和城乡建设行政处罚程序规定》等其他领域对行政处罚案件立案时限的规定，并充分吸收前期省级生态环境部门对办法修订的意见建议，将立案时限由原来的"七个工作日"改为"十五日"，以解决基层执法机构办理复杂案件时办案时限紧张的问题。经过初步审查，符合立案条件的，应当在十五日内予以立案。因特殊情况不能在规定期限内立案的，经本机关负责人批准，可以延长十五日。法律、法规另有规定的除外。

◆ 要点提示

1. 一般而言，符合立案条件的，应当进行初步审查，并在十五日内予以立案。

2. 因特殊情况不能在规定期限内立案的，经本机关负责人批准，可以延长十五日。

◆ 法规链接

《中华人民共和国行政处罚法》（2021 年修订）

第五十四条　除本法第五十一条规定的可以当场作出的行政处罚外，行政机关发现公民、法人或者其他组织有依法应当给予行政处罚的行为的，必须全面、客观、公正地调查，收集有关证据；必要时，依照法律、法规的规定，可以进行检查。

符合立案标准的，行政机关应当及时立案。

第十九条　【立案条件】经审查，符合下列四项条件的，予以立案：

（一）有初步证据材料证明有涉嫌违反生态环境保护法律、法规和规章的违法行为；

（二）依法应当或者可以给予行政处罚；

（三）属于本机关管辖；

（四）违法行为未超过《中华人民共和国行政处罚法》规定的追责期限。

◆ 条文主旨

本条是对生态环境行政处罚普通程序立案条件的规定。

◆ 条文理解

立案是生态环境行政处罚程序的第一个环节，本办法对立案环节的审查内容进行了明确，符合本条所列四项立案条件的，必须予以立案。

第一，有初步证据证明有涉嫌违反生态环境保护法律、法规和规章的违法行为。立案审查是对案件材料的初步审查，此时生态环境主管部门通过举报、媒体报道、其他机关移送、交办等途径发现了违法线索，但调查取证工作一般还尚未进行。需要注意的是，立案时需有初步证据证明有违法行为，方可立案。

第二，依法应当或者可以给予行政处罚，即有明确的处罚依据。处罚依据只能是法律、法规（含行政法规和地方性法规）、规章（含部门规章和地方政府规章）。除此以外的其他规范性文件，如行政机关（包括国务院、地方各级人民政府、各级生态环境主管部门）发布的规章以外的各类决定、命令、通知、方案等，都不能作为处罚依据。

第三，立案的生态环境主管部门有管辖权。在职能管辖、地域管辖、级别管辖各方面均合法的，生态环境主管部门才能立案。

第四，在法定追责期限内。在立案环节要对违法行为是否超过追责期限进行审查。行政处罚追责期限，是指行政机关追究违法行为人行政法律责任的法定有效期限。规定行政处罚的追责期限，有利于督促行政机关提高行政效率，集中精力及时查处案件，有效提高行政管理效能。同时，也督促行政机关及时调查取证，查明案情，防止因时过境迁而增加案件调查取证的难度，减少行政处罚发生失误的可能性。

《中华人民共和国行政处罚法》第三十六条第一款规定："违法行为在二年内未被发现的，不再给予行政处罚；涉及公民生命健康安全、金融安全且有危害后果的，上述期限延长至五年。法律另有规定的除外。"这意味着违法行为超过追责期限的，不再追究行政法律责任。立案是追究行政责任的起始环节，对不再追究行政法律责任的环境行政违法案件，也就不需要立案。

本办法对追责期限的计算方法与《中华人民共和国行政处罚法》一致，即违法行为发生之时起到被发现之日止。所谓违法行为处于连续状态，是指同一违法行为人连续两次或两次以上实施性质相同的违法行为；所谓违法行为处于继续状态，是指同一违法行为人实施的违法行为与违法状态在时间上仍处于延续之中。违法行为在二年内未被发现，是指违法行为发生之日起到被发现之日止未超过二年。对于处于连续或继续状态的违法行为，认定行为从行为终了之日为违法行为的发生之日，即从行为终了之日起计算期间。

另外，需要说明的是，本办法主要是规范生态环境行政处罚的实施，本办法所规定的立案条件是针对依法应当或者可以进行处罚的违法行为。对没有明确处罚依据的违法行为，本办法没有对立案条件作具体规定。一般而言，有涉嫌违反生态环境保护法律、法规和规章的行为且属于本机关管辖的，生态环境主管部门可以参照处罚案件的立案程序予以立案调查，责令当事人改正违法行为。

◆ **要点提示**

1. 符合所列四项条件的，作为处罚案件予以立案。

2. 符合第一、三、四项条件但无处罚依据的，应当参照处罚案件的立案程序予以立案调查，责令当事人改正违法行为。

3. 立案调查时，需要有证据证明有涉嫌违反生态环境保护法律、法规和规章的违法行为，不可在无证据的情况下立案。

4. 追责期限一般为二年，除非法律另有规定。

5. 追责期限始于违法行为发生之日，止于违法行为被发现之日。如果违法行为处于连续或继续状态的，追责期限始于行为终了之日。

6. 决定立案的，应有书面记录并随卷归档，如制作"立案审批表"。

◆ **法规链接**

《中华人民共和国行政处罚法》（2021 年修订）

第三十六条　违法行为在二年内未被发现的，不再给予行政处罚；涉及公民生命健康安全、金融安全且有危害后果的，上述期限延长至五年。法律另有规定的除外。

前款规定的期限，从违法行为发生之日起计算；违法行为有连续或者继续状态的，从行为终了之日起计算。

第五十四条 除本法第五十一条规定的可以当场作出的行政处罚外，行政机关发现公民、法人或者其他组织有依法应当给予行政处罚的行为的，必须全面、客观、公正地调查，收集有关证据；必要时，依照法律、法规的规定，可以进行检查。

符合立案标准的，行政机关应当及时立案。

《环境行政执法文书制作指南》（环办环监〔2016〕55号）

（略）

◆ **相关案例**

案例十五：某公司与某市自然资源和规划局行政处罚案①

[**本案要点**] 原告某公司认为自身违法行为已过处罚时效，法院经审查认为，作出处罚决定时该公司违法行为处于继续状态，未超过处罚时效。

[**基本案情**] 被告某市自然资源和规划局于2019年4月16日作出《行政处罚决定书》，认定某公司于2015年12月未经依法批准，占用政府储备土地建设沥青搅拌站的行为属于非法占用土地。根据《中华人民共和国土地管理法》和《湖北省土地管理实施办法》的规定，作出如下行政处罚：一、责令退还土地。责令某公司自接到《行政处罚决定书》之日起30日内将非法占用的政府储备土地退还给市土地储备中心；二、并处罚款。

原告认为本案违法行为的处罚时效已过，本案原告建设投入生产时间为2016年4月，因此原告的违法行为在2016年4月结束，适用两年的诉讼时效，2018年4月后应不得再进行处罚。对此，法院认为，本案中涉案搅拌站虽于2016年4月投入使用，但

---

① 湖北省宜昌市中级人民法院（2020）鄂05行终116号行政判决书。

直至被告作出处罚决定时，原告仍然在违法占用土地进行生产，其违法行为处于继续状态，故并未超过行政处罚追责期限。

[处理结果] 法院判决驳回原告某公司诉讼请求。

第二十条　【撤销立案】 对已经立案的案件，根据新情况发现不符合本办法第十九条立案条件的，应当撤销立案。

◆ **条文主旨**

本条是对环境行政处罚普通程序案件撤销立案的规定。

◆ **条文理解**

依照《中华人民共和国行政处罚法》和本办法的规定，生态环境行政处罚普通程序立案需符合本办法第十九条的规定，对于立案后发现不符合立案条件的，应当撤销立案。

对已经立案的生态环境行政处罚案件，生态环境行政主管部门必须按照处罚程序继续办理，不得随意终止处罚程序或者撤销立案。然而，在生态环境行政处罚实践中，立案之后、调查程序进行过程中可能发现新情况，使得案件情况不再符合本办法第十九条规定的立案条件，此时案件不应当继续进行，而应当严格审查是否符合撤销立案的条件，并按照法定程序撤销立案。撤销立案应当按照一定的程序进行，一般与立案审批的程序相同。

◆ **要点提示**

1. 撤销立案的条件为：根据新情况发现不符合本办法第十九条规定的立案条件。

2. 新发现无处罚依据的，不撤销立案，而是应该在调查取证后责令当事人停止该违法行为。

3. 撤销立案的审批程序与立案审批的程序相同。

4. 已经立案的，非经审批程序不得撤销立案。

5. 决定撤销立案的，应有书面记录并随卷归档，如制作"环境违法案件销案审批表"。

◆ **法规链接**

《环境行政执法文书制作指南》（环办环监〔2016〕55号）

（略）

◆ **相关案例**

案例十六：某市生态环境局与某公司环境保护行政处罚案[①]

[**本案要点**] 对于案件是否因超出追责期限而需撤销，应当结合违法行为的种类和具体情形而判断。

[**基本案情**] 2018年7月4日，某市生态环境局对某公司作出行政处罚决定："依据《建设项目环境保护管理条例》第二十三条的规定，经我局集体讨论决定对你公司处以如下行政处罚：1. 责令立即改正违法行为，办理建设项目环境保护竣工验收手续后方可恢复生产；2. '未验先投'处以罚款20万元。"某公司向法院提起诉讼。某公司认为本案已经超过行政处罚追责期限，故向法院起诉请求撤销案涉行政处罚决定书。对此，一审法院认为，被告某市生态环境局具有本行政区域内环境违法行为的查处职权，但其对原告某公司以存在"未批先建"行为进行立案，后认为该违法行为超过行政处罚追溯期限，却未按规定撤销立案，作出行政处罚的程序违法。

二审法院认为，上诉人某市生态环境局提交的环境监察现场

---

① 云南省楚雄彝族自治州中级人民法院（2019）云23行终55号行政判决书。

记录、现场照片和询问笔录等证据材料，能证明被上诉人某公司建设的临时建筑垃圾消纳场既存在"未批先建"，也有"未验先投"的违法行为。《建设项目环境保护管理条例》第十九条第一款规定："编制环境影响报告书、环境影响报告表的建设项目，其配套建设的环境保护设施经验收合格，方可投入生产或者使用；未经验收或者验收不合格的，不得投入生产或者使用。"根据上述法规规定，"未批先建"和"未验先投"行为是建设环境保护设施的先后两个阶段的行为表现，如果存在"未批先建"，就有可能"未验先投"，且均规定在同一法条中，上诉人某市生态环境局以"未批先建"行为进行立案后，发现"未批先建"的行为已超过二年未被发现，依法不予处罚后，进而认定其"未验先投"，并对"未验先投"行为进行处罚并无不当。

[处理结果] 法院判决撤销一审判决，并驳回某公司的诉讼请求。

第二节　调查取证

第二十一条　【专人负责调查取证】生态环境主管部门对登记立案的生态环境违法行为，应当指定专人负责，全面、客观、公正地调查，收集有关证据。

◆ **条文主旨**

本条是对专人负责调查取证的规定。

◆ **条文理解**

"以事实为依据，以法律为准绳"是行政执法的重要原则。实施生态环境行政处罚必须有事实依据。因此，证据合法、充分、有效是生态环境行政处罚的基础和前提，而调查取证是实施生态环境行政处罚的重要环节之一。

调查取证的目的主要表现在三个方面：

第一，查明违法事实。即具体查清环境违法事实是否存在、情节如何，如违法行为发生的时间、地点、危害结果、持续时间、改正情况等。

第二，查明违法行为人。即查明该生态环境违法行为是由谁实施的，以便确定处罚对象。

第三，获取与案件事实有关的各种证据，如书证、物证、证人证言等，以证实生态环境违法行为确实存在。

为提高效率和明确责任，本条要求对登记立案的生态环境违法行为，指定专人负责，全面、客观、公正地调查，收集有关证据。"全面"是指没有遗漏、穷尽可能地调查和收集证据；"客观"是指应按照证据客观存在的真实情况予以调查和收集，避免主观臆测；"公正"要求执法人员在调查和收集证据时以法律为准绳，秉公执法，严肃执法纪律。

◆ **要点提示**

> 1. 办案人员的具体执行行为以所属生态环境主管部门的名义进行，不得以办案人员的个人名义进行。
>
> 2. 办案人员代表国家履行生态环境行政管理职能，须在权限范围内进行。
>
> 3. 每一起生态环境行政处罚案件均应指定专人负责办理。

◆ **法规链接**

《中华人民共和国行政处罚法》（2021 年修订）

第四十二条   行政处罚应当由具有行政执法资格的执法人员实施。执法人员不得少于两人，法律另有规定的除外。

执法人员应当文明执法，尊重和保护当事人合法权益。

第二十二条   【协助调查取证】生态环境主管部门在办理行政处罚案件时，需要其他行政机关协助调查取证的，可以向有关机关发送协助调查函，提出协助请求。

生态环境主管部门在办理行政处罚案件时，需要其他生态环境主管部门协助调查取证的，可以发送协助调查函。收到协助调查函的生态环境主管部门对属于本机关职权范围的协助事项应当依法予以协助。无法协助的，应当及时函告请求协助调查的生态环境主管部门。

◆ **条文主旨**

本条是对协助调查取证的规定。

◆ **条文理解**

环境问题极具复杂性，拥有管辖权的生态环境主管部门在办理行政处罚案件时，往往需要有关部门或其他生态环境主管部门予以协助调查取证。

本条第一款规定了生态环境主管部门可以根据办案需要，向其他行政机关提出协助调查取证请求。本款规定的其他行政机关，是指除生态环境主管部门之外的有关行政机关，如自然资源部门、水利部门、能源管理部门等。为了保证协助调查取证的规范性，生态环境主管部门应当按照相关要求，制作并向有关机关发送正式的协助调查函。

本条第二款规定了生态环境主管部门可以根据办案需要，向其他生态环境主管部门提出协助调查取证请求。生态环境行政处罚案件管辖的基本原则是地域管辖，即由"违法行为发生地"的生态环境主管部门管辖，"违法行为发生地"包括违法行为着手地、经过地、实施地、危害结果发生地等，有可能涉及多个行政区域。而有管辖权的生态环境主管部门直接到本行政区域之外的区域调查取证，办案难度、成本将大为增加。因此，为了提高办案效率，缩短办案周期，本款规定了协助调查取证制度，实施协助的生态环境主管部门应当充分发挥熟悉当地情况的优势，按照相关程序及时协助调查。为了提高协查效率，避免实施协助的生态环境主管部门推诿，本款规定实施协助的部门应当依法予以协助。无法协助的，应当及时函告请求协助调查的生态环境主管部门。此外，实施协助的部门应当在其职权范围内协助调查取证，不能超越职权。

◆ **要点提示**

> 1. 设置协助调查取证制度的目的是强化生态环境主管部门的协作能力，提高生态环境行政处罚效率。
>
> 2. 实施协助的部门包含"其他行政机关"和"其他生态环境主管部门"。"其他行政机关"，是指生态环境主管部门之外的行政机关，如自然资源部门、水利部门、能源管理部门等。"其他生态环境主管部门"，是指下级生态环境主管部门、异地生态环境主管部门等，这些生态环境主管部门须具有独立的行政主体资格，不能是其他个人或机关，也不能是生态环境主管部门的内设机构。

3. 协助请求应当以书面形式作出，亦即请求协助调查的生态环境主管部门应当出具书面协助调查函，写明委托机关、受托机关、协助事项、协助原因以及具体要求等。协助事项应明确、具体。

4. 受委托方应当积极协助，无法协助的，应当及时将无法协助的情况和原因函告委托方。

5. 受委托方应当按照法定程序进行调查，保证取得证据的真实性、合法性、有效性和关联性，并将证据材料及时反馈给委托方。

6. 受委托方只是协助调查，不承担调查责任。委托方对受委托方调查过程的合法性和证据材料的真实性、合法性承担责任。

◆ **相关案例**

案例十七：某物业公司与某市环境保护局不服行政处罚决定案①

[**本案要点**] 其他行政机关协助生态环境主管部门调查取证，应当遵循正当程序。

[**基本案情**] 2018 年 3 月 23 日，某市环境监测站受该市环保局委托，对该市某物业公司的 30T 燃煤锅炉除尘器进行例行监测。2018 年 4 月 12 日，某市环境监测站作出监测报告，报告显示该锅炉除尘器颗粒物浓度 112.0mg/m³（国家排放标准 80mg/m³），超标 1 倍以下、二氧化硫浓度 514mg/m³（国家排放标准 400mg/m³），超标 1 倍以下、NOx 浓度 468mg/m³（国家排放标准 400mg/m³），

---

① 吉林省磐石市人民法院（2018）吉 0284 行初 29 号行政判决书。

超标 1 倍以下，超过大气污染物排放标准。2018 年 4 月 17 日，某市环保局对某物业公司作出调查询问笔录、现场检查（勘察）笔录各一份。2018 年 5 月 4 日，某市环保局作出环罚（2018）4 号行政处罚决定书并于当日进行了送达。某市某物业公司不服，向法院提起诉讼，请求撤销案涉行政处罚决定。

法院认为，被告具有对本辖区内违法排放大气污染物的行为作出行政处罚的法定职权，某市环境监测站可以根据相关规定协助调查取证。然而，根据《环境行政处罚办法》① 的规定，现场检查（勘察）、取样是环境监测的必经程序，应当将检查、取样的过程全面、详细地记录下来，并可以采取拍照、录像或其他方式记录取样过程。被告提交的调查询问笔录、现场检查（勘察）笔录是于取样监测之后作出的，且笔录中未记载检查、取样的过程。依据《中华人民共和国行政处罚法》的规定，行政机关应当在行政处罚决定作出之前向处罚相对人送达作出处罚决定的证据及依据。本案中，环境监测报告是被告作出行政处罚的关键性依据，被告未向原告送达环境监测报告，违反程序正当原则。被告仅向本院提交了环境监测报告，就该监测报告是如何形成的，没有提供任何检查、取样等过程的记录，行政处罚决定书记载的取样监测日期是 2018 年 3 月 22 日，监测报告记载的取样监测日期是 2018 年 3 月 23 日，日期不符。因此被告未严格按照法律规定履行调查、勘察程序，在事实不清的情况下，对原告作出行政处罚决定，依法应予撤销。

[**处理结果**] 法院判决撤销案涉行政处罚决定。

---

① 编者按：已废止。被本办法吸收。

第二十三条　【调查取证出示证件】执法人员在调查或者进行检查时，应当主动向当事人或者有关人员出示执法证件。当事人或者有关人员有权要求执法人员出示执法证件。执法人员不出示执法证件的，当事人或者有关人员有权拒绝接受调查或者检查。

当事人或者有关人员应当如实回答询问，并协助调查或者检查，不得拒绝、阻挠或者在接受检查时弄虚作假。询问或者检查应当制作笔录。

◆　条文主旨

本条是对调查取证出示证件的规定。

◆　条文理解

本条是公开原则的体现，是《中华人民共和国行政处罚法》第五十五条在生态环境行政处罚领域的具体化。

第一，执法人员须出示执法证件。了解执法人员的身份，是当事人的权利。换言之，向当事人表明执法身份，是执法人员的义务。生态环境执法人员向当事人出示证件、表明身份是为了加强当事人对行政处罚权的制约和监督，保证处罚权的合法实施，保证当事人的合法权益。《国务院办公厅关于全面推行行政执法公示制度执法全过程记录制度重大执法决定法制审核制度的指导意见》指出，行政执法人员在执法时须主动出示执法证件，向当事人和相关人员表明身份，鼓励采取佩戴执法证件的方式，执法全程公示执法身份。因此，调查取证前，生态环境执法人员应当出示生态环境行政执法证件，表明身份，并记入笔录。未出示执法证件或者没有证据表明执法人员曾出示执法证件的，生态环境主管部门将承担不利法律后果。① 此外,《综合行政执法制式服装和标志管理办法》统一了制式服装和标志式样,规定只有符合四个方面条件的人员才允许着装:一是须隶属主要履行行政处罚、行政强制、行政检查等行政执法职能的综合行政执法部门内设或所属执法机构;二是必须取得行政执法证件;三是必须直接面向执法对象开展执法工作;四是必须在编在职。

第二,当事人和有关人员的协助调查义务。本条规定当事人或者有关人员应当如实回答询问,并协助调查或者检查,不得拒绝、阻挠或者在接受检查时弄虚作假。对于当事人或者有关人员拒不表明身份、拒不配合调查询问的行为,生态环境主管部门可以依据《中华人民共和国行政处罚法》第二十六条关于行政协助的规定,请求公安机关予以限制人身自由、调查当事人的身份。

◆ **法规链接**

《中华人民共和国行政处罚法》(2021 年修订)

第五十五条 执法人员在调查或者进行检查时,应当主动向当事人或者有关人员出示执法证件。当事人或者有关人员有权要求执法人员出示执法证件。执法人员不出示执法证件的,当事人或者有关人员有权拒绝接受调查或者检查。

当事人或者有关人员应当如实回答询问,并协助调查或者检查,不得拒绝或者阻挠。询问或者检查应当制作笔录。

---

① 袁雪石:《中华人民共和国行政处罚法释义》,中国法制出版社 2021 年版,第312 页。

第二十四条 【执法人员职权】执法人员有权采取下列措施：

（一）进入有关场所进行检查、勘察、监测、录音、拍照、录像；

（二）询问当事人及有关人员，要求其说明相关事项和提供有关材料；

（三）查阅、复制生产记录、排污记录和其他有关材料。

必要时，生态环境主管部门可以采取暗查或者其他方式调查。在调查或者检查时，可以组织监测等技术人员提供技术支持。

◆ **条文主旨**

本条是对执法人员职权的规定。

◆ **条文理解**

证据确实充分是生态环境行政执法的基本要求，本条围绕调查取证，根据有关法律法规的规定和行政处罚工作的实际需要，对执法人员的职权进行了规定。

第一，进入有关场所进行检查、勘察、监测、录音、拍照、录像。生态环境行政违法行为通常发生在一定场所内，赋予调查人员进入有关场所检查、勘察、取样、录音、拍照、录像的职权，有利于执法人员查明有关违法事实，并固定有关证据。

第二，询问当事人及有关人员，要求其说明相关事项和提供有关材料。询问当事人是一种经常使用的调查方法，可以通过"询问—答复"的交互过程，来收集和核对证据材料，查明案件的真实情况。对案件调查而言，询问当事人有助于明晰违法行为的具体情节、判明案件的真实情况。对于当事人权益保障而言，有助于当事人阐明其观点，并有自我辩解的空间和机会。除查清当事人是否有环境违法事实及情节外，询问当事人及有关人员还可以辨别其他证据真伪，并对当事人进行说服教育。

第三，查阅、复制生产记录、排污记录和其他有关材料。复制是提取书证和视听资料的一种常用调查方法。采取合乎法律规定的复制方法取得的证据，同样具有法律效力。复制的方法主要包括：摘录、转录、复印、拍照等。经复制的书证应要求其持有人签名或盖章，并注明原件保存的地方。

◆ **要点提示**

> 1. 现场检查、勘察、监测，应当制作笔录。
>
> 2. 询问当事人及有关人员，应制作笔录。
>
> 3. 调查人员可以采取录音、拍照、录像等方式记录询问、检查、勘察、取样情况，以作为证据。
>
> 4. 证据应当符合法律、法规、规章和最高人民法院以及最高人民检察院有关司法解释的要求。
>
> 5. 必要时，生态环境主管部门可以采取暗查或者其他方式调查。

◆ **法规链接**

《中华人民共和国行政处罚法》（2021 年修订）

第四十七条　行政机关应当依法以文字、音像等形式，对行政处罚的启动、调查取证、审核、决定、送达、执行等进行全过程记录，归档保存。

《中华人民共和国环境保护法》（2014 年修订）

第二十四条　县级以上人民政府环境保护主管部门及其委托的环境监察机构和其他负有环境保护监督管理职责的部门，有权对排放污染物的企业事业单位和其他生产经营者进行现场检查。被检查者应当如实反映情况，提供必要的资料。实施现场检查的部门、机构及其工作人员应当为被检查者保守商业秘密。

◆ **相关案例**

案例十八：某公司诉某工业园区环境保护局环保行政处罚案①

[本案要点]　现场检查是生态环境主管部门收集证据、制止环境违法行为的重要程序和手段，被检查单位拒绝生态环境主管部门现场检查行为的，依法应予处罚。

[基本案情]　某工业园区环境保护局于 2013 年 9 月起对某小区周边企业废气排放情况集中排查整治，划定包括某公司在内的 58 家企业作为检查对象。司年 9 月 30 日，园区环保局执法人员会同某市环境监察支队执法人员至某公司进行执法检查时，该公司保安以未办理来访预约为由拒绝执法人员进入现场检查。执法人员随即拨打 110 报警求助，在民警和执法人员的要求下，保安电话联系某公司环保负责人后仍以未预约为由拒绝执法人员进入现场检查。园区环保局执法人员因受阻挠而认为丧失最佳检查时机，故未强行进入现场进行检查。2013 年 12 月 6 日，园区环保局向该公司邮寄送达了《行政处罚事先告知书》。在规定的期限内，该公司未向园区环保局提出陈述、申辩意见。同年 12 月 20 日，园区环保局作出行政处罚决定，认定 2013 年 9 月 30 日园区环保局依法对某公司开展废气排放企业专项现场检查时，该公司拒绝其入

———————

① 2014 年，最高人民法院公布的人民法院环境保护行政案件十大案例之8：梦某驰汽车系统（苏州工业园区）有限公司诉苏州工业园区环境保护局环保行政处罚案。

内开展检查，违反大气污染防治法关于"环境保护行政主管部门和其他监督管理部门有权对管辖范围内的排污单位进行现场检查，被检查单位必须如实反映情况，提供必要的资料"的规定，根据行政处罚法、大气污染防治法有关规定，对该公司处以罚款4万元的行政处罚。某公司不服，提起行政诉讼，请求法院撤销该行政处罚决定。

[处理结果] 法院一审认为，国家环境保护行政机关依法实施环境保护执法检查，是法律赋予执法机关的权力和职责，原告某公司的内部管理规定不能对抗国家强制性法律规定。原告以公司管理规定为由阻碍、拒绝依法进行的行政执法行为，在公安民警到场介入的情况下，仍拒绝检查，其行为已构成拒绝执法检查。被告对原告所作出的罚款在法定处罚幅度内，并无不当。故判决驳回原告的诉讼请求。一审宣判后，双方当事人均未上诉。

第二十五条　【执法人员责任】 执法人员负有下列责任：

（一）对当事人的基本情况、违法事实、危害后果、违法情节等情况进行全面、客观、及时、公正的调查；

（二）依法收集与案件有关的证据，不得以暴力、威胁、引诱、欺骗以及其他违法手段获取证据；

（三）询问当事人，应当告知其依法享有的权利；

（四）听取当事人、证人或者其他有关人员的陈述、申辩，并如实记录。

◆ **条文主旨**

本条是对执法人员责任的规定。

◆ **条文理解**

执法人员代表国家履行行政管理职能，在执法一线直接与当事人接触，执法人员的执法是否合乎法律规定，将直接影响当事人的合法权益和生态环境执法秩序。因此，对执法人员的责任进行明确规定，有利于规范执法行为、加强对执法人员的制约和监督，确保调查取证工作的合法实施。基于此，本条规定了执法人员的四种责任。

第一，全面、客观、及时、公正地调查。调查取证为生态环境行政处罚决定提供了必须的证据，是生态环境行政处罚决定的基础和前提。执法人员只有全面、客观、及时、公正地调查，才能保证生态环境行政处罚决定的合法与公正。

第二，依法收集证据。合法性是行政处罚证据的基本属性之一，只有通过合法手段取得的证据才能作为认定事实的依据，采取暴力、威胁、引诱、欺骗以及其他不正当手段获取的证据，不能作为生态环境行政处罚的依据。

第三，告知当事人法定权利。告知是行政机关作出行政处罚决定的必经程序，行政机关不告知当事人拟作出的行政处罚内容及事实、理由、依据的，行政处罚决定可以被撤销。知情权也是当事人的法定权利，告知当事人法定权利是执法人员必须履行的法定义务。此外，告知有利于发现案件客观事实，同时也是惩罚和教育相结合的体现，能够充分发挥行政处罚的矫正和预防功能。因此，执法人员向当事人及相关人员告知权利，应当依法、准确、全面、及时地进行。

第四，如实记录。行政处罚决定必须建立在一定的证据基础之上，证据是否真实、充分，将直接影响到生态环境处罚决定的作出。对当事人、证人或其他有关人员的陈述如实记录，才能及时固定言词证据，并通过签字等程序保证证据的真实性。

◆ **要点提示**

1. 调查须及时进行，才能避免证据灭失。

2. 证据获取要全面，按照生态环境行政违法行为和裁量因素对当事人的基本情况、违法实施、危害后果、违法情节等全面取证，避免遗漏。

3. 取证程序要合法，严重违反法定程序收集的证据不能作为定案依据。

4. 取证手段要合法，以暴力、威胁、引诱、欺骗以及其他不正当手段获取的证据不能作为定案依据，以偷拍、透露、窃听等手段获取且侵害他人合法权益的证据不能作为定案依据。

5. 执法人员未履行相关法定责任的，生态环境主管部门和执法人员将承担相应的不利法律后果。

◆ **法规链接**

《中华人民共和国行政处罚法》（2021 年修订）

第四十二条 行政处罚应当由具有行政执法资格的执法人员实施。执法人员不得少于两人，法律另有规定的除外。

执法人员应当文明执法，尊重和保护当事人合法权益。

第四十四条 行政机关在作出行政处罚决定之前，应当告知当事人拟作出的行政处罚内容及事实、理由、依据，并告知当事人依法享有的陈述、申辩、要求听证等权利。

◆ **相关案例**

案例十九：执法人员证据收集争议案①

[**本案要点**] 依法收集与案件有关的证据是执法人员的重要责任，执法人员应当依法收集与案件有关的证据，避免导致案件事实不清、证据不足的情况。

[**基本案情**] 2019 年 9 月 3 日，某市生态环境局作出行政处罚决定书，认定某装修公司未在密闭空间或者设备中进行喷漆的行为违法，并根据相关法律法规的规定作出了处罚决定。某装修公司不服，将某市生态环境局诉至法院。某装修公司举证证明，作出处罚决定依据的现场检查（勘察）笔录的检查（勘察）时间是 2019 年 7 月 11 日 16 时 30 分至 17 时 30 分，但被告检查（勘察）人员、记录人和原告工作人员的签名确认时间是 2019 年 7 月 12 日。除此之外，某市生态环境局依据的现场照片的拍摄地点是喷漆房内而非在废旧车间内。

法院认为被告提交的证据现场照片的拍摄地点是喷漆房内，而不是被告询问笔录中称的在废旧车间内加装喷漆设备，进行喷漆、刷漆。原告在被告提交的询问笔录中也未认可原告存在擅自在废旧车间内加装喷漆设备，进行喷漆、刷漆的行为。且被告提交的现场检查（勘察）笔录中检查（勘察）时间与被告工作人员、原告工作人员签名时间不符，也不符合常理。因此，执法人员没有履行"依法收集与案件有关的证据"的法定职责。

[**处理结果**] 法院认为，某市生态环境局作出的行政处罚决定事实不清、证据不足，依法应予撤销。

---

① 河南省安阳市中级人民法院（2020）豫 05 行终 206 号行政判决书。

第二十六条　【证据类别】生态环境行政处罚证据包括：

（一）书证；

（二）物证；

（三）视听资料；

（四）电子数据；

（五）证人证言；

（六）当事人的陈述；

（七）鉴定意见；

（八）勘验笔录、现场笔录。

证据必须经查证属实，方可作为认定案件事实的根据。

以非法手段取得的证据，不得作为认定案件事实的根据。

◆ 条文主旨

本条是对证据类别的规定。

◆ 条文理解

本条规定了证据类别，并增加了关于生态环境行政处罚证据资格、非法证据排除的规定。

根据《最高人民法院关于适用〈中华人民共和国行政诉讼法〉的解释》第四十二条，能够反映案件真实情况、与待证事实相关联、来源和形式符合法律规定的证据，应当作为认定案件事实的根据。按照通常理解，证据具有客观性、关联性、合法性三个特征。客观性，是指证据须是客观存在的真实情况，而非臆造、猜测的主观之物，不能正确表达意志的证人提供的证言，被进行技术处理而无法辨明真伪的证据材料，不能作为定案证据。关联性，是指证据必须同证明对象之间存在某种内在联系，能够说明证明对象的真实情况。合法性，是指证据的形式和收集审查行为必须符合法律的要求。

关于生态环境执法证据的规定，主要包括以下三个方面：第一，《中华人民共和国行政处罚法》、《中华人民共和国行政复议法》和《中华人民共和国行政诉讼法》的有关条款；第二，生态环境保护法律、行政法规、地方性法规、规章及规范性文件的相关规定；第三，最高人民法院发布的有关文件。

生态环境行政处罚证据种类主要有以下八种：

1. 书证。书证是以文字、符号、图案等形式记载的，以内容证明案件事实的物品。收集、调查的书证应当是原件，提供原件确有困难的，可以提供与原件核对无误的复印件、照片、节录本。提供由有关部门保管的书证原件的复制件、影印件或者抄录件的，应当注明出处，经该部门核对无异后加盖其印章。提供报表、图纸、会计账册、专业技术资料、科技文献等书证的，应当附有说明材料。

2. 物证。物证是以物体的物质属性、外部特征、存在状况、空间方位等自然属性证明案件事实的物品和痕迹。一般情况下，收集调取的物证应当是原物。在原物不便搬运、不易保存或者依法应当由有关部门保管、处理或者依法应当返还时，可以拍摄或者制作足以反映原物外形或者内容的照片、录像。物证的照片、录像，经与原物核实无误或者经鉴定证明为真实的，可以作为证据使用。

3. 视听资料。视听资料是以录音、录像等设备所存储的信息证明案件事实的资料。一般情况下，应当提供有关资料的原始载体，提供原始载体确有困难的，可以提供复制件。

4. 电子数据。电子数据是由电子手段、光学手段或类似手段生成的传送、接收或存储的信息。电子数据的审查要注意对电子证据原件的识别，以及对电子数据完整性的认定。

5. 证人证言。证人证言是非案件参与人关于案件事实的陈述，可以分为口头形式和书面形式。因生理上、精神上有缺陷或者年幼，而不能辨别是非、不能正确表达的人，不能作为证人。证人根据其经历所作的判断、推测或者评论，不能作为定案依据。

6. 当事人的陈述。当事人的陈述是案件当事人关于案件事实的自我叙述、承认和陈词。

7. 鉴定意见。鉴定意见，是指接受委托的鉴定人运用自己的专业知识和技能，对需要鉴定的专业性问题进行分析、鉴别和判断之后出具的专业意见。鉴定意见应当载明委托人和委托鉴定的事项、向鉴定部门提交的相关材料、鉴定的依据和使用的科学技术手段、鉴定部门和鉴定人鉴定资格的说明，并应有鉴定人的签名和鉴定部门的盖章。

8. 勘验笔录、现场笔录。勘验笔录，是指行政机关对有关案件事实的现场或物品进行就地检验、测量、勘查和分析所作出的书面记录。勘验笔录应当载明时间、地点和事件等内容，写明勘验过程，并由执法人员、当事人或者见证人签名。现场笔录，是指行政机关在执行职务过程之中对有关案件事实的现场情况所作出的书面记录。现场笔录应当载明时间、地点和事件等内容，并由执法人员和当事人签名。当事人拒绝签名或者不能签名的，应当注明原因，有其他人在现场的，可由其他人签名。

本条规定"以非法手段取得的证据，不得作为认定案件事实的根据"，确定了生态环境行政处罚应当适用非法证据排除原则。根据《最高人民法院关于适用〈中华人民共和国行政诉讼法〉的解释》，"以非法手段取得的证据"，是指严重违反法定程序收集的证据材料，以违反法律强制性规定的手段获取且侵害他人合法权益的证据材料，以利诱、欺诈、胁迫、暴力等手段获取的证据材料，以偷拍、偷录、窃听等手段获取侵害他人合法权益的证据材料。

◆ **要点提示**

> 1. 本条是《中华人民共和国行政处罚法》《中华人民共和国行政诉讼法》中的相关规定在生态环境保护领域的具体化。
> 2. 证据的形式和取得应当符合法律、法规、规章和最高人民法院的有关规定。

◆ **法规链接**

《中华人民共和国行政处罚法》（2021 年修订）

第四十六条 证据包括：

（一）书证；

（二）物证；

（三）视听资料；

（四）电子数据；

（五）证人证言；

（六）当事人的陈述；

（七）鉴定意见；

（八）勘验笔录、现场笔录。

证据必须经查证属实，方可作为认定案件事实的根据。

以非法手段取得的证据，不得作为认定案件事实的根据。

《中华人民共和国行政诉讼法》（2017 年修正）

第三十三条 证据包括：

（一）书证；

（二）物证；

（三）视听资料；

（四）电子数据；

（五）证人证言；

（六）当事人的陈述；

（七）鉴定意见；

（八）勘验笔录、现场笔录。

以上证据经法庭审查属实，才能作为认定案件事实的根据。

◆ **相关案例**

案例二十：电子证据效力争议案①

[**本案要点**] 重点污染源自动监控数据作为电子数据之一，应当经有关部门核对无异，并加盖其印章，附说明材料，否则其证据效力不足。

[**基本案情**] 2018 年 5 月 11 日，某市生态环境局对某污水处理站作出《按日连续处罚决定书》，其主要内容是："你单位上述行为违反了《中华人民共和国环境保护法》第五十九条的规定，我局决定对你（单位）实施按日连续处罚。根据《环境保护主管部门实施按日连续处罚办法》第十七条规定，经研究，我局决定对你（单位）自 2018 年 4 月 5 日起至 2018 年 4 月 26 日止实施按日连续处罚：处罚人民币 721864 元。"经查明，某市生态环境局提供的重点污染源自动监控与基础数据库数据照片未经有关部门核对无异后加盖其印章，也未附有说明材料。

法院认为，重点污染源自动监控数据作为电子数据之一，应

---

① 内蒙古自治区包头市中级人民法院（2019）内 02 行终 44 号行政判决书。

当经有关部门核对无异，并加盖其印章，附说明材料，否则其证据效力不足。此外，某市生态环境局依据的《现场检查笔录》以描述建设情况为主，对现场发现违法事实的过程及取证过程未进行描述，且无其他证据佐证某污水处理站废水排放口废水超过国家标准。所以某市生态环境局所作的《按日连续处罚决定书》主要证据不足，事实不清。

[处理结果] 法院撤销某市生态环境局作出的行政处罚决定。

第二十七条　【立案前取得和其他机关取得的证据】生态环境主管部门立案前依法取得的证据材料，可以作为案件的证据。

其他机关依法依职权调查收集的证据材料，可以作为案件的证据。

◆ 条文主旨

本条是对立案前取得和其他机关取得的证据的规定。

◆ 条文理解

本条为新增条款。

生态环境执法具有复杂性特点，仅靠生态环境行政处罚立案后的证据调查，难以在所有案件中充分收集证据。因此，本条规定了获取更充分证据的两个方向：一是在纵向的时间轴上，通过立案前生态环境主管部门的核查以及监督检查依法取得的证据，可以作为生态环境行政处罚的证据使用；二是在横向的机构关系上，组织辖区内交叉执法检查以及其他行政机关依职权调查收集的证据可以作为案件的证据使用。

◆ **要点提示**

> 1. 本条规定的证据移送，应当以合法性为前提，即相关证据应当依法取得，或是有相关行政机关依行政职权调查收集所得。
>
> 2. 在证据收集和移送过程中，应当充分保证当事人的合法权益。

第二十八条　【现场笔录】对有关物品或者场所进行检查（勘察）时，应当制作现场检查（勘察）笔录，并可以根据实际情况进行音像记录。

现场检查（勘察）笔录应当载明现场检查起止时间、地点，执法人员基本信息，当事人或者有关人员基本信息，执法人员出示执法证件、告知当事人或者有关人员申请回避权利和配合调查义务情况，现场检查情况等信息，并由执法人员、当事人或者有关人员签名或者盖章。

当事人不在场、拒绝签字或者盖章的，执法人员应当在现场检查（勘察）笔录中注明。

◆ **条文主旨**

本条是对现场检查（勘察）笔录的规定。

◆ **条文理解**

现场检查（勘察）笔录，是指执法人员对与案件有关的物品、场所进行检查（勘察）时，对现场情况进行的客观记录。现场检查（勘察）笔录是行政处罚的重要证据，在记录的准确性、全面性、时序性、逻辑性等方面都有着要求。

在承载形式方面，执法人员应当制作现场检查（勘察）笔录，并可以根据实际情况进行音像记录。以拍照、录像记录现场情况是行政执法的重要取证手段，通过现场拍照、录像制作的照片、视频可以作为行政处罚证据使用。

在现场人员方面，一般情况下当事人应当到达现场，并应当对现场检查（勘察）笔录签字或盖章，但当事人拒不到场或无法找到当事人、当事人拒绝签字或盖章的，执法人员应当在现场检查（勘察）笔录中注明。

在勘察范围方面，现场检查（勘察）应当限于与案件事实相关的物品和场所。

在笔录内容方面，现场检查（勘察）笔录应当载明现场检查起止时间、地点，执法人员基本信息，当事人或者有关人员基本信息，执法人员出示执法证件、告知当事人或者有关人员申请回避权利和配合调查义务情况，现场检查情况等信息，并由执法人员、当事人或者有关人员签名或者盖章。

◆ **要点提示**

> 1. 笔录应由两名以上（含）持合法有效执法证件的行政执法人员同时在场制作，他人不能代替。
>
> 2. 符合本办法规定的自行回避条件的执法人员应当自行回避；当事人申请其回避的，应当审查同意。
>
> 3. 一个案件有多处现场的，应分别制作笔录；对现场需进行多次检查的，每次均需制作笔录。
>
> 4. 笔录应当全面、如实记录现场检查（勘验）发现的情况。
>
> 5. 有关人员为检查现场所在地基层组织人员或其他与检查无利害关系的人员。

◆　**法规链接**

《最高人民法院关于行政诉讼证据若干问题的规定》（法释〔2002〕21号）

第十五条　根据行政诉讼法第三十一条第一款第（七）项的规定，被告向人民法院提供的现场笔录，应当载明时间、地点和事件等内容，并由执法人员和当事人签名。当事人拒绝签名或者不能签名的，应当注明原因。有其他人在现场的，可由其他人签名。法律、法规和规章对现场笔录的制作形式另有规定的，从其规定。

◆　**相关案例**

案例二十一：现场检查笔录合法性争议案①

[**本案要点**]　在执法过程中，被执法企业的工作人员在中途离开，倘若根据其他证据的佐证，不影响其有在现场的事实，现场检查笔录符合相关程序要求，具有合法性。

[**基本案情**]　某市生态环境局于2019年7月18日前往原告某电子公司处现场检查，并在原告的工作人员许某带领下到原告废水总排放口进行现场采样检测。某检测技术公司于2019年7月22日制作了检测报告，根据检测结果，原告某电子公司总排放口指标超过了《电镀污染物排放标准》（GB21900－2008）表2限值，分别超标17.48倍和41.67倍。被告某市生态环境局于2019年7月22日进行立案，对原告某电子公司进行调查询问，告知检测结果，并于同日作出《责令改正违法行为决定书》。本案中，被告执法人员于2019年7月18日前往原告处现场检查前，有电话通知原告环保技术人员许某，并在许某的带领下至原告总排放口进

---

① 福建省龙岩市中级人民法院（2020）闽08行终154号行政判决书。

行现场取样检查，取样时许某亦在现场。该事实有原告提供的电话通话录音、证人许某出庭证言及被告提供的现场采样照片等证据予以证实。

法院认为，现场检查的执法人员制作了现场检查（勘察）笔录及附图，对现场人员工作状况进行了照相，由行政相对人法定代表人董某签字确认，虽然许某作为工作人员在中途有离开，但不影响其有在现场的事实，不能否认被告对原告进行现场检查的真实性，《现场检查（勘察）笔录》亦符合行政诉讼证据的形式要求，且《现场检查（勘察）笔录》所载明的事实有现场检查（勘察）笔录附图、询问笔录、现场照片、废水采样记录表等证据相应证。故原告主张该笔录系由不在现场的法定代表人董某补签字，是被告弄虚作假获取的证据，理由不成立，依法不予采纳。

[**处理结果**]　法院驳回原告某电子公司关于现场检查笔录无效的诉讼请求。

第二十九条　【**现场检查采样**】生态环境主管部门现场检查时，可以按照相关技术规范要求现场采样，获取的监测（检测）数据可以作为认定案件事实的证据。

执法人员应当将采样情况记入现场检查（勘察）笔录，可以采取拍照、录像记录采样情况。

生态环境主管部门取得监测（检测）报告或者鉴定意见后，应当将监测（检测）、鉴定结果告知当事人。

◆ **条文主旨**

本条是对现场检查采样的规定。

◆ **条文理解**

本条明确了现场采样、记录和结果告知等要求。生态环境执法中往往需要对相关取样进行分析化验，确定被检查对象的违法情况和违法程度。为提高证据的证明力，有必要对取样过程进行记录，保证样品与检测报告的对应关系。就此，本条对相关程序予以具体细化，规定"生态环境主管部门现场检查时，可以按照相关技术规范要求现场采样"，并应当将采样情况记入现场检查（勘察）笔录，可以采取拍照、录像记录采样情况。本条规定的"相关技术规范"，是指从技术实现层面对环境现场采样作出的统一规范，经生态环境部批准并发布，其性质为国家生态环境标准，例如，《辐射环境监测技术规范》（HJ 61-2021）、《地下水环境监测技术规范》（HJ 164-2020）、《污水监测技术规范》（HJ 91.1-2019）、固定源废气监测技术规范（HJ/T 397-2007）等。

以拍照、录像记录现场情况是行政执法的重要取证手段，通过现场拍照、录像制作的照片、视频可以作为行政处罚证据使用。需要注意的是，根据最高人民法院的规定，当事人向人民法院提供计算机数据或者录音、录像等视听资料的，应当注明制作方法、制作时间、制作人和证明对象等内容。

采样过程中，在各阶段均应妥善保障当事人的合法权益。此外，生态环境主管部门取得监测（检测）报告或者鉴定意见后，应当将监测（检测）、鉴定结果告知当事人。

◆ **要点提示**

1. 采样记录应由两名以上（含）持合法有效执法证件的行政执法人员同时在场制作，他人不能代替。

2. 采样应当遵守有关资质和操作规程的要求。

　　3. 采样情况应当记入现场检查（勘察）笔录，笔录应当全面、如实记录采样情况。

　　4. 生态环境主管部门应当及时将监测（检测）、鉴定结果告知当事人。

◆ **法规链接**

《中华人民共和国行政处罚法》（2021 年修订）

　　第五十六条　行政机关在收集证据时，可以采取抽样取证的方法；在证据可能灭失或者以后难以取得的情况下，经行政机关负责人批准，可以先行登记保存，并应当在七日内及时作出处理决定，在此期间，当事人或者有关人员不得销毁或者转移证据。

◆ **相关案例**

　　案例二十二：现场检查取样争议案①

　　［本案要点］ 现场检查取样须提供采样记录或采样过程等相关证据，否则无法证明其采样程序合法，进而无法证明送检样品的真实性，直接影响检查结果的真实性。

　　［基本案情］ 2013 年 6 月 5 日，某省环境监测中心站出具《监测报告》。某市生态环境局根据该《监测报告》，认为某水务公司涉嫌违法排放水污染物，于 2014 年 4 月 16 日拟对某水务公司作出行政处罚。某水务公司在法定期限内未提出陈述、申辩和听证的申请。同年 6 月 16 日，某市生态环境局作出《行政处罚决定书》，对某水务公司处以 2013 年 5 月缴纳排污费二倍的罚款 177719 元。

---

　　① 2017 年，最高人民法院发布环境资源刑事、民事、行政典型案例之 9：海南某水务有限公司诉海南省儋州市生态环境保护局环保行政处罚纠纷案。

法院认为，某市生态环境局在没有收集提供采样记录或采样过程等相关证据的情况下，无法确实充分地证实样品是否来源真实可靠，其仅以《监测报告》认定某水务公司超标排放废水，主要证据不足。

[处理结果]　法院撤销某市生态环境局作出的行政处罚决定。

第三十条　【自动监测数据的应用】排污单位应当依法对自动监测数据的真实性和准确性负责，不得篡改、伪造。

实行自动监测数据标记规则行业的排污单位，应当按照国务院生态环境主管部门的规定对数据进行标记。经过标记的自动监测数据，可以作为认定案件事实的证据。

同一时段的现场监测（检测）数据与自动监测数据不一致，现场监测（检测）符合法定的监测标准和监测方法的，以该现场监测（检测）数据作为认定案件事实的证据。

◆ **条文主旨**

本条是对自动监测数据的应用的规定。

◆ **条文理解**

生态环境行政处罚的作出应当以充分切实的证据为基础。对违法排污的行为人实施处罚前，需要掌握充分的、能够表明其排污种类、浓度和总量的信息。由于污染物排放后在自然界中具有极大的易扩散性和不稳定性，这就要求数据信息需要尽可能在违法排污发生之时取得，从而确保所收集的信息准确无误，客观反映违法排污的情形和情节，以便于生态环境主管部门正确适用法律、准确行使行政处罚自由裁量权。

本条为新增条款，明确了自动监测数据的应用要求。自动监测数据应当符合证据的一般特性。生态环境主管部门在对自动监测数据进行认定时，应当围绕真实性、合法性和关联性展开认定。真实性，是指证据的内容能够反映客观情况。为保证自动监测数据的真实性，生态环境主管部门应当对自动监测数据加强审查：一是审查计算机数据的来源，包括数据形成的时间、监测仪器的位置、状态及数据形成的过程；二是审查计算机数据是否为伪造或者经过篡改。合法性，是指证据的取得和形式是合法的。通过生态环境主管部门的监控设备联网获取排污单位提供的自动监测数据应当依据法律、行政法规的相关规定，否则收集到的证据不具有合法性。关联性，是指证据与案件待证事实之间存在必要的联系，根据关联性程度的不同，证据可以分为直接证据和间接证据。如果某项自动监测数据与案件事实之间存在内在的、密切的联系，则为直接证据，该证据可以用于独立证明待证事实；反之，若该证据不足以证明待证事实，则为间接证据。间接证据须与其他证据相结合，形成"证据链"，才能证明待证事实。

本条第一款规定了排污单位对自动监测数据的真实性和准确性负责。污染物排放自动监测数据的产生与排污单位自动监测设备自身状态和生产工况密切相关。自动监测数据由排污单位提供，所以排污单位应当对其真实性和准确性负责。排污单位如果对相关数据进行篡改、伪造，则应当承担相应的法律责任。

本条第二款规定了自动监测数据的标记。实行自动监测数据标记规则行业的排污单位，应当按照国务院生态环境主管部门的规定对数据进行标记。生态环境部于 2022 年 7 月发布了《污染物排放自动监测设备标记规则》。排污单位应当按照环境保护有关法律法规和标准规范安装、使用、维护污染物排放自动监测设备,对自动监测设备开展质量控制和质量保障工作,保证自动监测设备正常运行,保存原始监测记录,并确保自动监测数据的真实、准确、完整、有效。因自动监测设备故障、维护、调试等特定运行状况或者生产设施、污染防治设施启停机、故障等非正常运行工况,导致污染物排放自动监测设备传输数据异常或者污染物排放超过相关标准等异常情况的,排污单位应当按照相关自动监测数据标记规则对产生自动监测数据的相应时段进行标记。标记则视为向生态环境主管部门报告异常情况。此次修订将《环境行政处罚办法》中的"经环境保护主管部门认定的有效性数据,可以作为认定违法事实的证据"修改为"经过标记的自动监测数据,可以作为认定案件事实的证据"。对监管部门而言,变"生态环境部门认定数据是否有效"为"排污单位自主标记",扭转了生态环境部门在数据真实性上举证困难的被动局面,化解了长期影响非现场监管执法效能的自动监测数据"不敢用""不愿用"的矛盾,为强化重点排污单位全天候监督管理奠定了数据基础。对重点排污单位而言,生态环境保护相关法律法规明确排污单位须保证监测设备正常运行,数据真实准确,发现传输数据异常要及时报告。"标记"体现了排污单位是审核确认自动监测结果的责任主体,也通过信息化手段为当事人查询、陈述和申辩提供了便利,保障了企业合法权益。

　　本条第三款规定了同一时段的现场监测(检测)数据与自动监测数据不一致时如何处理。自动监控数据的应用应当充分保障排污单位的合法权益,当排污单位对自动监测数据的证据效力提出异议时,生态环境主管部门应当进行审核。由于自动监测数据容易被伪造，所以当同一时段的现场监测数据与自动监测数据不一致时，现场监测获取的监测数据符合法定的监测标准和监测方法的，以该现场监测数据作为行政执法依据。

◆ **要点提示**

> 1. 排污单位是审核确认自动监测数据有效性的责任主体，应当按照《污染物排放自动监测设备标记规则》确认自动监测数据的有效性。
>
> 2. 经过标记的自动监测数据，可以作为认定案件事实的证据。
>
> 3. 现场及时采集的样本经专门的监测机构监测，监测结果可以作为判定污染物排放是否超标的证据。

◆ **法规链接**

《中华人民共和国大气污染防治法》（2018 年修正）

第二十五条　重点排污单位应当对自动监测数据的真实性和准确性负责。生态环境主管部门发现重点排污单位的大气污染物排放自动监测设备传输数据异常，应当及时进行调查。

《中华人民共和国行政处罚法》（2021 年修订）

第五十六条　行政机关在收集证据时，可以采取抽样取证的方法；在证据可能灭失或者以后难以取得的情况下，经行政机关负责人批准，可以先行登记保存，并应当在七日内及时作出处理决定，在此期间，当事人或者有关人员不得销毁或者转移证据。

《污染物排放自动监测设备标记规则》（生态环境部公告 2022 年第 21 号）

（略）

◆ **相关案例**

案例二十三：某建材有限公司与某县环境保护局环境保护行政管理案①

[**本案要点**] 符合法定要求的自动监测数据，可以作为认定案件事实的证据。

[**基本案情**] 某县环保局工作人员通过自动监测数据查到某建材有限公司在 2019 年 7 月 16 日氮氧化物排放浓度为 213.66mg/m³ - 217.838mg/m³，依据砖瓦工业大气污染物排放标准 GB29620 - 2013 氮氧化物的排放标准为 200mg/m³，该公司氮氧化物排放超过了法律规定的排放标准，对周边大气造成了污染，随即立案调查。某县环保局于 2019 年 7 月 17 日作出责令限期改正决定书，责令某建材有限公司立即改正违法行为。2019 年 9 月 27 日，某建材有限公司提出听证申请。2019 年 10 月 14 日，某县环保局举行了听证会。2019 年 10 月 23 日，某县环保局作出行政处罚决定书，并于 2019 年 11 月 1 日送达。2020 年 4 月 2 日，某建材有限公司对案涉行政处罚决定书不服，诉至法院。

法院认为，符合法定要求的自动监测数据，可以作为认定案件事实的证据。本案中，根据自动监测数据，某县环保局发现了某建材有限公司 2019 年 7 月 16 日的违法排放行为，经审核后，某县环保局将其作为行政处罚的证据于法有据，并无不妥。

[**处理结果**] 法院判决驳回某建材有限公司的诉讼请求。

---

① 河南省南阳市中级人民法院（2020）豫 13 行终 180 号行政判决书。

第三十一条　【电子技术监控设备的应用】生态环境主管部门依照法律、行政法规规定利用电子技术监控设备收集、固定违法事实的，依照《中华人民共和国行政处罚法》有关规定执行。

◆ **条文主旨**

本条是对电子技术监控设备的应用的规定。

◆ **条文理解**

本条为新增条款。明确生态环境主管部门依照法律、行政法规规定利用电子技术监控设备收集、固定违法事实的，应当遵守《中华人民共和国行政处罚法》的相关规定。

为了规范电子技术监控设备的设置和运行，《中华人民共和国行政处罚法》规定了电子技术监控设备应用的法制审核和技术审核，第四十一条规定："行政机关依照法律、行政法规规定利用电子技术监控设备收集、固定违法事实的，应当经过法制和技术审核，确保电子技术监控设备符合标准、设置合理、标志明显，设置地点应当向社会公布。电子技术监控设备记录违法事实应当真实、清晰、完整、准确。行政机关应当审核记录内容是否符合要求；未经审核或者经审核不符合要求的，不得作为行政处罚的证据。行政机关应当及时告知当事人违法事实，并采取信息化手段或者其他措施，为当事人查询、陈述和申辩提供便利。不得限制或者变相限制当事人享有的陈述权、申辩权。"生态环境主管部门依照法律、行政法规规定利用电子技术监控设备收集、固定违法事实的，应当依照该条执行。

第一，法制审核。法制审核应当包括如下内容：生态环境主管部门设置和使用电子技术监控设备是否有法律、行政法规的规定；电子技术监控设备的设置是否合理，设置地点是否向社会公布，标示是否明显；生态环境主管部门使用电子技术监控设备收集、固定的违法事实，是否及时告知当事人，是否采取信息化手段或者其他措施为当事人查询、陈述和申辩提供便利，是否限制或者变相限制当事人享有的陈述权、申辩权。第二，技术审核。根据《中华人民共和国计量法》第九条的规定，县级以上人民政府计量行政部门对环境监测方面的列入强制检定目录的工作计量器具，实行强制检定。未按照规定申请检定或者检定不合格的，不得使用。技术审核应当包括如下内容：电子技术监控设备的校准校验记录、运行维护记录等是否正常；电子技术监控设备采集、生成、存储、处理的电子数据和传输依赖的软硬件系统是否正常；电子技术监控设备记录违法事实是否真实、清晰、完整、准确。

电子技术监控设备取得的证据是电子证据，应当与《中华人民共和国行政处罚法》第四十六条结合起来适用，即"证据必须经查证属实，方可作为认定案件事实的根据。以非法手段取得的证据，不得作为认定案件事实的根据"。除了应当符合相关证据条款的要求外，本条明确提出了在电子技术监控设备的技术审核中，应当审核其是否"真实、清晰、完整、准确"。

生态环境主管部门利用电子技术监控设备收集、固定违法事实时，应当注意保护国家秘密、商业秘密和个人隐私，充分履行保密义务。《中华人民共和国民法典》第一千零三十九条规定："国家机关、承担行政职能的法定机构及其工作人员对于履行职责过程中知悉的自然人的隐私和个人信息，应当予以保密，不得泄露或者向他人非法提供。"

◆ **法规链接**

《中华人民共和国行政处罚法》（2021 年修订）

第四十一条　行政机关依照法律、行政法规规定利用电子技术监控设备收集、固定违法事实的，应当经过法制和技术审核，确保电子技术监控设备符合标准、设置合理、标志明显，设置地点应当向社会公布。

电子技术监控设备记录违法事实应当真实、清晰、完整、准确。行政机关应当审核记录内容是否符合要求；未经审核或者经审核不符合要求的，不得作为行政处罚的证据。

行政机关应当及时告知当事人违法事实，并采取信息化手段或者其他措施，为当事人查询、陈述和申辩提供便利。不得限制或者变相限制当事人享有的陈述权、申辩权。

《中华人民共和国环境保护法》（2014 年修订）

第四十二条　排放污染物的企业事业单位和其他生产经营者，应当采取措施，防治在生产建设或者其他活动中产生的废气、废水、废渣、医疗废物、粉尘、恶臭气体、放射性物质以及噪声、振动、光辐射、电磁辐射等对环境的污染和危害。

排放污染物的企业事业单位，应当建立环境保护责任制度，明确单位负责人和相关人员的责任。

重点排污单位应当按照国家有关规定和监测规范安装使用监测设备，保证监测设备正常运行，保存原始监测记录。

严禁通过暗管、渗井、渗坑、灌注或者篡改、伪造监测数据，或者不正常运行防治污染设施等逃避监管的方式违法排放污染物。

◆ **相关案例**

案例二十四：某县环境保护局、某热力公司环境保护行政管理案[1]

[**本案要点**] 电子技术监控设备的应用应当依据相关法律规定，避免出现有悖常理的情形。

[**基本案情**] 2019 年 1 月 6 日，某县环境保护局对某热力公司燃烧锅炉排放大气污染物进行检查，发现该公司 2018 年 12 月 31 日至 2019 年 1 月 6 日废气在线设备显示污染物、二氧化硫、氮氧化物、烟尘均超标排放。某县环境保护局对其作出环罚决字 (2019) 702 号《行政处罚决定书》，责令该公司立即改正违法行为并处罚 50 万元。原告不服该处罚决定，诉至法院。法院查明，自动监测数据显示原告废气污染物排放超标的时间段内，原告一直沿用同一种供暖设备。某热力公司一直未出现废气污染物排放超标情况。2018 年 11 月 28 日，某热力公司向环保部门申请接入环保 VPN 虚拟专网，在环保 VPN 虚拟专网接入前由第三方某环境科技公司对其废气排放进行了试运行监测，所有结果均显示合格。2018 年 12 月 28 日，县、市两级环保部门均盖章审批通过某热力公司的虚拟专网接入申请。某热力公司在虚拟专网接入后即出现废气排放严重超标情况，后被告对原告进行了多次处罚。

法院认为，某热力公司一直未出现废气污染物排放超标情况，其接入虚拟专网后突然出现数据超标现象，有悖常理。同时，第三方某环境科技公司在虚拟专网接入前对原告废气排放进行了试运行监测，结果均显示合格。经过环保部门审批通过，某热力公司才接入了虚拟专网。在虚拟专网接入后突然出现数据超标现象

---

[1]　河南省洛阳市中级人民法院 (2020) 豫 03 行终 312 号行政判决书。

足以说明虚拟专网接入程序存在严重问题，故作出处罚依据的自动监测数据不能单独作为定案依据。

[**处理结果**]　法院判决撤销案涉《行政处罚决定书》。

第三十二条　【证据的登记保存】在证据可能灭失或者以后难以取得的情况下，经生态环境主管部门负责人批准，执法人员可以对与涉嫌违法行为有关的证据采取先行登记保存措施。

情况紧急的，执法人员需要当场采取先行登记保存措施的，可以采用即时通讯方式报请生态环境主管部门负责人同意，并在实施后二十四小时内补办批准手续。

先行登记保存有关证据，应当当场清点，开具清单，由当事人和执法人员签名或者盖章。

先行登记保存期间，当事人或者有关人员不得损毁、销毁或者转移证据。

◆ **条文主旨**

本条是对证据先行登记保存的规定。

◆ **条文理解**

本条是《中华人民共和国行政处罚法》第五十六条在生态环境领域的具体化。

先行登记保存措施是生态环境主管部门进行案件调查时，在证据可能灭失或者以后难以取得的情况下，如当事人有可能采取转移、隐匿、毁损等不法手段，物证可能发生变质、腐烂从而失去证明作用等，及时、果断地予以处理的一种有效的行政手段。

在性质上，先行登记保存是行政机关为防止证据损毁，依法对公民、法人或者其他组织的财物实施暂时性控制的行为，依附于行政处罚行为。登记保存措施直接影响到当事人的权益，须谨慎采用，因此有必要对采取先行登记保存措施予以限制，如将前提条件限制为证据有可能灭失或者证据以后难以取得。在仅以保存证据为目的时，采取的先行登记保存措施应当选择对当事人权益损害最小的方案实施，尽量不影响当事人的正常活动，或者将影响减少到最小。

先行登记保存的实施手段是对需要保存的证据当场登记造册，根据证据的具体情况决定是就地保存还是异地保存。就地保存的，责令当事人妥为保管，不得动用、转移、损毁或者隐匿，等待生态环境主管部门进一步调查或作出处理。①

在办理程序上，先行登记保存应当遵循《中华人民共和国行政处罚法》第五十六条、《中华人民共和国行政强制法》第十八条和第十九条的有关规定，应当经过生态环境负责人批准，由两名以上执法人员出示执法身份证件执法，通知当事人到场，当场告知当事人采取先行登记保存的理由、依据以及当事人依法享有的权利、救济途径，听取当事人的陈述和申辩，做好现场笔录。

生态环境保护实践中，如果在紧急情况也必须履行报请批准再登记保存，往往容易延误执法时机，引发证据灭失的风险。因此，本条第二款规定执法人员可以采用即时通讯方式报请生态环境主管部门负责人同意，并在实施后二十四小时内补办批准手续。以此实现紧急情况下的行政执法效能，兼顾生态环境行政处罚的程序性和灵活性。

---

① 环境保护部环境监察局主编：《环境行政处罚办法释义》，中国环境科学出版社 2011 年版，第 81 页。

◆ **要点提示**

> 1. 采取先行登记保存措施的前提条件是"证据可能灭失"或"证据以后难以取得"。不符合此条件的，不得采取先行登记保存措施。
>
> 2. 采取先行登记保存措施应当经过生态环境主管部门负责人批准。情况紧急的，执法人员需要当场采取先行登记保存措施的，可以采用即时通讯方式报请生态环境主管部门负责人同意，并在实施后二十四小时内补办批准手续。
>
> 3. 先行登记保存有关证据，应当当场清点，当场清点物品并制作清单，制作《先行登记保存证据通知书》，并由当事人和执法人员签名或者盖章。
>
> 4. 就地保存的，由当事人负责保存，在向当事人送达《先行登记保存证据通知书》时，在证据物品上加贴生态环境主管部门封条，说明有关情况及应当遵守的义务；异地保存的，应注明保存地点。

◆ **法规链接**

《中华人民共和国行政处罚法》（2021 年修订）

第五十六条　行政机关在收集证据时，可以采取抽样取证的方法；在证据可能灭失或者以后难以取得的情况下，经行政机关负责人批准，可以先行登记保存，并应当在七日内及时作出处理决定，在此期间，当事人或者有关人员不得销毁或者转移证据。

◆ **相关案例**

案例二十五：某化工公司与某县环境保护局环境保护行政管理案①

[**本案要点**] 证据登记保存应当符合相关法定程序，否则其合法性不能得到印证。

[**基本案情**] 2018 年 8 月 7 日，某县环保局两名环境执法人员王某、咸某到某化工公司进行现场检查，并由县环境监测站工作人员李某对该公司的总排污口、废水收集池、车间排放口、雨水管网的废水分别进行采样。采样时由环境执法人员对取样过程拍摄照片。对某化工公司总排污口的取样现场照片，注明的拍摄时间为 2018 年 8 月 7 日 16 时 45 分，当事人、见证人处为空白。某县环保局没有制作采样取样单或相应的文书对取样的过程及样品的包装、是否封存等予以记录，其提交的证据中包括时间为 2018 年 8 月 7 日的现场检查（勘验）笔录，被检查（勘验）人为程某，该笔录中有"2018 年 8 月 7 日我局环境执法人员对你公司污水排放口进行了现场采样，并委托某检测研究院有限公司进行检测"的记录。程某证明该笔录系 2018 年 8 月 21 补签，8 月 7 日执法人员绘制的现场勘验示意图当事人签字为迟某。2018 年 8 月 17 日，某县环保局以某化工公司涉嫌超标排放水污染物立案。当日，某县环保局作出并向某化工公司送达了《责令（限期）改正决定书》。2018 年 9 月 3 日，某县环保局作出行政处罚决定，当日向某化工公司进行了送达。某化工公司对处罚决定不服，故提起诉讼。

法院认为，在环境执法过程中对排污企业所排污水的取样，应遵循环境行政执法过程中的证据登记保存措施，应当场清点，

---

① 河南省濮阳市中级人民法院（2019）豫 09 行终 44 号行政判决书。

开具清单，由当事人和调查人员签名或者盖章。某县环保局仅提交了对某化工公司排污口的采样时照片，且当事人、见证人签字栏为空白，某县环保局没能提交由在场的被取样人的工作人员及采样取证人员、样品封存人员签字确认的相关取证、取样清单或相应的文书，用于证明污水水样已被现场封存。同样不能证明是按照《水质采样技术指导》的要求对某化工公司的排污口的污水进行了采样，也不能证明水样送检前按照《水质样品的保存和管理技术规定》的要求在采集后封存和管理。某县环保局与某检测公司之间的检测任务委托单中没有显示附送采样清单，也没有显示送检水样是以被封存状态送检。某县环保局所做的证据登记保存即水样采集的合法性不能得到印证。

[**处理结果**]　法院判决撤销案涉《行政处罚决定书》。

第三十三条　【**先行登记保存措施与解除**】对于先行登记保存的证据，应当在七日内采取以下措施：

（一）根据情况及时采取记录、复制、拍照、录像等证据保全措施；

（二）需要鉴定的，送交鉴定；

（三）根据有关法律、法规规定可以查封、扣押的，决定查封、扣押；

（四）违法事实不成立，或者违法事实成立但依法不应当查封、扣押或者没收的，决定解除先行登记保存措施。

超过七日未作出处理决定的，先行登记保存措施自动解除。

◆ **条文主旨**

本条是对先行登记保存措施后续处理的规定。

◆ **条文理解**

本条是《中华人民共和国行政处罚法》第五十六条在生态环境保护领域的具体化。

先行登记保存措施是一种临时性措施。在采取先行登记保存措施后，生态环境主管部门应当根据不同情况，分别处理：（1）采取记录、复制、拍照、录像等证据保全措施；（2）送交鉴定；（3）依法决定查封、扣押；（4）违法事实不成立，或者违法事实成立但依法不应当查封、扣押或者没收的，决定解除先行登记保存措施。因为先行登记保存措施直接影响当事人利益，为保障其合法权益，本条限定生态环境主管部门须在七日内作出处理决定，否则先行登记保存措施自动解除。

先行登记保存是《中华人民共和国行政处罚法》规定的行政强制措施，属于《中华人民共和国行政强制法》第九条第五项"其他行政强制措施"，与查封、扣押等行政强制措施具有一定区别。第一，法律依据不同。先行登记保存是《中华人民共和国行政处罚法》设定的行政强制措施，对具有行政执法权的行政机关普遍授权，享有该项行政强制权的范围较大。查封、扣押需要法律法规的专门授权，并非所有行政机关都享有查封、扣押权限。第二，实施目的不同。先行登记保存的目的限于收集证据时使用。查封、扣押的目的，则不限于证据保全，还包括制止违法行为发生、控制危险扩大，保障行政决定得到有效作出或行政决定得到有效执行。第三，实施期限不同。先行登记保存的实施期限是七个工作日，而且不能延长。根据《中华人民共和国行政强制法》第二十五条规定，查封、扣押的一般期限不得超过三十个自然日，而且最长期限不得超过六十个自然日。

◆ **要点提示**

> 1. 先行登记保存措施是一种临时性措施，生态环境主管部门应当及时进行后续处理。
>
> 2. 后续处理时间限定为七日。
>
> 3. 解除先行登记保存措施的，应当制作《解除先行登记保存证据通知书》。
>
> 4. 对解除先行登记保存的物品，应当场清点后详细填写物品名称、规格、数量、生产日期（批号）、生产单位等信息。

◆ **法规链接**

《中华人民共和国行政处罚法》（2021 年修订）

第五十六条　行政机关在收集证据时，可以采取抽样取证的方法；在证据可能灭失或者以后难以取得的情况下，经行政机关负责人批准，可以先行登记保存，并应当在七日内及时作出处理决定，在此期间，当事人或者有关人员不得销毁或者转移证据。

◆ **相关案例**

案例二十六：先行登记保存后未采取后续处理措施案[①]

［**基本案情**］某市生态环境局执法人员 2022 年 8 月 5 日现场检查发现，某公司将危险废物混入非危险废物中贮存。为防止该公司转移证据，执法人员当场对固体废物采取了先行登记保存措

---

　① 本案为编写人员根据实践情形和条文内容而改编的案例。

施。因人手紧缺，一直未作后续处理。8月20日，执法人员发现固体废物不见了踪影。当事人以某生态环境局未在法律规定的期限内作出处理决定、该登记保存措施视为解除为由，已于8月19日将固体废物自行转移处理。

[提问] 该案有何启示？

[解析] 根据本条规定，超过七日未作出处理决定的，先行登记保存措施自动解除。本案中，执法人员未在七日内采取后续措施固定证据、作出处理，当事人利用了执法人员的疏漏规避了法律的制裁。

第三十四条　【依法实施查封扣押】生态环境主管部门实施查封、扣押等行政强制措施，应当有法律、法规的明确规定，按照《中华人民共和国行政强制法》及相关规定执行。

◆ **条文主旨**

本条是对依法实施查封、扣押的规定。

◆ **条文理解**

行政强制措施，是指行政主体为了预防、制止可能发生或者正在发生的违法行为或者危险状态，对当事人的人身、财物及其他权利采取强制手段的临时性强制处分。查封、扣押是典型的行政强制措施，对当事人利益的影响较为严重，一旦适用不当，将可能造成当事人合法权益的重大损失以及引发不良社会影响。因此，实施查封、扣押等行政强制措施，必须有法律、法规的明确规定。如果没有法律、法规的明确规定，不得实施查封、扣押等行政强制措施。除此之外，查封、扣押还应当遵循适当原则、说服教育和强制相结合原则以及不得滥用原则。行政强制措施与行政处罚的区别主要有：

第一，性质不同。行政强制措施实质上是限制相对人某项权利的临时性控制措施，满足一定条件后即可解除；行政处罚是对违法行为人的最终制裁，非经法定程序不得撤销、变更。

第二，种类不同。生态环境主管部门有权实施的行政强制措施种类主要包括查封、扣押；行政处罚的种类则包括警告、通报批评、罚款、没收违法所得、没收非法财物、暂扣许可证件、降低资质等级、吊销许可证件、限制开展生产经营活动、责令停产停业、责令关闭、限制从业等。

《中华人民共和国行政诉讼法》和《中华人民共和国行政复议法》将查封、扣押等行政强制措施规定为可提起行政诉讼和复议的法定事项之一。因此，本办法规定实施查封、扣押等行政强制措施，应当告知当事人有申请行政诉讼和复议的权利。

◆ **要点提示**

> 1. 实施查封、扣押等行政强制措施，必须有法律、法规的明确规定。法律、法规没有明确规定的，不得采取查封或者扣押措施。
> 2. 实施查封、扣押措施的，必须按照法律、法规的条件、程序和期限进行。
> 3. 采取其他措施便可以实现行政目的的，不得采取查封、扣押措施。
> 4. 实施查封、扣押措施的，应当制作《查封（扣押）决定书》，并清点物品制作清单。

◆ **法规链接**

《中华人民共和国行政强制法》（2012 年施行）

第二十二条　查封、扣押应当由法律、法规规定的行政机关实施，其他任何行政机关或者组织不得实施。

第二十三条　查封、扣押限于涉案的场所、设施或者财物，不得查封、扣押与违法行为无关的场所、设施或者财物；不得查封、扣押公民个人及其所扶养家属的生活必需品。

当事人的场所、设施或者财物已被其他国家机关依法查封的，不得重复查封。

第二十四条　行政机关决定实施查封、扣押的，应当履行本法第十八条规定的程序，制作并当场交付查封、扣押决定书和清单。

查封、扣押决定书应当载明下列事项：

（一）当事人的姓名或者名称、地址；

（二）查封、扣押的理由、依据和期限；

（三）查封、扣押场所、设施或者财物的名称、数量等；

（四）申请行政复议或者提起行政诉讼的途径和期限；

（五）行政机关的名称、印章和日期。

查封、扣押清单一式二份，由当事人和行政机关分别保存。

第二十五条　查封、扣押的期限不得超过三十日；情况复杂的，经行政机关负责人批准，可以延长，但是延长期限不得超过三十日。法律、行政法规另有规定的除外。

延长查封、扣押的决定应当及时书面告知当事人，并说明理由。

对物品需要进行检测、检验、检疫或者技术鉴定的，查封、扣押的期间不包括检测、检验、检疫或者技术鉴定的期间。检测、检验、检疫或者技术鉴定的期间应当明确，并书面告知当事人。检测、检验、检疫或者技术鉴定的费用由行政机关承担。

第二十六条　对查封、扣押的场所、设施或者财物，行政机关应当妥善保管，不得使用或者损毁；造成损失的，应当承担赔偿责任。

对查封的场所、设施或者财物，行政机关可以委托第三人保管，第三人不得损毁或者擅自转移、处置。因第三人的原因造成的损失，行政机关先行赔付后，有权向第三人追偿。

因查封、扣押发生的保管费用由行政机关承担。

第二十七条　行政机关采取查封、扣押措施后，应当及时查清事实，在本法第二十五条规定的期限内作出处理决定。对违法事实清楚，依法应当没收的非法财物予以没收；法律、行政法规规定应当销毁的，依法销毁；应当解除查封、扣押的，作出解除查封、扣押的决定。

第二十八条　有下列情形之一的，行政机关应当及时作出解除查封、扣押决定：

（一）当事人没有违法行为；

（二）查封、扣押的场所、设施或者财物与违法行为无关；

（三）行政机关对违法行为已经作出处理决定，不再需要查封、扣押；

（四）查封、扣押期限已经届满；

（五）其他不再需要采取查封、扣押措施的情形。

解除查封、扣押应当立即退还财物；已将鲜活物品或者其他不易保管的财物拍卖或者变卖的，退还拍卖或者变卖所得款项。变卖价格明显低于市场价格，给当事人造成损失的，应当给予补偿。

《中华人民共和国行政诉讼法》（2017 年修正）

第十二条　人民法院受理公民、法人或者其他组织提起的下列诉讼：

（一）对行政拘留、暂扣或者吊销许可证和执照、责令停产

停业、没收违法所得、没收非法财物、罚款、警告等行政处罚不服的;

（二）对限制人身自由或者对财产的查封、扣押、冻结等行政强制措施和行政强制执行不服的;

……

《中华人民共和国行政复议法》（2017 年修正）

第六条　有下列情形之一的，公民、法人或者其他组织可以依照本法申请行政复议：

（一）对行政机关作出的警告、罚款、没收违法所得、没收非法财物、责令停产停业、暂扣或者吊销许可证、暂扣或者吊销执照、行政拘留等行政处罚决定不服的;

（二）对行政机关作出的限制人身自由或者查封、扣押、冻结财产等行政强制措施决定不服的;

……

◆ **相关案例**

案例二十七：某水泥公司与某县环境保护局行政确认案①

[**本案要点**]　生态环境主管部门实施查封、扣押等行政强制措施应当于法有据。

[**基本案情**]　2011 年 7 月 23 日，某县环保局执法人员对某水泥公司制作环境保护现场检查笔录，内容是：该公司在生产过程中没有采用密闭式生产，而且随意堆放水泥成品和半成品，院内粉尘很大。生产过程中大量排放粉尘，对周围环境造成严重污染，并现场照相取证。同时作出了环法限（2011）85 号《环境违法行为限期改正通知书》，责令立即停止违法行为，限期 4 个月内规范

---

①　黑龙江省鸡西市鸡东县人民法院（2016）黑 0321 行初 2 号行政判决书。

污染防治措施。2011 年 8 月 30 日，李某书面举报某水泥公司在院内生产水泥的粉尘严重影响周边环境，请求某县环保局对某水泥公司处理。当日某县环保局作出了环境保护现场检查笔录，内容是：某水泥公司在生产过程中破碎车间未密闭，厂房未采用封闭维护结构，致使大量粉尘无组织排放，对李某造成一定程度的影响。某县环保局曾于 2011 年 7 月 23 日对某水泥公司下达过《环境违法行为限期改正通知书》，但某水泥公司并未采取任何有效污染防治措施，也并未停止粉尘无组织排放。某县环保局现场责令某水泥公司立即停止违法行为，并对其造成粉尘污染的生产设施进行了封停处理，现场调查取证并拍照。经庭审查明，某县环保局对某水泥公司 3 个设备电力配电柜和 1 个电脑控制计量给料机贴上封条。

法院认为，某县环境保护局从 2016 年 1 月 1 日起才具有查封、扣押的行政强制权，因此被告查封原告配电柜和电脑控制计量给料机的行政行为没有法律依据，不具有合法性。

[处理结果] 法院确认某县环境保护局于 2011 年 8 月 30 日查封 3 个配电柜和 1 个电脑控制计量给料机的行政行为违法。

第三十五条　【调查中止】 有下列情形之一的，经生态环境主管部门负责人批准，中止案件调查：

（一）行政处罚决定须以相关案件的裁判结果或者其他行政决定为依据，而相关案件尚未审结或者其他行政决定尚未作出的；

（二）涉及法律适用等问题，需要送请有权机关作出解释或者确认的；

（三）因不可抗力致使案件暂时无法调查的；

（四）因当事人下落不明致使案件暂时无法调查的；

（五）其他应当中止调查的情形。

中止调查的原因消除后，应当立即恢复案件调查。

◆ **条文主旨**

本条是对案件调查中止的规定。

◆ **条文理解**

本次修订新增了调查中止、调查终止的情形规定，将其与调查终结的情形加以区分。从字面意义来看，中止指的是中途停止、暂停；终止意味着停止、不再继续进行；终结则意味着最终的结束。所谓调查中止，只是暂时停止了调查程序，待中止原因消除之后，调查程序仍要恢复。所谓调查终止，意味着调查工作虽然可能尚未完成，但是已经没有必要进行下去或者无法再进行下去。所谓调查终结，指的是案件的调查工作已经完成，对案件可以作出结论。

根据本条规定，中止案件调查的情形主要包括以下五种。第一，行政处罚决定须以相关案件的裁判结果或者其他行政决定为依据，而相关案件尚未审结或者其他行政决定尚未作出的。第二，涉及法律适用等问题，需要送请有权机关作出解释或者确认的。第三，因不可抗力致使案件暂时无法调查的。第四，因当事人下落不明致使案件暂时无法调查的。第五，其他应当中止调查的情形。案件处理过程中，调查中止的时间不计入案件办理期限。中止调查的原因消除后，应当立即恢复案件调查。

◆ **要点提示**

> 1. 中止案件调查需要经生态环境主管部门负责人批准。
>
> 2. 中止调查的原因消除后，应当立即恢复案件调查。

第三十六条　【调查终止】有下列情形之一致使案件调查无法继续进行的，经生态环境主管部门负责人批准，调查终止：

（一）涉嫌违法的公民死亡的；

（二）涉嫌违法的法人、其他组织终止，无法人或者其他组织承受其权利义务的；

（三）其他依法应当终止调查的情形。

◆ **条文主旨**

本条是对案件调查终止的规定。

◆ **条文理解**

在生态环境执法实践中在一些情况下，如果调查工作已经没有必要或者无法继续进行下去，生态环境主管部门就应当及时终止案件调查工作。

根据本条规定，终止案件调查的情形主要包括以下三种。第一，涉嫌违法的公民死亡的。第二，涉嫌违法的法人、其他组织终止，无法人或者其他组织承受其权利义务的。在这两种情况之下，处理对象已经不存在，无从进行调查处理。即使经过调查处理，也无从对违法行为人或法人、其他组织实施行政处罚或者其

他处理，继续调查已没有实际意义。第三，其他依法应当终止调
查的情形。

◆ **要点提示**

> 1. 如果案件调查工作已经没有必要或者无法继
> 续进行下去，生态环境主管部门应当及时终止案件调
> 查工作。
> 2. 终止案件调查需要经生态环境主管部门负责
> 人批准。

第三十七条　【调查终结】有下列情形之一的，终
结调查：

（一）违法事实清楚、法律手续完备、证据充分的；

（二）违法事实不成立的；

（三）其他依法应当终结调查的情形。

◆ **条文主旨**

本条是对案件调查终结的规定。

◆ **条文理解**

生态环境主管部门对案件进行调查后，在一定情形下，可以
终结调查，调查取证环节完成。对比来看，调查终结，是指调查
取证工作已经完成，案件处理工作进入定性和处罚阶段；而本办
法第三十六条规定的调查终止，则是指行政处罚程序进行到调查
取证的某一阶段不再进行下去了。

根据本条规定，终结案件调查的情形主要包括以下三种。第
一，违法事实清楚、法律手续完备、证据充分的，即可进入案件

审查环节。第二，违法事实不成立的，应按程序作出不予处罚的决定。第三，其他依法应当终结调查的情形。

◆ **要点提示**

> 1. 调查完毕，案件调查人员应当提交调查报告。
> 2. 调查报告的主要内容包括涉嫌违法的当事人的基本情况、查明的主要违法事实、初步处罚建议，并附上证据材料，例如，当事人营业执照和组织机构代码证复印件、调查询问笔录、现场检查（勘察）笔录、监测报告、照片、视听资料等。

第三十八条　【案件移送审查】调查终结的，案件调查人员应当制作调查报告，提出已查明违法行为的事实和证据、初步处理意见，移送进行案件审查。

本案的调查人员不得作为本案的审查人员。

◆ **条文主旨**

本条规定了案件移送审查的具体要求。

◆ **条文理解**

本条规定了调查终结后的案件移送审查，体现了查处分离原则。

本条第一款规定了案件调查人员应当在调查终结后制作调查报告、将案件移送审查。案件调查报告中应当包括已查明违法行为的事实和证据、初步处理意见等内容。本条第二款规定了本案的调查人员不得作为本案的审查人员，是查处分离原则的具体体现。查处分离原则是实施行政处罚的基本原则之一，要求将生态环境执法的调查、审核、决定、执行等职能进行相对分离，使执法权力分段行使，执法人员相互监督，建立既相互协调、又相互制约的权力运行机制。案件调查机构负责按规定的程序和要求对当事人实施调查，形成调查报告、取证记录和其他相关证据等调查材料，并对材料的真实性、准确性和完整性负责，承担调查不力和调查失误的责任。案件审查人员负责对调查机构移交的已查明违法行为的事实、证据以及初步处理意见进行审查，区别不同情况提出处理建议供机关负责人决策，并承担审查失误、处罚不当、处罚不力的责任。为保证案件审查人不受先前调查结果的影响，本案调查过程中的执法人员不得作为本案的审查人员。案件调查机构和案件审查部门既要各司其职，又要相互配合。终结调查的，案件调查机构应当向本机关的案件审查人员提交相关材料，以便其开展审查工作。

◆ **要点提示**

> 1. 除适用简易程序当场处罚外，办理处罚案件应当遵循本条规定。
>
> 2. 调查终结后，案件调查机构应当提出初步处理的意见和建议，供案件审查部门参考。
>
> 3. 案件调查机构移送案件审查部门的调查报告，应当包括已查明违法行为的事实和证据、初步处理意见。

◆ **法规链接**

《中华人民共和国行政处罚法》（2021 年修订）

第五十七条　调查终结，行政机关负责人应当对调查结果进行审查，根据不同情况，分别作出如下决定：

（一）确有应受行政处罚的违法行为的，根据情节轻重及具体情况，作出行政处罚决定；

（二）违法行为轻微，依法可以不予行政处罚的，不予行政处罚；

（三）违法事实不能成立的，不予行政处罚；

（四）违法行为涉嫌犯罪的，移送司法机关。

对情节复杂或者重大违法行为给予行政处罚，行政机关负责人应当集体讨论决定。

《水行政处罚实施办法》（2023 年施行）

第三十七条　案件调查终结，水行政执法人员应当及时提交调查报告。调查报告应当包括当事人的基本情况、违法事实、违法后果、相关证据、法律依据等，并提出依法是否应当给予水行政处罚以及给予何种水行政处罚的处理意见。

《档案行政处罚程序规定》（2023 年施行）

第二十七条　案件调查终结，执法人员应当制作案件调查报告。

案件调查报告的内容包括：当事人的基本情况、案件来源、调查过程、案件事实、证据材料、法律依据、处理建议等。

第三节　案件审查

第三十九条　【案件审查的内容】案件审查的主要内容包括：

（一）本机关是否有管辖权；

（二）违法事实是否清楚；

（三）证据是否合法充分；

（四）调查取证是否符合法定程序；

（五）是否超过行政处罚追责期限；

（六）适用法律、法规、规章是否准确，裁量基准运用是否适当。

◆ **条文主旨**

本条是对案件审查内容的规定。

◆ **条文理解**

案件调查结束后，根据《中华人民共和国行政处罚法》第五十七条，调查终结，行政机关负责人应当对调查结果进行审查，根据不同情况作出不同决定。与《环境行政处罚办法》相比，本条对证据的审查由"是否确凿"修订为"是否合法充分"，对案件相关证据的要求进一步明确：一需合乎法律法规的要求，具备合法性；二需充分证明违法事实。

本办法第十九条规定了立案条件，但立案时仅仅是根据案件情况初步进行审查，再经过调查更详细、清楚地了解案情后，有可能发现本机关并无管辖权、违法事实不清楚、证据不合法或不充分、超过行政处罚追诉时效等情况，故须审查适用法律是否正确、处罚种类和幅度是否适当等问题，因此应当对案件相关内容进行审查，并根据情况作出处理。

◆ **要点提示**

1. 案件审查人员应当全面审查六个问题：本机关是否有管辖权；违法事实是否清楚；证据是否合法充分；调查取证是否符合法定程序；是否超过行政处罚追诉时效；适用法律是否正确、处罚种类和幅度是否适当。

2. 根据审查情况，案件审查部门分类作出处理：对本机关无管辖权的，予以撤销立案，移送有关机关处理；超过行政处罚追诉时效的，不处罚；对违法事实不清楚、证据不合法或不充分、调查取证不符合法定程序的，退回补充调查取证或者重新调查取证；无上述情形的，进入下一步程序。

◆ **法规链接**

《中华人民共和国行政处罚法》（2021 年修订）

第四十条　公民、法人或者其他组织违反行政管理秩序的行为，依法应当给予行政处罚的，行政机关必须查明事实；违法事实不清、证据不足的，不得给予行政处罚。

第五十七条　调查终结，行政机关负责人应当对调查结果进行审查，根据不同情况，分别作出如下决定：

（一）确有应受行政处罚的违法行为的，根据情节轻重及具体情况，作出行政处罚决定；

（二）违法行为轻微，依法可以不予行政处罚的，不予行政处罚；

（三）违法事实不能成立的，不予行政处罚；

（四）违法行为涉嫌犯罪的，移送司法机关。

对情节复杂或者重大违法行为给予行政处罚，行政机关负责人应当集体讨论决定。

第四十条　**【补充或重新调查取证】**违法事实不清、证据不充分或者调查程序违法的，审查人员应当退回调查人员补充调查取证或者重新调查取证。

◆ **条文主旨**

本条是对补充或重新调查取证的规定。

◆ **条文理解**

案件审查部门处理案件的材料来源于案件调查机构的调查取证活动。调查获取的证据是否充分、是否足以支撑所认定的环境违法事实，是案件审查所要解决的首要问题。为确保行政处罚决定合法合理，案件调查机构必须提供充分的证据材料，做到违法事实认定清楚、证据充分，且调查程序合法。本条规定，审查人员应当退回调查人员补充调查取证或者重新调查取证的情形包括：违法事实不清、证据不充分或者调查程序违法。无论是对行政权的制约还是对当事人权利的保障，程序都是关键问题所在。将程序违法作为重新调查取证的情形，保障了当事人的程序利益，有利于规范生态环境主管部门的执法行为。[1]

◆ **要点提示**

> 1. 案件审查部门应当根据审查情况对案件进行分类处理。
>
> 2. 对违法事实不清、证据不充分的，退回补充调查取证。
>
> 3. 对调查取证不符合法定程序的，退回重新调查取证。

---

[1]　环境保护部环境监察局主编：《环境行政处罚办法释义》，中国环境科学出版社 2011 年版，第 98 页。

◆ **相关案例**

案例二十八：某公司污水排放超标案①

[**基本案情**] 某市生态环境局作出行政处罚决定书，载明：经查，某公司从事生产活动产生的污水未达标即排放入河流。经抽样检测，多项指标不符合污水排放标准要求。对此，某公司提出陈述和申辩意见，该生态环境局听取其陈述和申辩意见后认为：鉴于某公司提出两次检验数据差别较大，要求执法人员进一步补充相关证据材料，并基于所取得的证据认定案件事实，依法处理。随后，执法人员进行了补充调查取证。

[**提问**] 某公司认为某市生态环境局对自身污水排放作出的处罚证据不足，该市生态环境局经审查认为应当补充调查取证。某市生态环境局的做法是否符合规定？

[**解析**] 根据本办法第四十条，违法事实不清、证据不充分的，应当退回补充调查取证或者重新调查取证。某市生态环境局发现证据不充足，需要进一步补充证据，因此决定对该案件进一步补充相关证据材料，并基于所取得的证据认定案件事实，依法处理，该做法符合本办法的相关规定。

第四十一条 【规范自由裁量权】行使生态环境行政处罚裁量权应当符合立法目的，并综合考虑以下情节：

（一）违法行为造成的环境污染、生态破坏以及社会影响；

（二）当事人的主观过错程度；

---

① 本案为编写人员根据实践情形和条文内容而改编的案例。

（三）违法行为的具体方式或者手段；

（四）违法行为持续的时间；

（五）违法行为危害的具体对象；

（六）当事人是初次违法还是再次违法；

（七）当事人改正违法行为的态度和所采取的改正措施及效果。

同类违法行为的情节相同或者相似、社会危害程度相当的，行政处罚种类和幅度应当相当。

◆ **条文主旨**

本条是规范生态环境行政处罚自由裁量权的规定。

◆ **条文理解**

本条是在生态环境部 2019 年 5 月 21 日发布的《关于进一步规范适用环境行政处罚自由裁量权的指导意见》以及《环境行政处罚办法》第六条基础上的进一步细化规定。

生态环境行政处罚自由裁量权，是指生态环境主管部门在查处环境违法行为时，依据法律、法规和规章的规定，酌情决定对违法行为人是否处罚、处罚种类和处罚幅度的权限。具体包括三种情形：一是依法自主决定对违法行为是否实施行政处罚；二是依法自主决定选用何种处罚种类；三是依法自主决定处罚幅度。生态环境行政处罚自由裁量权的存在是立法和执法的客观需要。法律不可能对纷繁复杂的社会生活作出全面规定，面对违法主体、违法类型、违法程度各不相同的案件，执法人员需要拥有一定的自由裁量权，才能灵活执行法律、实现立法目的。

生态环境行政处罚自由裁量权的行使应当遵循以下原则。第一，合法原则。生态环境部门应当在法律、法规、规章确定的裁量条件、种类、范围、幅度内行使行政处罚自由裁量权。第二，合理原则。行使行政处罚自由裁量权，应当符合立法目的，充分考虑、全面衡量地区经济社会发展状况、执法对象情况、危害后果等相关因素，所采取的措施和手段应当必要、适当。第三，过罚相当原则。行使行政处罚自由裁量权，必须以事实为依据，处罚种类和幅度应当与当事人违法过错程度相适应，与环境违法行为的性质、情节以及社会危害程度相当。第四，公开公平公正原则。行使行政处罚自由裁量权，应当向社会公开裁量标准，向当事人告知裁量所基于的事实、理由、依据等内容；应当平等对待行政管理相对人，公平、公正实施处罚，对事实、性质、情节、后果相同的情况应当给予相同的处理。同类性质案件处理结果要平衡，对同类违法行为的情节相同或者相似、社会危害程度相当的，行政处罚的种类和幅度应当相当，避免出现"因人施罚""同案异罚""畸轻畸重"等不公现象。

为了规范生态环境行政处罚自由裁量权的行使，有必要对裁量的考虑情节和标准予以明确，即在符合立法目的的前提下，综合考虑各种因素，如当事人自身状况、过错程度、违法手段、改正效果、危害后果等。因此，本条明确规定了行使行政处罚自由裁量权必须综合考虑的七种情节。其中，第一项是违法行为造成的危害后果；第三项是违法行为的具体方式或者手段；第四项是违法行为持续的时间；第五项是违法行为危害的具体对象；第二项、第六项和第七项涉及当事人的主观因素，包括当事人的主观过错程度、当事人是初犯还是再犯以及当事人改正违法行为的态度和所采取的改正措施及效果。

此外，生态环境部还制定了《部分常用环境违法行为自由裁量参考基准及计算方法》，列举了几种常见环境违法行为的自由裁量基准和计算方法示例,用于指导地方生态环境主管部门细化自由裁量权的工作。

◆ **要点提示**

> 1. 行使生态环境行政处罚自由裁量权,应当平等对待行政管理相对人,对事实、性质、情节、后果相同的情况应当给予相同的处理。
>
> 2. 行使生态环境行政处罚自由裁量权,应当结合立法目的,把握公平公正原则,全面综合考虑。
>
> 3. 行使生态环境行政处罚自由裁量权,应当对违法情节全面取证,严格执行本地方的自由裁量权细化标准。

◆ **法规链接**

《关于进一步规范适用环境行政处罚自由裁量权的指导意见》(环执法〔2019〕42号)

(略)

附件:《部分常用环境违法行为自由裁量参考基准及计算方法》

(略)

◆ **相关案例**

案例二十九:某市生态环境局与某公司生态环境行政处罚纠纷案①

[**本案要点**] 行政机关在作出生态环境行政处罚时应综合考虑环境违法行为的性质、情节和对社会造成的危害程度等情节。

---

① 河南省济源市中级人民法院(2020)豫96行终26号行政判决书。

[**基本案情**]　根据某市环境自动监控中心提供的污染源自动监控数据统计结果，2018 年 11 月 23 日 12 时至 28 日 24 时期间，某公司隧道窑废气排放口颗粒物时均值累计超标 16 组。为此，某市生态环境局于 2018 年 11 月 30 日进行了立案查处。在调查过程中，某公司称废气超标排放的原因是，其公司从 2016 年 8 月起一直停产，2018 年 11 月底准备点窑生产，调试时因控制不好导致超标，超标后就停产了。某市生态环境局经调查取证，认为某公司废气超标排放的行为违反了《中华人民共和国大气污染防治法》的规定，于 2019 年 3 月 25 日书面告知某公司将对其公司进行行政处罚的事实、理由、依据以及依法享有的陈述、申辩和申请听证的权利。某公司于 2019 年 4 月 3 日、5 月 30 日先后向某市生态环境局递交了《关于我公司废气排放口颗粒物时均值累积超标的情况说明》和《申诉补充材料》，某市生态环境局经复核认为，某公司启炉过程正常生产排污造成自动监控数据超标情况属实，应依法予以行政处罚，而对某公司的情况说明和申诉事由未予采纳。某市生态环境局于 2019 年 10 月 29 日作出行政处罚决定书，决定给予某公司罚款 21 万元的行政处罚。某公司不服，诉至法院。

法院认为，某公司超标排放废气的行为，属于违法行为，应当承担相应法律责任。行使行政处罚自由裁量权必须符合立法目的，并综合考虑违法行为所造成的环境污染、生态破坏程度及社会影响，当事人的过错程度，违法行为的具体方式或者手段，违法行为危害的具体对象，当事人是初犯还是再犯，当事人改正违法行为的态度和所采取的改正措施及效果等情节。本案中，某市生态环境局根据《中华人民共和国大气污染防治法》并参照《河南省环境行政处罚裁量标准》的规定对某公司进行行政处罚，并无不当，但是在处罚时应当考量违法行为的情节、当事人的过错程度和社会危害程度而没有，有失妥当。某市生态环境局虽在行政处罚决定书中表述了"根据某公司违法行为的事实、性质、情节、社会危害程度",但对于某公司违法行为的情节是什么、社会危害程度如何、是否具有应当依法从轻或减轻处罚的情形等情况却没有作出认定。某公司超标排放废气的违法行为发生在停产之后恢复生产的调试过程中,主观上不存在故意,且超标排放废气行为呈间歇性状态,总体时间不长,情节一般,社会危害程度并不严重,更兼在发现之后随即停产且及时主动地消除了危害后果,具有应当依法减轻行政处罚的情形。某市生态环境局在对某公司进行处罚时,没有考量某公司对发生违法行为的过错程度、违法行为的情节和社会危害程度,也没有考量某公司具有应当依法减轻行政处罚的情形,导致对某公司处以罚款 21 万元的行政处罚,明显不当。该院认为,对某公司的罚款数额确定为 5 万元为宜。

[**处理结果**] 法院变更案涉行政处罚决定书中对某公司所处的"罚款 21 万元"为"罚款 5 万元"。

第四十二条 【不予处罚】 违法行为轻微并及时改正,没有造成生态环境危害后果的,不予行政处罚。初次违法且生态环境危害后果轻微并及时改正的,可以不予行政处罚。

当事人有证据足以证明没有主观过错的,不予行政处罚。法律、行政法规另有规定的,从其规定。

对当事人的违法行为依法不予行政处罚的,生态环境主管部门应当对当事人进行教育。

◆ **条文主旨**

本条是对不予处罚的规定。

◆ **条文理解**

本条对不予处罚情形和相应文书要求作出规定，是对《中华人民共和国行政处罚法》第三十三条的重申，是处罚与教育相结合原则和公正原则的具体体现。

本条根据《中华人民共和国行政处罚法》第三十三条规定，在《环境行政处罚办法》第七条基础上完善了不予处罚的情形，增加了首违不罚和无主观过错不予处罚，即初次违法且生态环境危害后果轻微并及时改正的，可以不予行政处罚，及当事人有证据足以证明没有主观过错的，不予行政处罚的规定。

实施行政处罚应坚持教育与处罚相结合的原则，按照违法的性质、情节、危害程度区别处理。对符合本办法所列的不予处罚的条件的，不给予行政处罚。

不予处罚，是指经调查发现当事人实施了环境违法行为，在满足一定条件的前提下，免除其行政处罚，不作出行政处罚决定。不予处罚的适用有三种情形：违法行为轻微并及时改正，没有造成生态环境危害后果；初次违法且生态环境危害后果轻微并及时改正；当事人有证据足以证明没有主观过错的，不予行政处罚。违法情节很轻、社会危害性很低、主观恶性很小，对违法行为人进行批评教育即可实现行政管理目的的情况下，不予处罚可以节约有限的执法资源，降低执法成本，也可以强化行政处罚的教育功能，为市场主体特别是中小微企业创造更加公平的生产经营环境，以高水平执法促进高质量发展，营造推动自觉守法的良好氛围。

需要说明的是，虽然"不予处罚"和"不处罚"都不作出行政处罚决定，但二者有重要区别。"不予处罚"的适用情形是已经构成环境违法行为，本应处罚，但具备了不予处罚的法定条件；

"不处罚"的适用情形有：经调查未发现环境违法行为；法律有禁止性规定，但无相应处罚条款。

◆ **要点提示**

> 1. 是否"不予处罚"体现了生态环境主管部门的自由裁量权。
> 2. 决定"不予处罚"前，必须严格审查是否符合条件，若不符合条件则不得决定"不予处罚"。

◆ **法规链接**

《中华人民共和国行政处罚法》（2021 年修订）

第三十三条　违法行为轻微并及时改正，没有造成危害后果的，不予行政处罚。初次违法且危害后果轻微并及时改正的，可以不予行政处罚。

当事人有证据足以证明没有主观过错的，不予行政处罚。法律、行政法规另有规定的，从其规定。

对当事人的违法行为依法不予行政处罚的，行政机关应当对当事人进行教育。

第四十条　公民、法人或者其他组织违反行政管理秩序的行为，依法应当给予行政处罚的，行政机关必须查明事实；违法事实不清、证据不足的，不得给予行政处罚。

第五十七条　调查终结，行政机关负责人应当对调查结果进行审查，根据不同情况，分别作出如下决定：

（一）确有应受行政处罚的违法行为的，根据情节轻重及具体情况，作出行政处罚决定；

（二）违法行为轻微，依法可以不予行政处罚的，不予行政处罚；

（三）违法事实不能成立的，不予行政处罚；

（四）违法行为涉嫌犯罪的，移送司法机关。

对情节复杂或者重大违法行为给予行政处罚，行政机关负责人应当集体讨论决定。

第四十三条　【从轻或减轻处罚情形】当事人有下列情形之一的，应当从轻或者减轻行政处罚：

（一）主动消除或者减轻生态环境违法行为危害后果的；

（二）受他人胁迫或者诱骗实施生态环境违法行为的；

（三）主动供述生态环境主管部门尚未掌握的生态环境违法行为的；

（四）配合生态环境主管部门查处生态环境违法行为有立功表现的；

（五）法律、法规、规章规定其他应当从轻或者减轻行政处罚的。

◆ **条文主旨**

本条是对从轻或减轻处罚情形的规定。

◆ **条文理解**

本条是新增条款，相较于《环境行政处罚办法》，本条对从轻、减轻处罚的情形进行了明确规定，体现了惩罚与教育相结合、过罚相当的基本原则，同时便于行政执法与司法。

"从轻处罚"与"减轻处罚"的区别在于，"从轻处罚"是指在法定处罚种类和幅度内，适用较轻、较少的种类或较低的处罚幅度，而"减轻处罚"是指在有法定处罚种类和幅度的前提下，适用相较于法定处罚种类和幅度更轻的处罚，包括在违法行为应当受到的处罚种类之外选择更轻的种类，或应当并处时不并处，也包括在法定最低罚款限值以下确定罚款数额。

本条规定了四种应当从轻、减轻处罚的具体情形，除此之外，其他法律、法规、规章规定的从轻或者减轻处罚情形也可适用，但需要有相应的明确依据。

◆ **要点提示**

> 1. 生态环境行政执法机关在作出行政处罚时，应当考虑从轻、减轻情节，并针对相应情形作出从轻、减轻处罚的决定。
>
> 2. 作出从轻、减轻处罚决定的同时，行政机关应当在行政处罚决定书中载明法律依据及相应案件所考虑的从轻、减轻因素。
>
> 3. 作出从轻、减轻处罚决定之前，应当综合考虑违法行为之社会危害性、整改情况等案件情况。

◆ **法规链接**

《中华人民共和国行政处罚法》（2021年修订）

第三十二条 当事人有下列情形之一，应当从轻或者减轻行政处罚：

（一）主动消除或者减轻违法行为危害后果的；

（二）受他人胁迫或者诱骗实施违法行为的；

（三）主动供述行政机关尚未掌握的违法行为的；

（四）配合行政机关查处违法行为有立功表现的；

（五）法律、法规、规章规定其他应当从轻或者减轻行政处罚的。

◆ **相关案例**

案例三十：某市生态环境局与某公司环境保护行政案①

[**本案要点**] 生态环境主管部门在实施行政处罚时，应当对当事人是否存在从轻或减轻处罚的情形进行全面考量，避免处罚过重。

[**基本案情**] 某公司超标排放废气的违法行为发生在服务相邻村庄农田灌溉用电期间，因农田灌溉用电量过大引发电路出现故障从而导致除污设施停运所致，主观上不存在故意，虽超标数据过高但总体时间不长，情节一般，社会危害程度并不严重，在每次事故发生后某公司都在短时间内及时主动地消除了危害后果，符合应当依法减轻行政处罚的情形。某市生态环境局在对某公司进行处罚时，没有考量某公司对发生违法行为的过错程度、违法行为的情节和社会危害程度，也没有考量某公司具有应当依法减轻行政处罚的情形，从而没有适用《中华人民共和国行政处罚法》的相关规定对某公司减轻行政处罚，适用法律有不当之处，导致对某公司处以罚款 20 万元的行政处罚，明显不当。故一审法院认为某公司认为对其处罚过重，理由成立，予以采纳。

二审法院认为，根据按照处罚与教育、服务相结合的原则，同时考虑环境违法行为的性质、情节和对社会造成的危害程度，以及某市生态环境局二审期间认可其属于减轻处罚的情形，一审法院变更处罚结果为罚款 5 万元，并无不当，予以维持。

[**处理结果**] 法院判决驳回上诉，维持原判。

① 河南省济源市中级人民法院（2020）豫 96 行终 48 号行政判决书。

第四节 告知和听证

第四十四条 【处罚告知】生态环境主管部门在作出行政处罚决定之前，应当告知当事人拟作出的行政处罚内容及事实、理由、依据和当事人依法享有的陈述、申辩、要求听证等权利，当事人在收到告知书后五日内进行陈述、申辩；未依法告知当事人，或者拒绝听取当事人的陈述、申辩的，不得作出行政处罚决定，当事人明确放弃陈述或者申辩权利的除外。

◆ **条文主旨**

本条是对处罚前告知的规定。

◆ **条文理解**

行政处罚是减损当事人权益、增加当事人义务的行政不利益行为。作出行政处罚决定，意味着对当事人课以作为或不作为的要求。生态环境主管部门在作出处罚决定前履行告知义务，既是程序公正的要求，也是公开原则的需要。告知当事人其行为违法的原因与将要面临的不利后果，可以增强当事人的法律意识，便利后续执行。告知当事人依法享有的陈述、申辩与要求听证的权利，能够平衡主管部门与当事人之间的权力地位，弥补信息疏漏，多渠道印证客观事实。本条分别从正反两个方面规定了生态环境主管部门作出行政处罚决定前的告知义务。

本条前半段首先从正面规定了生态环境主管部门的告知义务，

可从以下五个方面理解。

第一，告知的时间。应当在作出行政处罚决定前告知。处罚决定一旦作出，就将因其行政既判力而对当事人的权利义务产生实质性影响。因此，若在处罚已作出后才履行告知义务，则实际剥夺了当事人的陈述、申辩与听证权利，处罚决定将面临被撤销的风险。此外，在作出决定前告知相关内容，有利于纠正主管机关可能存在的调查失误。通过彼此交换意见，也可以让当事人更能接受最后的处罚决定，从而避免后续的复议或诉讼纷争，提升处罚的法律实效。

第二，告知的内容。生态环境主管部门应当告知的事项分为处罚事实与当事人权利两部分。处罚事实指"行政处罚内容及事实、理由、依据"，其中，"行政处罚内容"系本次修订新增，目的是与后作出的行政处罚决定内容相比较，避免生态环境主管部门因当事人陈述、申辩而加重处罚，有利于增强行政行为的可预测性与可信赖度，更好地维护当事人的合法权益。应告知的当事人权利包括陈述、申辩与听证的权利。陈述权与申辩权为必须告知的权利。陈述权指当事人就所知悉的事实向行政机关陈述的权利。申辩权指当事人根据事实和法律规定为自己的行为申述理由和辩解的权利。陈述、申辩权是一项法定权利，也是一种对抗性的权利，体现出公民正当权益得到了更多的重视和保护，提升了当事人在行政处罚法律关系中的地位。因此，生态环境主管部门必须告知并保障当事人的陈述与申辩权利。告知听证权为本次修法新增。根据本办法第四十六条，只有在特定情况才需要开展听证。因此，只有当作出的行政处罚决定满足本办法规定的听证条件时，生态环境主管部门才需告知当事人听证权利。

第三，告知的方式。适当的事先告知方式，可以保障当事人及时、充分地接收相关信息，并相应地作出陈述、申辩或申请听证。本条款未明确告知的具体方式，但在理论与实务中，生态环境主管部门以书面告知为原则，以口头告知为例外。书面告知一般体现为《行政处罚事先告知书》。口头告知，是指在发生突发事件或简易程序中，如当事人同意，可以口头告知，但在此情况下应当以录音、录像等方式记录留存并取得当事人签名确认。此外，司法案例中还支持行政机关通过公告方式告知。[①] 相应地，当事人进行陈述、申辩，也可以采用口头或书面形式。

第四，告知的适用范围。无论是在普通程序还是简易程序，生态环境主管部门均需要履行告知义务。简易程序虽然注重效率，但依然要保证最低限度的程序公正。陈述与申辩权是当事人最基本的权利，不能被剥夺。如上所述，生态环境主管部门可用口头的方式告知并记录。本办法第六十八条第三项规定，在适用简易程序当场作出行政处罚决定时，应当向当事人说明违法的事实、拟给予行政处罚的种类和依据、罚款数额、时间、地点，告知当事人享有的陈述、申辩权利。

第五，陈述、申辩的期限。在执法实践中，《国家环境保护总局关于实施行政处罚时听取陈述申辩时限问题的复函》（环函〔2006〕262号）中规定"当事人陈述和申辩的时限规定为自接到事先告知书之日起七日"，但2019年修订的《中华人民共和国行政处罚法》与原《环境行政处罚办法》均未明确陈述、申辩的期限。为了弥补该不足，本办法规定当事人陈述和申辩的时限为自收到《行政处罚事先告知书》之日起五日。根据本办法第四十七条第一项，当事人要求听证的，应当在生态环境主管部门告知后

[①]　如在临清市鲁某面粉有限公司诉某省人民政府行政复议决定案中，法院认为，被告在无法邮寄送达和直接送达的情况下，并未按照相关规定进行留置送达或公告送达，致使被告在未听取直接利害关系人鲁某公司意见的情况下，即作出对其有重大不利的行政复议决定，违背程序正当原则。参见《中国行政审判案例》第4卷第145号。

五日内提出。当事人应当在规定期限内行使陈述、申辩权或者申请听证权,逾期不行使该项权利视为自行放弃。

本条后半段从反面规定了生态环境主管部门的告知并听取当事人陈述、申辩的义务,以及当事人放弃陈述、申辩的权利。该规定为此次修订新增,条款内容与2021年新修订的《中华人民共和国行政处罚法》第六十二条保持一致,并与本办法的第四十五条相衔接。当事人放弃陈述与申辩权利的方式有两种,一是积极的意思表示,即主动声明放弃;二是消极的意思表示,即在法定期限内不行使权利而使该项权利灭失。比如,《市场监督管理行政处罚程序规定》第五十七条第二款规定,当事人自告知书送达之日起五个工作日内,未行使陈述、申辩权,未要求听证的,视为放弃此权利。《农业行政处罚程序规定》第二十三条第二款、第三款亦明确,当事人可以在收到告知书之日起三日内进行陈述、申辩;当事人无正当理由逾期提出陈述、申辩的,视为放弃该权利。因此,在当事人通过消极的意思表示放弃陈述、申辩权利时,生态环境主管部门在期限届满后便可作出行政处罚决定,无须再次听取或告知当事人的陈述、申辩权利。

◆ **要点提示**

> 1. 生态环境主管部门应当在处罚之前履行告知义务,否则不得作出行政处罚决定。违反告知义务的处罚决定可能会被撤销。
>
> 2. 生态环境主管部门不仅应当告知处罚的内容、事实、理由与依据,还应当告知当事人的陈述、申辩与听证权利。其中,告知听证权利仅适用于按照规定需要听证的案件。
>
> 3. 生态环境主管部门在简易程序中也应当履行告

知义务，但一般在简易程序中不需要告知听证。

　　4. 告知方式原则上应当采取书面形式，并同时明确当事人陈述、申辩的期限。当事人未在期限内陈述、申辩，或明确表示放弃陈述、申辩的，主管部门可以不再告知或听取当事人的陈述、申辩。

◆ **法规链接**

《中华人民共和国行政处罚法》（2021 年修订）

　　第七条　公民、法人或者其他组织对行政机关所给予的行政处罚，享有陈述权、申辩权；对行政处罚不服的，有权依法申请行政复议或者提起行政诉讼。

　　公民、法人或者其他组织因行政机关违法给予行政处罚受到损害的，有权依法提出赔偿要求。

　　第四十四条　行政机关在作出行政处罚决定之前，应当告知当事人拟作出的行政处罚内容及事实、理由、依据，并告知当事人依法享有的陈述、申辩、要求听证等权利。

　　第六十二条　行政机关及其执法人员在作出行政处罚决定之前，未依照本法第四十四条、第四十五条的规定向当事人告知拟作出的行政处罚内容及事实、理由、依据，或者拒绝听取当事人的陈述、申辩，不得作出行政处罚决定；当事人明确放弃陈述或者申辩权利的除外。

◆ **相关案例**

　　案例三十一：某酒家与某区环境保护局环境保护行政管理案①

　　[本案要点]　当事人未在规定期限内提出陈述、申辩及申请

_____

　　①　广州铁路运输中级法院（2018）粤 71 行终 1610 号行政判决书。

听证的，生态环境保护主管部门直接作出处罚决定符合程序规定。

　　[**基本案情**] 某酒家经营制售中餐，生产经营过程中主要产生油烟及废水等污染物。某区环保局委托第三方检测公司于 2016 年 10 月 28 日对某酒家所排放的油烟抽样监测，检测报告结果显示污染物超过国家排放标准。2017 年 5 月 8 日，某区环保局作出《行政处罚听证告知书》，告知该酒家排放的油烟浓度超过国家规定的排放标准，违反了当地《大气污染防治办法》规定，拟对某酒家作出责令立即停止改正违法行为，处罚款 3 万元的行政处罚，并告知某酒家享有陈述、申辩及要求听证的权利。某区环保局于 2017 年 5 月 19 日向某酒家留置送达了上述告知书。某酒家在规定的有效期内既未提出听证申请，也未提交书面的陈述、申辩。2017 年 5 月 31 日，某区环保局作出《环境保护行政处罚决定书》。某酒家认为环保局未出示《检测报告》，未告知其检测结果，因此《检测报告》不能作为处罚决定的依据，并于 2017 年 11 月 14 日诉至法院。经一审法院判决后，某酒家提起上诉，现本案已审结。

　　一审法院认为，虽然调查询问笔录中未明确记载被告出示《检测报告》的过程，但按常理推断，如被告未出示该《检测报告》，原告不可能在被告告知其检测结果为污染物超过国家排放标准时不提出异议，且在被告向原告送达《行政处罚听证告知书》后，原告也未提出任何陈述、申辩意见，故法院对原告的主张不予采纳。根据《中华人民共和国行政处罚法》的规定，公民、法人或者其他组织对行政机关所给予的行政处罚，享有陈述权、申辩权；行政机关作出责令停产停业、吊销许可证或者执照、较大数额罚款等行政处罚决定之前，应当告知当事人有要求举行听证的权利，当事人要求听证的，行政机关应当组织听证。本案被告在作出行政处罚前，经过调查取证，向原告发出告知书，告知原告拟作出处罚及享有的权利，原告在指定期限内未提出陈述、申辩及未申请听证，被告作出行政处罚决定，程序合法。原告要求撤销涉案决定的请求理据不足，法院不予支持。二审法院认为，被上诉人在调查询问时已告知上诉人油烟排放经检测超标的事实，并通过《行政处罚听证告知书》依法向上诉人告知了拟作出的行政处罚和事实、依据，保障了上诉人对行政处罚的陈述、申辩和要求听证等权利。上诉人在法定期限内未进行申辩和要求听证，亦未就检测结果提出质疑，属于因自身原因放弃陈述、申辩和听证权利。故案涉《检测报告》合法有效，可以作为被诉行政处罚的证据。

[**处理结果**] 一审法院判决驳回原告的诉讼请求。二审法院认为原审判决认定事实清楚，适用法律正确，处理得当，应当维持，判决驳回上诉，维持原判。

第四十五条 【当事人陈述、申辩的处理】 当事人进行陈述、申辩的，生态环境主管部门应当充分听取当事人意见，将当事人的陈述、申辩材料归入案卷。对当事人提出的事实、理由和证据，应当进行复核。当事人提出的事实、理由或者证据成立的，应当予以采纳；不予采纳的，应当说明理由。

不得因当事人的陈述、申辩而给予更重的处罚。

◆ **条文主旨**

本条规定了对当事人陈述、申辩的处理。

◆ **条文理解**

在面临不利的行政处罚决定时，当事人享有就相关事实和法律向行政机关陈述的权利；同时，针对生态环境主管部门提出的不利指控，当事人也享有依据其了解和掌握的事实和法律进行辩解、反驳的权利，这是行政法赋予当事人的一项基本程序性权利。只有听取、确认并保障当事人所享有的程序性权利，才能促成实现其实体性权利。如果说本办法第四十四条是让当事人知晓其拥有什么权利，那么本条就是通过规定主管部门的"听取"义务与"复核"义务，进一步确保当事人在面临行政处罚时可以知无不言、畅所欲言，不必担心因陈述、申辩本身而负担更为严重的处罚后果，从而有助于将惩罚与教育相结合，贯彻实现程序正义。

本次修订主要有以下三个方面的完善：第一，增加规定生态环境主管部门必须充分听取并记录当事人的意见与陈述、申辩；第二，增加规定不予采纳当事人提出的事实、理由或证据的，应当说明理由；第三，在原法"申辩"的基础上，增加规定不得因当事人的"陈述"而加重处罚，完善了"申辩禁止不利变更"的原则。下面将从四个方面进行阐释：

首先，主管部门听取当事人的陈述、申辩的内容应当既包括事实问题，也包括法律问题。即使生态环境主管部门认为事实认定清楚、法律适用明确，也应当先充分听取当事人的意见，之后再就其中合理的部分予以采纳，不合理的部分予以说明，而非直接拒绝听取。

其次，陈述、申辩的主体一般为当事人，在特殊情况下，当事人亦可通过书面委托方式委托他人代为陈述和申辩。当事人陈述和申辩的方式包括口头方式和书面方式。以书面方式陈述、申辩的，应当在陈述、申辩期限内将书面材料及时送达生态环境主管部门。以口头方式表达的，生态环境主管部门应当在记录后由当事人确认，并及时归入案卷，作为执法痕迹留存。

再次，生态环境主管部门对陈述、申辩的复核是在"听"的基础上进一步处理当事人意见。明白当事人的诉求之后，生态环境主管部门只有继续分析与审核，才能判断当事人意见的合理性，进而增强行政处罚决定的合法性与合理性。需要注意的是，生态环境主管部门采纳当事人意见不需要说明理由，但拒绝采纳必须说明理由，这有助于生态环境主管部门严肃考虑当事人的意见，避免听取意见的程序形同虚设。根据本办法第五十六条的规定，生态环境主管部门应当在处罚决定书载明陈述、申辩的采纳情况及理由。但鉴于听取当事人陈述、申辩、进行复核与最终作出处罚决定之间存在时间差，生态环境主管部门应当在开始复核时就将相关记录存档。

最后，"不得因当事人陈述、申辩而给予更重的处罚"，指的是不因陈述与申辩本身而加重处罚，但不意味生态环境主管部门不能依据新认定的事实给予更重的处罚。生态环境主管部门如果在听取陈述和申辩程序之后又掌握了新的事实和证据，可以据此重新作出更重的处罚，但需要再次告知并听取当事人的陈述和申辩。

如果生态环境主管部门未履行本条规定的听取与复核义务，则构成程序违法。当事人有权提起复议或诉讼。视违法程度大小，处罚决定可能被撤销或被确认违法而不撤销。

需要说明的是，听取陈述、申辩与调查取证中的询问不同。一是目的不同。调查中的询问是为了查明事实。听取陈述和申辩虽然有助于调查真相，但本质是为了保障当事人的程序权利。[①] 二是当事人所发表意见针对的对象不同。当事人在调查询问中所做的意见表示，可能并不针对处罚决定本身所依据的事实。而陈述、

---

① 参见章剑生：《现代行政法总论》，法律出版社 2019 年版，第 220 页。

申辩则是直接针对处罚所认定的事实与法律依据发表意见。因此，不能以职权调查中的询问替代听取陈述、申辩程序。

◆ **要点提示**

> 1. 生态环境主管部门在作出行政处罚前，应当听取当事人对事实问题与法律问题的陈述、申辩并作相应记录。
>
> 2. 对于当事人陈述、申辩意见，生态环境主管部门应当进一步复核，以决定是否采纳。如果不采纳当事人的意见，需要说明理由。复核的过程与结果应当及时记录，并通过行政处罚决定书及时通知当事人。
>
> 3. 当事人不因陈述、申辩本身而受到加重处罚，但如果生态环境主管部门掌握了新的证据，可以根据新的证据重新作出处罚决定，并重新启动陈述与申辩程序。
>
> 4. 听取陈述、申辩与调查取证中的询问不同，不能以询问替代听取陈述、申辩。

◆ **法规链接**

《中华人民共和国行政处罚法》（2021 年修订）

第四十五条　当事人有权进行陈述和申辩。行政机关必须充分听取当事人的意见，对当事人提出的事实、理由和证据，应当进行复核；当事人提出的事实、理由或者证据成立的，行政机关应当采纳。

行政机关不得因当事人陈述、申辩而给予更重的处罚。

◆ **相关案例**

案例三十二：某环保分局与某游艇制造有限公司环境管理行政处罚案①

[**本案要点**] 未复核当事人的陈述、申辩而作出的行政处罚决定，可因程序违法被撤销。

[**基本案情**] 2019 年 9 月 29 日，某环保分局对某游艇公司未验先投的环境违法行为进行立案调查。9 月 30 日，某环保分局对该公司作出责令改正违法行为决定书，责令其立即改正违法行为，并将改正情况于 2019 年 10 月 10 日前书面报告分局。如拒不改正上述环境违法行为，逾期不申请行政复议，不提起行政诉讼，又不履行本决定，某环保分局将依法实施行政处罚。10 月 12 日，某游艇公司向某环保分局提交了整改方案，整改完成时间为 2020 年 2 月底。10 月 15 日，某环保分局作出《行政处罚事先（听证）告知书》，告知即将作出的行政处罚内容。10 月 19 日，某游艇公司提交听证申请书和申辩书。11 月 22 日，某环保分局组织某游艇公司进行了听证。12 月 5 日某环保分局作出行政处罚决定书。某游艇公司认为，某环保分局在作出责令改正违法行为决定书时，在保证其程序权利方面存在瑕疵，故于 2020 年 6 月 4 日向法院提起行政诉讼。法院作出判决后，某环保分局对判决不服提起上诉。现本案已审理终结。

一审法院认为，某环保分局未对当事人陈述与申辩意见进行复核。依据《中华人民共和国行政处罚法》第三十二条②的规定，当事人有权进行陈述和申辩。行政机关必须充分听取当事人的意见，对当事人提出的事实、理由和证据，应当进行复核；当事人提出的事实、理由或者证据成立的，行政机关应当采纳。本案中，

---

① 湖南省益阳市中级人民法院（2021）湘 09 行终 12 号行政判决书。
② 编者按：《中华人民共和国行政处罚法》（2021 年修订）第四十五条。

某游艇公司于 2019 年 10 月 19 日向某环保分局提出了《申辩书》，但某环保分局未对某游艇公司提出的事实、理由等进行复核，未作出采纳与否的意见。某环保分局作出责令改正违法行为通知书后，某游艇公司提交了整改方案，某环保分局虽然在听证程序中提出经督查仍未达到环保要求，但无证据证明其进行了督查，且未收集某游艇公司是否已经改正了违法行为，是否已经整改到位的证据，侵害了某游艇公司的陈述、申辩权。二审法院认为，作为行政执法决定依据的证据应当查证属实。当事人有权对作为定案依据的证据发表意见，提出异议。未经当事人发表意见的证据不能作为行政执法决定的依据。本案上诉人某环保分局未将其作出《行政处罚决定书》所依据的证据经由被上诉人某游艇公司发表意见，故一审法院认定上诉人某环保分局作出被诉行政行为证据不足、程序违法并无不当。

[处理结果] 一审法院认为，某环保分局作出的行政处罚决定主要证据不足、程序违法，依法应予撤销。二审法院认为上诉人的上诉请求均不能成立，一审判决认定事实清楚，证据充分，适用法律、法规正确，处理适当，故依法予以维持，判决驳回上诉，维持原判。

第四十六条　【听证条件】 拟作出以下行政处罚决定，当事人要求听证的，生态环境主管部门应当组织听证：

（一）较大数额罚款；

（二）没收较大数额违法所得、没收较大价值非法财物；

（三）暂扣许可证件、降低资质等级、吊销许可证件、一定时期内不得申请行政许可；

（四）限制开展生产经营活动、责令停产整治、责令停产停业、责令关闭、限制从业、禁止从业；

（五）其他较重的行政处罚；

（六）法律、法规、规章规定的其他情形。

当事人不承担组织听证的费用。

◆ **条文主旨**

本条是对听证条件的规定。

◆ **条文理解**

生态环境行政处罚听证，是指生态环境主管部门作出重大行政处罚决定前，告知当事人查明的违法事实、处罚内容、处罚依据与享有的听证权利，并依当事人申请，通过召开听证会听取其陈述、申辩意见的法定程序。

《中华人民共和国行政处罚法》第六十三条、第六十四条对行政处罚听证的范围、程序作了概括性规定。考虑到加上听证程序后篇幅过长，《环境行政处罚办法》没有具体规定听证程序与条件，仅在第五十条概括规定"行政处罚听证按有关规定执行"。随后，原环保部在《环境行政处罚办法》之外单独制定发布了《环境行政处罚听证程序规定》（环办〔2010〕174号，以下简称《听证程序规定》），细化了环境行政处罚听证流程。因此，本条系根据最新《中华人民共和国行政处罚法》而新增的条款，其内容与2010年的《听证程序规定》相比，存在较大的调整。

《中华人民共和国行政处罚法》第六十三条第（六）项规定，

法律、法规、规章可以设置适用处罚听证的具体情形。本办法作为部门规章，在《中华人民共和国行政处罚法》规定的听证条件中，结合生态环境保护法律规范与执法实践，增设了"暂扣许可证件""一定时期内不得申请行政许可""限制开展生产经营活动""责令停产整治""禁止从业"五种情况。这既与本办法第八条中的处罚种类相协调，又突出了生态环境执法的特殊性与严厉性，强化保护了当事人的听证权利。

就具体情况而言，根据《听证程序规定》第五条，罚款、没收违法所得、没收较大价值非法财物中的"较大数额"，对法人、其他组织来说为人民币或者等值物品价值 50000 元以上；对公民为人民币或者等值物品价值 5000 元以上。但是，在本办法出台后，是否继续延用该定额标准值得思考。在实际执法中，可能需要授权不同地区的生态环境主管部门制定专门标准，并考虑区分不同的行业领域确立不同的数额计算方式。例如，2021 年修订的《市场监督管理行政处罚听证办法》（国家市场监督管理总局令第 42 号）第五条、《财政行政处罚听证实施办法》（中华人民共和国财政部令第 109 号）第六条均在第一款规定了具体额度的"较大数额"，又在后续允许省级人大常委会或者人民政府对罚没数额作出特别规定。后续，生态环境部也可以通过修改《环境行政处罚听证程序规定》等方式，对"较大数额"作出细化。此外，虽然《中华人民共和国行政处罚法》二审稿在需要听证的案件中删除了"不得申请行政许可"、"限制开展生产经营活动"，但这两项可以归入《中华人民共和国行政处罚法》第六十三条第五项"其他较重的行政处罚"当中。[①] 本办法作为下位法，直接将上述两

---

① 参见袁雪石：《中华人民共和国行政处罚法释义》，中国法制出版社 2021 年版，第 322、327 页。

种情况纳入了需听证的条件，不违反上位法的规定。另外，考虑到已存在《中华人民共和国行政处罚法》第六十三条第六项作为兜底条款，本条未重复规定《听证程序规定》第六条的内容，即"环境保护主管部门认为案件重大疑难的，经商当事人同意，可以组织听证"。最后，学界一直呼吁将限制人身自由的措施纳入听证范围，此次修改尽管没有明确将"行政拘留"纳入听证范围，但留下了"法律、法规、规章规定的其他情形"这一突破口，允许之后立法与司法实践中进一步探索和明确。①

总体而言，为了提高行政效率，听证程序作为比陈述、申辩更为正式的程序，只适用于较为严重的案件。对适用听证程序的行政处罚案件，生态环境主管部门应当在作出行政处罚决定前，制作并送达《行政处罚事先（听证）告知书》，告知当事人有要求听证的权利。

本办法在《中华人民共和国行政处罚法》的基础上，扩大了听证的范围，将某些较轻的处罚也纳入可以申请听证的行列中，同时明确规定当事人不用承担听证费用，避免当事人因经济原因而未提起听证申请，可以更好地保护当事人的合法权益，监督约束主管部门的权力。

◆ **要点提示**

> 1. 本条为结合《中华人民共和国行政处罚法》与《环境行政处罚听证程序规定》的新增条款，明确了生态环境行政处罚中需要听证的具体情形，并凸显了环境领域的特殊性。
>
> 2. 听证并非必须，只适用于法律、法规与规章规

---

① 参见黄海华：《新〈行政处罚法〉制度创新的理论解析》，载《行政法学研究》2021 年第 6 期。

定的较为严重的案件。

3. 行政拘留可以通过"其他较重的行政处罚"这一开放条款被纳入听证范围。

4. 当事人不承担听证的费用。

◆ **法规链接**

《中华人民共和国行政处罚法》（2021 年修订）

第六十三条　行政机关拟作出下列行政处罚决定，应当告知当事人有要求听证的权利，当事人要求听证的，行政机关应当组织听证：

（一）较大数额罚款；

（二）没收较大数额违法所得、没收较大价值非法财物；

（三）降低资质等级、吊销许可证件；

（四）责令停产停业、责令关闭、限制从业；

（五）其他较重的行政处罚；

（六）法律、法规、规章规定的其他情形。

当事人不承担行政机关组织听证的费用。

《环境行政处罚听证程序规定》（环办〔2010〕174 号）

第五条　环境保护主管部门在作出以下行政处罚决定之前，应当告知当事人有申请听证的权利；当事人申请听证的，环境保护主管部门应当组织听证：

（一）拟对法人、其他组织处以人民币 50000 元以上或者对公民处以人民币 5000 元以上罚款的；

（二）拟对法人、其他组织处以人民币（或者等值物品价值）50000 元以上或者对公民处以人民币（或者等值物品价值）5000元以上的没收违法所得或者没收非法财物的；

（三）拟处以暂扣、吊销许可证或者其他具有许可性质的证件的；

（四）拟责令停产、停业、关闭的。

第六条　环境保护主管部门认为案件重大疑难的，经商当事人同意，可以组织听证。

◆ **相关案例**

案例三十三：某渔村与某市分局环境保护行政处罚案①

[**本案要点**]　未告知当事人有听证权利而作出责令停产行政处罚决定的，属于程序违法。

[**基本案情**]　2017 年 5 月 6 日，某环保分局对某渔村作出《责令停止生产决定书》，以该渔村租用景区从事餐饮经营活动，未办理环评审批相关手续，违反了《中华人民共和国环境保护法》第十九条的规定为由，责令该渔村立即停止生产。该决定书于 2017 年 5 月 7 日向某渔村送达。某渔村不服，2017 年 11 月 8 日向一审法院提起行政诉讼，请求撤销某环保分局作出的《责令停止生产决定书》。之后某渔村对一审判决不服，提起上诉。最后，某渔村又向法院申请再审。现本案已审理终结。

一审法院认为，本案的争议焦点之一是某环保分局执法程序是否违法。某环保分局在作出责令停止生产等重大行政处罚决定前，应告知当事人有要求举行听证的权利。某环保分局未告知某渔村有要求听证的权利，剥夺了当事人享有陈述事实、申辩的权利，违反了《中华人民共和国行政处罚法》的规定，行政程序有瑕疵。二审与再审法院均支持了一审法院的上述意见。

[**处理结果**]　一审法院虽然认为涉案处罚决定程序违法，但

① 湖南省高级人民法院（2019）湘行申 169 号行政裁定书。

因为撤销行政处罚决定会给国家利益、社会公共利益造成重大损害，故判决确认被告某环保分局作出的《责令停止生产决定书》违法，但驳回原告要求撤销该决定的诉求。二审法院也认为，撤销该决定书必然导致关停取缔某渔村的行政行为失去依据，使自然保护区的生态环境不能得到及时有效保护，给社会公共利益造成重大损害，故判决驳回上诉，维持原判。再审法院对一审、二审判决结果予以认可，驳回了某渔村要求撤销行政行为或确认行政行为无效的再审申请。

第四十七条　【听证程序】听证应当依照以下程序组织：

（一）当事人要求听证的，应当在生态环境主管部门告知后五日内提出；

（二）生态环境主管部门应当在举行听证的七日前，通知当事人及有关人员听证的时间、地点；

（三）除涉及国家秘密、商业秘密或者个人隐私依法予以保密外，听证公开举行；

（四）听证由生态环境主管部门指定的非本案调查人员主持；当事人认为主持人与本案有直接利害关系的，有权申请回避；

（五）当事人可以亲自参加听证，也可以委托一至二人代理；

（六）当事人及其代理人无正当理由拒不出席听证或者未经许可中途退出听证的，视为放弃听证权利，生态环境主管部门终止听证；

（七）举行听证时，调查人员提出当事人违法的事实、证据和行政处罚建议，当事人进行申辩和质证；

（八）听证应当制作笔录。笔录应当交当事人或者其代理人核对无误后签字或者盖章。当事人或者其代理人拒绝签字或者盖章的，由听证主持人在笔录中注明。

◆ **条文主旨**

本条是对听证程序的规定。

◆ **条文理解**

本条为新增条款，具体规定了听证的时间、参与人员与开展程序等。条文内容可从以下四方面把握。

一、依申请听证

听证的实施前提是"当事人要求听证"，如果没有听证申请，即使满足本办法第四十六条的听证条件，生态环境主管部门也无义务主动开展听证。当事人提出申请的时间为在收到《行政处罚事先（听证）告知书》后的五日内。如果当事人明确表示放弃听证，或未在五日内提出申请，则视为放弃听证。一般认为行政机关不必等待听证申请期满后才继续实施行政处罚，这符合繁简分流的原则。但也有判决认为，无论当事人是否放弃听证，行政机关都应在期满后作出处罚决定。① 另外需要注意的是，本办法生效后，根据新法优于旧法、上位法优于下位法的原则，《听证程序规定》第十八条关于听证申请期限为收到告知书后三日内的规定就失效了。

---

① 参见山东阳某华通汽车运输有限公司与河北省沧县交通运输局运输管理站交通运输行政处罚纠纷上诉案［河北省沧州市中级人民法院（2014）沧行终字第30号行政判决书］。

二、送达听证通知书

本次修订未规定生态环境主管部门收到申请后的处理时间与程序。根据《听证程序规定》第十九条，生态环境主管部门应当在收到当事人听证申请之日起7日内开始审查，但是否要在7日内审核完毕尚未明确。审核后生态环境主管部门如果认为不符合听证条件，应决定不组织听证，并告知理由。不符合听证条件的情况主要包括申请人非当事人，当事人未在期限内提出申请等。对符合听证条件的，生态环境主管部门应当组织听证，制作并送达《行政处罚听证通知书》。通知书应当载明当事人的姓名或者名称，举行听证会的时间地点，举行听证会是否公开及其理由，听证主持人、听证员、记录员的姓名、单位、职务等信息，以及当事人的委托代理权、回避申请权等权利与注意事项。

三、听证人员

听证人员涉及听证主持人与听证参加人两部分。听证主持人负责决定听证会的时间地点、送达听证通知、主持听证会、接收并审核证据、维持听证秩序等。必要时，还可以指定听证员协助听证主持人。同时，一般还应指定另外一人担任记录员，负责制作听证笔录。听证主持人、听证员与记录员都应由非本案调查人员担任。听证参加人包括当事人及其代理人、案件调查人员、证人、鉴定人以及监测人员等。与案件有直接利害关系的公民、法人或其他组织要求参加听证会的，生态环境主管部门可以通知其作为第三人参加听证。听证员、记录员、证人、鉴定人、监测人员等人员的回避，由听证主持人决定；听证主持人的回避，由听证组织机构负责人决定；听证主持人为听证组织机构负责人的，其回避由生态环境主管部门负责人决定。

四、举行听证

《行政处罚听证通知书》送达当事人之后的七日内，生态环境主管部门应当按照通知内容及时组织听证。听证应当按照准司法程序，遵循公开、公正和便利的原则进行。听证的主要流程为：记录员查明听证参加人的身份和到场情况，宣布听证会场纪律和注意事项，介绍听证主持人、听证员和记录员的姓名、工作单位、职务；听证主持人宣布听证会开始，介绍听证案由，询问并核实听证参加人的身份，告知听证参加人的权利和义务；询问当事人、第三人是否申请听证主持人、听证员和记录员回避；案件调查人员陈述当事人违法事实，出示证据，提出初步处罚意见和依据；当事人、第三人分别进行陈述、申辩，提出事实理由依据和证据；案件调查人员、当事人、第三人进行质证、辩论并作最后陈述；听证主持人征询各方最后意见并宣布听证会结束。

生态环境主管部门应当对听证会全过程制作笔录。听证笔录应当载明听证参加人与听证会的基本信息、听证参加人的主要观点与理由、质证与辩论情况等。听证笔录经当事人、案件调查人员、第三人签字或者盖章后具有法律效力，是作出行政处罚决定的重要依据。如果当事人或者其代理人拒绝签字或者盖章的，听证主持人可在笔录中注明，以避免僵持不下的状况发生。

◆ **要点提示**

1. 及时申请听证。当事人要求听证的，应当在规定期限内提出申请，否则，将视为当事人放弃听证权利，生态环境主管部门无须再组织听证。

2. 及时组织听证。生态环境主管部门决定听证的，应当在举行听证前至少 7 日向当事人送达《行政处罚听证通知书》，明确听证的时间地点、当事人权利义务等事项。

3. 听证原则公开。除非涉及国家秘密、商业秘密或者个人隐私依法予以保密的信息，听证应一律公开进行。不公开的应当向当事人说明理由。

4. 全程记录听证。听证过程应由与案件无利害关系的非案件调查人员全程记录，最终形成听证笔录。听证笔录应由当事人、案件调查人、第三人签字或盖章。

◆ **法规链接**

《中华人民共和国行政处罚法》（2021 年修订）

第六十四条 听证应当依照以下程序组织：

（一）当事人要求听证的，应当在行政机关告知后五日内提出；

（二）行政机关应当在举行听证的七日前，通知当事人及有关人员听证的时间、地点；

（三）除涉及国家秘密、商业秘密或者个人隐私依法予以保密外，听证公开举行；

（四）听证由行政机关指定的非本案调查人员主持；当事人认为主持人与本案有直接利害关系的，有权申请回避；

（五）当事人可以亲自参加听证，也可以委托一至二人代理；

（六）当事人及其代理人无正当理由拒不出席听证或者未经许可中途退出听证的，视为放弃听证权利，行政机关终止听证；

（七）举行听证时，调查人员提出当事人违法的事实、证据和行政处罚建议，当事人进行申辩和质证；

（八）听证应当制作笔录。笔录应当交当事人或者其代理人核对无误后签字或者盖章。当事人或者其代理人拒绝签字或者盖章的，由听证主持人在笔录中注明。

《环境行政处罚听证程序规定》（环办〔2010〕174 号）

第十八条　当事人要求听证的，应当在收到《行政处罚听证告知书》之日起 3 日内，向拟作出行政处罚决定的环境保护主管部门提出书面申请。当事人未如期提出书面申请的，环境保护主管部门不再组织听证。

以邮寄方式提出申请的，以寄出的邮戳日期为申请日期。

因不可抗力或者其他特殊情况不能在规定期限内提出听证申请的，当事人可以在障碍消除的 3 日内提出听证申请。

第十九条　环境保护主管部门应当在收到当事人听证申请之日起 7 日内进行审查。对不符合听证条件的，决定不组织听证，并告知理由。对符合听证条件的，决定组织听证，制作并送达《行政处罚听证通知书》。

第二十二条　听证会应当在决定听证之日起 30 日内举行。

《行政处罚听证通知书》应当载明下列事项，并在举行听证会的 7 日前送达当事人和第三人：

（一）当事人的姓名或者名称；

（二）听证案由；

（三）举行听证会的时间、地点；

（四）公开举行听证与否及不公开听证的理由；

（五）听证主持人、听证员、记录员的姓名、单位、职务等信息；

（六）委托代理权、对听证主持人和听证员的回避申请权等权利；

（七）提前办理授权委托手续、携带证据材料、通知证人出席等注意事项；

（八）环境保护主管部门名称和作出日期，并盖有环境保护主管部门印章。

◆ **相关案例**

案例三十四：某公司与某市环境保护局环保处罚纠纷案①

[**本案要点**] 当事人未在规定期限内书面申请听证的，生态环境主管部门可以不组织听证。

[**基本案情**] 2017 年 5 月 19 日，某市环境保护局现场检查时，发现某公司车间配套的除尘集气罩破损。某市环境保护局经过调查询问、现场检查（勘察）确认，某公司未做到精细化管理要求。2017 年 6 月 6 日，某市环境保护局向某公司送达了《行政处罚事先（听证）告知书》，某公司向某市环境保护局提交了书面陈述意见，未在规定期限内明确提出听证要求。某市环境保护局根据其查明的事实，认为某公司的行为违反了《中华人民共和国大气污染防治法》第四十八条第一款的规定，于 2017 年 6 月 24 日作出《环境保护局行政处罚决定书》，并将该处罚决定书送达某公司。某公司认为本案的程序违法，声称其在收到本案的行政处罚决定书后依法提出听证申请，但某市环境保护局没有按照法律的规定就本案的处罚进行听证，故诉至法院。后某公司不服一审判决，又提起上诉。现本案已审结。

一审法院认为，某市环境保护局在作出处罚决定前，已经按照法律规定作出《行政处罚事先（听证）告知书》，并向某公司送达，某公司并未向某市环境保护局提出听证申请，故某公司诉称某市环境保护局未进行听证，程序违法不能成立。综上，某市环境保护局作出的行政处罚决定并无不当。二审法院认为，某公司虽在规定的期限内提交了书面陈述意见，但未在规定的期限内提出听证申请。某公司主张其在提交书面陈述意见的同时口头提

_____

① 河南省安阳市中级人民法院（2018）豫 05 行终 228 号行政判决书。

出了听证申请，但未能提供相关证据予以证明。

［处理结果］一审法院认为，被告作出的行政处罚决定书并无不当，原告要求撤销行政处罚决定书的理由不能成立，法院不予支持，判决驳回原告诉讼请求。二审法院认为，某市环境保护局作出被诉行政处罚决定前未组织听证并无不当，某公司的上诉理由不能成立，原审判决认定事实清楚，适用法律正确。故判决驳回上诉，维持原判。

第四十八条　【听证之后的处罚决定】听证结束后，生态环境主管部门应当根据听证笔录，依照本办法第五十三条的规定，作出决定。

◆ **条文主旨**

本条是对听证之后的处罚决定作出与听证笔录约束力的规定。

◆ **条文理解**

《环境行政处罚办法》第五十条中关于听证的规定仅有"行政处罚听证按有关规定执行"的表述，此次修订结合《中华人民共和国行政处罚法》，规定听证笔录是作出行政处罚的依据，提高了听证的法律地位，确认了听证笔录的法律效力。

实践中对于听证笔录的法律效力主要有以下两种观点。一是听证笔录是作出行政处罚决定的唯一依据或主要依据。唯一依据又称"案卷排他主义"，即主管部门不能接受未被听证所质证检验过的其他证据。[1] 但也有学者认为存在例外情形，例如，一些众

---

[1]　参见汪永清：《中华人民共和国行政许可法释义》，中国法制出版社 2004 年版，第 169 页。

所周知的事情、专业科学知识与档案资料等。① 本书认为，一方面，听证笔录应当作为行政处罚决定的重要依据。听证笔录中所记载的证据，是经过当事人质证和辩论过的证据。如果行政机关作出行政处罚决定并不是根据听证笔录，而是根据未经听证的证据，则会使听证程序失去价值。另一方面，听证笔录是行政处罚决定的依据之一，而非唯一依据。在听证会之后获得的新证据不能认为是无效的。

◆ **要点提示**

> 　　1. 听证结束后，生态环境主管部门应当制作听证笔录，将听证过程与结果书面留存。
> 　　2. 听证笔录具有法律效力，是生态环境主管部门作出行政处罚决定的重要依据。

◆ **法规链接**

《中华人民共和国行政处罚法》（2021 年修订）

第六十五条　听证结束后，行政机关应当根据听证笔录，依照本法第五十七条的规定，作出决定。

◆ **相关案例**

案例三十五：某公司与某市生态环境局行政处罚纠纷上诉案②

[**本案要点**] 生态环境主管部门在听证后获取的证据，可以作为处罚依据。

[**基本案情**] 2019 年 9 月至 10 月，某公司在未同时建设污染防治设施的情况下建成了建筑垃圾循环利用生产线并投入生产。

---

① 参见石佑启：《行政听证笔录的法律效力分析》，载《法学》2004 年第 4 期。
② 郑州铁路运输中级法院（2021）豫 71 行终 161 号行政判决书。

2019 年 11 月 17 日，某市生态环境局在对该公司进行现场检查时，发现该公司生产场地存放有青石原材料约 500 吨，石子成品约 9000 吨。某市生态环境局经立案、调查、对被处罚人处罚前告知、听证、集体讨论等程序，于 2020 年 4 月 27 日对某公司作出行政处罚决定书，认为该公司建筑垃圾循环利用建设项目未经生态环境部门审批，擅自建设一条碎石生产线并投入生产，违反了《中华人民共和国环境影响评价法》第三十一条第一款的规定，责令该公司停止环境违法行为，罚款二十万元；破碎生产线未配套建设污染防治设施，违反了《建设项目环境保护管理条例》第二十三条的规定，责令该公司改正违法行为，罚款四十万元。某公司不服该处罚决定，诉至法院。后某公司不服一审判决，又提起上诉。现本案已审结。

一审法院认为，某市生态环境局依据《中华人民共和国行政处罚法》《环境行政处罚办法》相关法律法规①规定，经过立案、调查、处罚前告知某公司陈述、申辩、要求听证等权利，经听证以及集体讨论等程序，于 2020 年 4 月 27 日对某公司作出行政处罚决定书。在行政执法过程中，某市生态环境局执法人员具有合法行政执法资格，依法保障当事人合法程序权益，在法定期限内作出行政处罚决定并送达某公司，程序合法。二审中，上诉人某公司认为，被上诉人对某公司法定代表人张某某的调查询问是在举行听证之后，该行为违反《中华人民共和国行政处罚法》的相关程序规定，被上诉人在听证后再次调查取得的新证据，不能作为定案依据采用。对此，二审法院认为，尽管被上诉人某市生态环境局对某公司法定代表人张某某的询问时间

---

① 此处引用的是修订前的《中华人民共和国行政处罚法》和《环境行政处罚办法》。

是在听证程序后，但由于行政机关在对张某某进行询问前，已经开展了现场检查、对某公司生产负责人调查询问等调查程序，能够确定某公司建筑垃圾循环利用项目存在未批先建和环境保护设施未同设计、同施工、同使用的基本事实，且对张某某进行询问是某市生态环境局在作出行政处罚之前，故某市生态环境局在听证程序后对某公司法定代表人张某某进行询问并不属于程序违法。

[处理结果] 一审法院认为原告某公司所诉理由均不能成立，对其诉讼请求不予支持，判决驳回原告的诉讼请求。二审法院认为一审判决认定事实清楚，适用法律法规正确，程序合法，上诉人某公司的上诉理由不能成立，判决驳回上诉，维持原判。

第五节   法制审核和集体讨论

第四十九条   【法制审核的范围】 有下列情形之一，生态环境主管部门负责人作出行政处罚决定之前，应当由生态环境主管部门负责重大执法决定法制审核的机构或者法制审核人员进行法制审核；未经法制审核或者审核未通过的，不得作出决定：

（一）涉及重大公共利益的；

（二）直接关系当事人或者第三人重大权益，经过听证程序的；

（三）案件情况疑难复杂、涉及多个法律关系的；

（四）法律、法规规定应当进行法制审核的其他情形。

> 设区的市级以上生态环境主管部门可以根据实际情况，依法对应当进行法制审核的案件范围作出具体规定。
>
> 初次从事行政处罚决定法制审核的人员，应当通过国家统一法律职业资格考试取得法律职业资格。

◆ **条文主旨**

本条是对法制审核的范围的规定。

◆ **条文理解**

本条具体规定了法制审核的相关要求，可以从以下五个方面予以把握。

第一，法制审核的定义。法制审核，是指对行政处罚决定的合法性进行审核，是行政机关作出重大行政处罚决定前的必经程序，是确保重大行政处罚决定合法有效的关键环节。[①]

第二，法制审核的范围。本条为新增条款，是《中华人民共和国行政处罚法》第五十八条规定的法制审核范围在生态环境行政处罚领域的细化。在《中华人民共和国行政处罚法》规定的涉及重大公共利益的情形，直接关系当事人或者第三人重大权益，经过听证程序的情形，案件情况疑难复杂、涉及多个法律关系的三项具体列举及一项兜底条款之外，本办法增加了拟罚款、没收违法所得、没收非法财物数额二十万元以上的案件，暂扣许可证件、降低资质等级或取消资质、吊销许可证件、一定时期内不得申请行政许可的案件，限制开展生产经营活动、责令停产整治、责令停产停业、责令关闭、限制从业、禁止从业的案件，移送公

---

① 徐雯：《一家之言 ｜ 生态环境部门如何正确适用法制审核制度？》，载《中国环境报》2021年11月23日。

安机关实施行政拘留的案件，进一步明确了法制审核的范围，更有利于生态环境行政处罚实务施行。

第三，法制审核的主体。《关于在生态环境系统推进行政执法公示制度执法全过程记录制度重大执法决定法制审核制度的实施意见》（环办执法〔2014〕42号）中明确规定，进行法制审核的机构一般是各级生态环境主管部门负责法制工作的内设机构，没有条件单独设立法制工作机构的，应设立专门的法制审核岗位；同时鼓励采取聘用方式，发挥法律顾问、公职律师在法制审核工作中的作用。① 另外，如何认定"初次从事行政处罚决定法制审核的人员，应当通过国家统一法律职业资格考试取得法律职业资格"的"初次"？2017年全国人民代表大会常务委员会修改了《中华人民共和国行政处罚法》，增加了原第三十八条第三款，规定："在行政机关负责人作出决定之前，应当由从事行政处罚决定审核的人员进行审核。行政机关中初次从事行政处罚决定审核的人员，应当通过国家统一法律职业资格考试，取得法律执业资格。"该修订决定自2018年1月1日起实施。据此，自2018年1月1日之前初次从事行政处罚决定法制审核的人员不必取得法律职业资格。②

第四，法制审核的法律效果。首先，为了强化法制审核制度的刚性，使法制审核制度发挥应有作用，本办法明确规定了应当进行法制审核的情形，未经法制审核或者审核未通过的，不得作出决定。其次，法制审核是行政机关实施行政处罚的内部程序，法制审核意见只是为行政处罚决定提供法律参考，并不会对外发

---

① 徐雯：《一家之言 | 生态环境部门如何正确适用法制审核制度?》，载《中国环境报》2021年11月23日。

② 袁雪石：《中华人民共和国行政处罚法释义》，中国法制出版社2021年版，第324页。

生法律效力，但却是重大、复杂案件作出行政处罚决定的必经程序。对应当进行法制审核的案件，未经法制审核或者审核未通过，行政机关却作出行政处罚决定的，则属于程序违法。根据《中华人民共和国行政处罚法》第三十八条第二款的规定，违反法定程序构成重大且明显违法的，行政处罚无效。

第五，法制审核机构的法律责任。行政执法承办机构对送审材料的真实性、准确性、完整性，以及执法的事实、证据、法律适用、程序的合法性负责。法制审核机构仅对其出具的法制审核意见负责。行政机关负责人应对本机关最终作出的行政处罚决定负责。①

◆ **要点提示**

> 1. 法制审核的范围限于重大行政处罚决定。
> 2. 初次从事行政处罚决定法制审核的人员，应当通过国家统一法律职业资格考试取得法律职业资格。

◆ **法规链接**

《中华人民共和国行政处罚法》（2021 年修订）

第五十八条 有下列情形之一，在行政机关负责人作出行政处罚的决定之前，应当由从事行政处罚决定法制审核的人员进行法制审核；未经法制审核或者审核未通过的，不得作出决定：

（一）涉及重大公共利益的；

（二）直接关系当事人或者第三人重大权益，经过听证程序的；

---

① 曹晓凡：《生态环境部门如何正确适用法制审核制度?》，载《中国环境报》2022 年 5 月 21 日。

（三）案件情况疑难复杂、涉及多个法律关系的；

（四）法律、法规规定应当进行法制审核的其他情形。

行政机关中初次从事行政处罚决定法制审核的人员，应当通过国家统一法律职业资格考试取得法律职业资格。

《自然资源执法监督规定》（2020 年修正）

第二十一条　县级以上自然资源主管部门实行重大行政执法决定法制审核制度。在作出重大行政处罚决定前，由该部门的法制工作机构对拟作出决定的合法性、适当性进行审核。未经法制审核或者审核未通过的，不得作出决定。

重大行政处罚决定，包括没收违法采出的矿产品，没收违法所得，没收违法建筑物，限期拆除违法建筑物，吊销勘查许可证或者采矿许可证、地质灾害防治单位资质、测绘资质等。

◆ **相关案例**

案例三十六：某生态环境局与某污水处理公司行政处罚案①

[本案要点]　对于直接关系当事人或者第三人重大权益，经过听证程序的情形，生态环境主管部门负责人作出行政处罚决定之前，应当由生态环境主管部门负责重大执法决定法制审核的机构或法制审核人员进行法制审核。

[基本案情]　某市生态环境局进行现场检查时，发现某污水处理公司总排口废水在线监控设施历史数据 2018 年 12 月 15 日至 12 月 20 日期间化学需氧量、氨氮、总氮、总磷日均值连续超标，当日对总排口废水取样检测亦超标排放。针对上述超标排放水污染物的违法行为，某市生态环境局向某污水处理公司送达《行政处罚事先（听证）告知书》，拟处行政罚款 289000 元，并说明享

---

① 甘肃省平凉市崆峒区人民法院（2020）甘 0802 行审 3 号行政处罚非诉执行审查行政裁定书。

有陈述和申辩权、进行听证的条件及逾期后果。当日，某市生态环境局又向某污水处理公司作出《责令改正违法行为决定书》，同时，告知拒不改正、持续超标排放水污染物，实施按日连续处罚的相关规定及处罚措施。某市生态环境局于 2020 年 1 月 17 日向法院申请强制执行按日连续处罚决定，某污水处理公司对申请执行事项提出异议，认为强制执行申请缺乏法律、法规依据，处罚程序违法。

法院认为，对涉及重大公共利益，可能造成重大社会影响或引发社会风险，直接关系行政相对人或第三人重大权益，经过听证程序作出行政执法决定，以及案件情况疑难复杂、涉及多个法律关系的案件，应当设立专门机构和人员进行严格法制审核。从本案处罚结果来看，在原有罚款决定的基础上再作按日连续处罚决定，涉案罚款数额巨大，被处罚对象系政府部门通过项目合作方式引入的民营企业，也是县辖区内唯一的污水处理企业，处罚结果直接关系到行政相对人的重大利益。但处罚机关在收到申辩意见后，未能有效依照重大执法决定法制审核制度的规定组织听证，听取竣工验收组成员、环境执法人员及被处罚单位负责人的意见。因此，处罚机关对申辩事由及相关证据未能有效调查核实的情况下，短时间内作出按日连续处罚决定，与行政处罚的权利保障原则不符，与处罚自由裁量权的制度规定相悖，明显损害某污水处理公司的合法权益。

[**处理结果**]　因申请人作出的行政处罚决定程序不当、证据不足，明显损害被申请人的合法权益，故法院对其提出的申请执行事由不予支持。

第五十条 【法制审核的内容】法制审核的内容
包括：

（一）行政执法主体是否合法，是否超越执法机关
法定权限；

（二）行政执法人员是否具备执法资格；

（三）行政执法程序是否合法；

（四）案件事实是否清楚，证据是否合法充分；

（五）适用法律、法规、规章是否准确，裁量基准
运用是否适当；

（六）行政执法文书是否完备、规范；

（七）违法行为是否涉嫌犯罪、需要移送司法机关。

◆ 条文主旨

本条是对法制审核的内容的规定。

◆ 条文理解

本条为新增条款，明确了法制审核的内容，吸收了生态环境
部于 2019 年印发的《关于在生态环境系统推进行政执法公示制度
执法全过程记录制度重大执法决定法制审核制度的实施意见》
（环办执法〔2019〕42 号）的要点。根据该实施意见的规定，法
制审核的内容重点包括执法主体、管辖权限、执法程序、事实认
定、法律适用、证据使用、自由裁量权运用等。法制审核机构完
成审核后，应根据不同情形，提出同意或者存在问题的书面审核
意见。对法制审核机构提出的问题，行政执法承办机构应及时进
行研究，作出相应处理后再次报送法制审核。

本办法在上述实施意见规定的法制审核内容的基础上作出了

进一步细化。本条规定法制审核的内容包括：行政执法主体的合法性；行政执法人员的执法资格；行政执法程序是否合法；事实是否清楚，证据是否合法充分；适用法律、法规、规章是否准确，裁量基准运用是否得当；行政执法文书是否完备、规范；违法行为是否涉嫌犯罪、需要移送司法机关等内容。

◆ **要点提示**

> 1. 法制审核机构完成审核后，要根据不同情形，提出同意或者存在问题的书面审核意见。
>
> 2. 行政执法承办机构要对法制审核机构提出的存在问题的审核意见进行研究，作出相应处理后再次报送法制审核。

◆ **法规链接**

《中华人民共和国行政处罚法》（2021 年修订）

第五十八条　有下列情形之一，在行政机关负责人作出行政处罚的决定之前，应当由从事行政处罚决定法制审核的人员进行法制审核；未经法制审核或者审核未通过的，不得作出决定：

（一）涉及重大公共利益的；

（二）直接关系当事人或者第三人重大权益，经过听证程序的；

（三）案件情况疑难复杂、涉及多个法律关系的；

（四）法律、法规规定应当进行法制审核的其他情形。

行政机关中初次从事行政处罚决定法制审核的人员，应当通过国家统一法律职业资格考试取得法律职业资格。

《关于在生态环境系统推进行政执法公示制度执法全过程记录制度重大执法决定法制审核制度的实施意见》（环办执法〔2019〕42 号）

三、全面推行重大执法决定法制审核制度

……

（三）明确审核内容

……

审核内容重点包括执法主体、管辖权限、执法程序、事实认定、法律适用、证据使用、自由裁量权运用等。法制审核机构完成审核后，应根据不同情形，提出同意或者存在问题的书面审核意见。对法制审核机构提出的问题，行政执法承办机构应及时进行研究，作出相应处理后再次报送法制审核。

……

第五十一条　【法制审核意见】法制审核以书面审核为主。对案情复杂、法律争议较大的案件，生态环境主管部门可以组织召开座谈会、专家论证会开展审核工作。

生态环境主管部门进行法制审核时，可以请相关领域专家、法律顾问提出书面意见。

对拟作出的处罚决定进行法制审核后，应当区别不同情况以书面形式提出如下意见：

（一）主要事实清楚，证据充分，程序合法，内容适当，未发现明显法律风险的，提出同意的意见；

（二）主要事实不清，证据不充分，程序不当或者适用依据不充分，存在明显法律风险，但是可以改进或者完善的，指出存在的问题，并提出改进或者完善的建议；

（三）存在明显法律风险，且难以改进或者完善的，指出存在的问题，提出不同意的审核意见。

◆ **条文主旨**

本条是对法制审核意见的规定。

◆ **条文理解**

第一，法制审核意见的情况。本条为新增条款，细化了法制审核意见的不同情况，具体如图1所示：

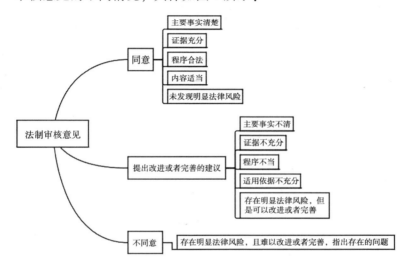

图1：法制审核意见

第二，本条第二款规定"生态环境主管部门进行法制审核时，可以请相关领域专家、法律顾问提出书面意见"。行政机关聘用的法律顾问，能否代替行政机关法制审核人员在"法制审核意见书"或者"法制审核意见栏"上签字？不可以。各地在实践中多规定"法律顾问参与法制审核"，没有规定法律顾问可以直接开展法制审核。聘请法律顾问提出法律意见，相当于购买第三方服务。签字的含义包括了职责确认和意见确认，这是法制审核人员或法制审核机构的义务和职责。因此，作出法制审核意见的过程

中不能由法律顾问代签法制审核意见。法制审核人员必须以自己
的名义，作出法制审核意见并在意见书或意见栏上签字。否则，
属于不作为、不履行法定职责。

第三，法制审核意见书的内容。法制审核意见书应该包括案
由、当事人、报送日期、承办人员、承办机构处理意见、具体的
法制机构审核内容、法制机构的审核意见等情况。

◆ **要点提示**

> 1. 书面法制审核意见不同于案审会意见，案审
> 会发言不能替代书面审核意见。
> 2. 在提出不同意的审核意见的情况下，需要出
> 具独立的、专门的书面意见，阐明问题所在，防范审
> 查责任，做到有据可查。

第五十二条　**【重大案件集体讨论】**对情节复杂或
者重大违法行为给予行政处罚的，作出处罚决定的生态
环境主管部门负责人应当集体讨论决定。

有下列情形之一的，属于情节复杂或者重大违法行
为给予行政处罚的案件：

（一）情况疑难复杂、涉及多个法律关系的；

（二）拟罚款、没收违法所得、没收非法财物数额
五十万元以上的；

（三）拟吊销许可证件、一定时期内不得申请行政
许可的；

（四）拟责令停产整治、责令停产停业、责令关闭、

限制从业、禁止从业的；

（五）生态环境主管部门负责人认为应当提交集体讨论的其他案件。

集体讨论情况应当予以记录。

地方性法规、地方政府规章另有规定的，从其规定。

◆ **条文主旨**

本条是对重大案件集体讨论的规定。

◆ **条文理解**

本条规定了对重大生态环境行政处罚案件进行集体讨论的具体要求，需要从以下七个方面予以理解。

第一，集体讨论的主体。重大案件集体讨论应由生态环境主管部门负责人决定开展并安排召集。《环境行政处罚案卷评查指南》（环办〔2012〕98号）第2.4条规定："环保部门负责人，指环保部门的法定代表人或者主管负责人。经委托或者授权的环境监察机构的法定代表人或者主管负责人，视为'环保部门负责人'。"

第二，集体讨论的情形。本办法根据《中华人民共和国行政处罚法》的要求，规定对情节复杂或者重大违法行为给予行政处罚的案件，作出处罚决定的生态环境主管部门负责人应当集体讨论决定。本次修订将《环境行政处罚办法》中的"案情复杂或者对重大违法行为给予较重的行政处罚"修改为"情节复杂或者重大违法行为给予行政处罚"，删除了"较重"的构成要件，降低了集体讨论的门槛。本条第二款进一步细化规定了"情节复杂或者重大违法行为"的具体情形，包括：情况疑难复杂、涉及多个法律关系的；拟罚款、没收违法所得、没收非法财物数额五十万元以上的；拟吊销许可证件、一定时期内不得申请行政许可的；拟责令停产整治、责令停产停业、责令关闭、限制从业、禁止从业的；生态环境主管部门负责人认为应当提交集体讨论的其他案件。

第三，集体讨论的程序。参加集体讨论的成员应当针对案件的证据及事实认定、法律适用、自由裁量权等问题，发表对案件的处理意见，经集体讨论后作出决定。

第四，集体讨论的事项。集体讨论事项应当包括违法事实是否清楚；证据是否确凿；调查取证是否符合法定程序；运用法律是否正确；处罚种类和幅度是否适当；当事人陈述和申辩的理由是否成立及其他需要集体讨论的内容。在集体讨论过程中还应注意法律、法规和规章对行使行政处罚自由裁量权的相关规定。

第五，集体讨论的法律性质。集体讨论是准司法程序，目的为通过合议的方式查清事实，准确适用法律。通过集体讨论，可以有效避免个人因素的影响，充分发挥集体的智慧，增强案件办理的公平性、准确性。

第六，未进行或未正确进行集体讨论的法律后果。应当进行集体讨论而未进行的生态环境行政处罚决定属于程序违法，依据《中华人民共和国行政处罚法》第七条第一款"公民、法人或者其他组织对行政机关所给予的行政处罚，享有陈述权、申辩权；对行政处罚不服的，有权依法申请行政复议或者提起行政诉讼"的规定，行政相对人可以进行提起行政复议或者行政诉讼。

第七，集体讨论后改变拟作出的行政处罚决定内容，是否要再次进行告知当事人？本书认为，对于集体讨论决定减轻拟作出的行政处罚决定的，可以不再告知当事人；对于集体讨论决定加重处罚的，应当再次告知当事人决定的内容、依据等。本办法规定的陈述、申辩权是当事人重要的程序权利，为了充分保障当事人的权利，同时也为了确保行政处罚决定的事实基础和法律基础扎实稳固，行政机关应当再次履行告知义务。[①]

◆ **要点提示**

> 1. 集体讨论过程应当予以记录，并由参加人签名，以规范行政处罚权的行使，方便监督；记录内容应当包括时间、地点、参加人、讨论流程、主要意见、分歧等。
>
> 2. 集体讨论记录应当存档，但不向社会公开。
>
> 3. 集体讨论会成员和列席人员与案件有利害关系的，应当回避。主要负责人申请回避的，由负责人集体讨论决定；其他人员申请回避的，由主要负责人决定。

◆ **法规链接**

《中华人民共和国行政处罚法》（2021 年修订）

第五十七条 调查终结，行政机关负责人应当对调查结果进行审查，根据不同情况，分别作出如下决定：

（一）确有应受行政处罚的违法行为的，根据情节轻重及具体情况，作出行政处罚决定；

（二）违法行为轻微，依法可以不予行政处罚的，不予行政处罚；

（三）违法事实不能成立的，不予行政处罚；

（四）违法行为涉嫌犯罪的，移送司法机关。

---

① 袁雪石：《中华人民共和国行政处罚法释义》，中国法制出版社 2021 年版，第 322 页。

对情节复杂或者重大违法行为给予行政处罚，行政机关负责人应当集体讨论决定。

《环境保护主管部门实施查封、扣押办法》（环境保护部令第29号　2015年实施）

第十条　需要实施查封、扣押的，应当书面报经环境保护主管部门负责人批准；案情重大或者社会影响较大的，应当经环境保护主管部门案件审查委员会集体审议决定。

《环境保护主管部门实施限制生产、停产整治办法》（环境保护部令第30号　2015年实施）

第十条　作出限制生产、停产整治决定前，应当书面报经环境保护主管部门负责人批准；案情重大或者社会影响较大的，应当经环境保护主管部门案件审查委员会集体审议决定。

◆ **相关案例**

案例三十七：某公司与某市某区生态环境局行政处罚案①

[**本案要点**]　对于不属于案情复杂或重大违法的情形，在作出行政处罚决定前，不需要集体讨论。

[**基本案情**]　某市某区生态环境局执法人员对某公司进行执法检查，该公司从事阀门生产，建设项目需要配套建设的环境保护设施未建成，建设项目即投入生产且排放污染物。上述行为违反了《建设项目环境保护管理条例》第十五条规定，依据规定，决定对该公司罚款30万元。该公司认为，某市某区生态环境局提供的行政处罚相关证据中只有集体审理小组成员签名并没有集体讨论笔录，不符合法律规定，故向法院提起诉讼，请求撤销案涉行政处罚决定。某市某区生态环境局辩称，被诉行政处罚决定经

---

① 上海市第一中级人民法院（2019）沪01行终987号行政判决书。

法制审核、领导审批等程序，最后由某市某区生态环境局作出，未违反法定程序。根据法律规定，案情复杂或者对重大违法行为给予行政处罚的，应当集体讨论，并予以记录；而某公司所涉案件并不属于案情复杂或重大违法，不需要集体讨论，仅由小组讨论并签名即可。法院认为某市某区生态环境局的答辩意见符合事实与法律规定。

[处理结果] 法院判决驳回某公司的诉讼请求。

第六节 决 定

第五十三条 【处理决定】生态环境主管部门负责人经过审查，根据不同情况，分别作出如下决定：

（一）确有应受行政处罚的违法行为的，根据情节轻重及具体情况，作出行政处罚决定；

（二）违法行为轻微，依法可以不予行政处罚的，不予行政处罚；

（三）违法事实不能成立的，不予行政处罚；

（四）违法行为涉嫌犯罪的，移送司法机关。

◆ 条文主旨

本条是对审查后处理决定的规定。

◆ 条文理解

本条是对《中华人民共和国行政处罚法》第四十条在生态环境保护领域的具体化。本次修改对审查后处理决定的规定进行了完善，将《环境行政处罚办法》"违法事实成立，依法应当给予行政处罚"的情况修改为"确有应受行政处罚的违法行为"的情况，并且增加了"违法事实不能成立的，不予行政处罚"和"违法行为涉嫌犯罪的，移送司法机关"的情况。

在案件调查人员查明事实、案件审查人员提出处理意见后，由生态环境主管部门负责人进行审查，根据不同情况分别处理：

第一，作出行政处罚决定。确有应受行政处罚的违法行为的，应当根据情节轻重及具体情况，依据法律、法规、规章和自由裁量基准，决定行政处罚的种类和幅度，作出行政处罚决定。生态环境行政处罚决定必须以事实为依据，以法律为准绳，与违法行为的事实、性质、情节以及社会危害程度相当。①

第二，不予行政处罚。实施生态环境行政处罚应坚持教育与处罚相结合的原则，按照违法的性质、情节、危害程度区别处理。对违法行为轻微的，不给予行政处罚。违法事实不能成立的，不给予行政处罚。对当事人的违法行为依法不予行政处罚的，生态环境主管部门应当对当事人进行教育，并根据改正情况责令当事人改正违法行为或消除违法行为后果。决定不予行政处罚的应当制作不予行政处罚决定书。②

第三，移送有关机关处理。本办法第十七条是关于外部移送的规定，发现不属于生态环境主管部门管辖的案件，应当按照有关要求和时限移送有管辖权的机关处理。依法应当由人民政府实施责令停业、关闭的案件，生态环境主管部门应当立案调查，并提出处理建议报有批准权的人民政府决定。涉嫌违法依法应当实施行政拘留的案件，移送公安机关实施行政拘留。违法行为涉嫌

①②　环境保护部环境监察局主编：《环境行政处罚办法释义》，中国环境科学出版社 2011 年版，第 106 页。

犯罪的，生态环境主管部门应当及时将案件移送司法机关。不得以行政处罚代替移送。

◆ **要点提示**

> 1. 若行为人违法事实成立，生态环境主管部门应该根据违法情节轻重等具体情况，选择适当的处罚种类和幅度，制作行政处罚决定书。
>
> 2. 若行为人违法事实符合本办法规定的移送情形的，根据案件性质和机关职权，制作《案件移送函》，向有权机关进行移送。

◆ **法规链接**

《中华人民共和国行政处罚法》（2021年修订）

第四十条 公民、法人或者其他组织违反行政管理秩序的行为，依法应当给予行政处罚的，行政机关必须查明事实；违法事实不清、证据不足的，不得给予行政处罚。

第五十七条 调查终结，行政机关负责人应当对调查结果进行审查，根据不同情况，分别作出如下决定：

（一）确有应受行政处罚的违法行为的，根据情节轻重及具体情况，作出行政处罚决定；

（二）违法行为轻微，依法可以不予行政处罚的，不予行政处罚；

（三）违法事实不能成立的，不予行政处罚；

（四）违法行为涉嫌犯罪的，移送司法机关。

对情节复杂或者重大违法行为给予行政处罚，行政机关负责人应当集体讨论决定。

◆ **相关案例**

案例三十八：某生态环境局对 4 家医院在线监控设备未与生态环境部门联网行为不予处罚案①

[**本案要点**] 实施生态环境行政处罚应坚持教育与处罚相结合的原则，按照违法的性质、情节、危害程度区别处理。违法行为轻微，依法可以不予行政处罚的，不予行政处罚。

[**基本案情**] 2022 年 3 月 23 日，某生态环境局印发《关于督促重点排污单位在线监控数据联网的通知》，对 2021 年度重点单位中未联网上传在线监控数据企事业单位分类提出联网要求，某人民医院等 4 家医院未在承诺的期限（2022 年 7 月 1 日前）完成在线监控设备与某生态环境局信息中心平台联网并正常上传数据。9 月 16 日至 22 日，该生态环境保护综合行政执法队分别对上述 4 家医院进行了现场检查和帮扶服务，针对存在的违法行为，认真听取了 4 家医院因疫情防控等原因存在的客观困难以及在环保管理方面存在的疑点难点，现场讲解了有关法律规定。

[**处理结果**] 针对上述 4 家医院未在承诺期内联网上传在线监控数据的行为，某生态环境局依法下达《责令改正环境违法行为决定书》。2023 年 1 月 10 日，该生态环境局对 4 家医院的陈述、申辩进行集体讨论，鉴于 2022 年全国疫情原因和 4 家医院及时对环境违法行为进行改正，且违法行为轻微，未造成危害后果，依据相关法规，决定对其环境违法行为不予处罚。

---

① 2023 年，山西省生态环境厅公布第一批生态环境执法典型案例（不予处罚类案例）之二：大同市生态环境局对 4 家医院在线监控设备未与生态环境部门联网行为不予处罚案。

第五十四条　【涉嫌犯罪案件的移送和行政处罚的衔接】生态环境主管部门向司法机关移送涉嫌生态环境犯罪案件之前已经依法作出的警告、责令停产停业、暂扣或者吊销许可证件等行政处罚决定，不停止执行。

涉嫌犯罪案件的移送办理期间，不计入行政处罚期限。

◆ **条文主旨**

本条是对涉嫌犯罪案件的移送和行政处罚的衔接的规定。

◆ **条文理解**

本条为新增条款。违法行为涉嫌犯罪的，实施处罚的主体不同，行政处罚和刑事制裁的方式也有所不同。因此，需要在行政执法机关和刑事司法机关之间进行衔接。

本条第一款规定，涉嫌生态环境犯罪案件移送之前已经依法作出的警告、责令停产停业、暂扣或者吊销许可证件等行政处罚决定，不停止执行。在行刑衔接中，刑事责任优先原则要求凡是案件涉及犯罪的必须及时移送，但并不意味着一定要优先进行刑事处罚，有时也可能会优先进行行政处罚。一方面，对于吊销许可证件等行政处罚，无法通过刑事处罚而实现；另一方面，对于环境违法行为，往往需要得到及时制止和制裁。环境违法行为往往具有不可逆转性，即环境污染与生态破坏后果一旦发生就很难得到恢复。刑事裁判通常需要花费较长时间，此时如果不及时进行行政制裁，则可能会造成新的利益损害。具体而言，如果不进行实施责令停产停业、暂扣或者吊销许可证件等行政处罚，环境违法行为人可能会继续利用这些证照资质从事污染环境、破坏生态的行为。为有效制止破坏生态环境的行为，对已经依法作出的警告、责令停产停业、暂扣或者吊销许可证件等行政处罚决定不停止执行，具有必要性。本条第二款规定，涉嫌犯罪案件的移送办理期间，不计入行政处罚期限。

生态环境主管部门在移送涉嫌犯罪案件时，还应当注意以下要点：

第一，依法对违法事实进行调查取证的义务。作为行政执法机关，生态环境主管部门移送必须把握一定的标准，这个标准应当是主客观相结合标准。一方面，必须调查收集证据和查明一定案件事实；另一方面，结合《中华人民共和国刑法》《行政执法机关移送涉嫌犯罪案件的规定》《最高人民检察院、公安部关于公安机关管辖的刑事案件立案追诉标准的规定（一）》《最高人民检察院、公安部关于公安机关管辖的刑事案件立案追诉标准的规定（二）》等规定，有一定的主观判断，认为存在犯罪的合理嫌疑，需要公安机关采取措施进一步获取证据以判断是否达到刑事案件立案追诉标准的，生态环境主管部门应当向公安机关移送。生态环境主管部门不能随意移送，公安机关也不能要求生态环境主管部门完全按照刑事立案追诉的标准移送案件。[①]

第二，妥善保存和提供有关证据的义务。生态环境主管部门不仅要妥善保存所收集的与违法行为有关的证据，而且要如实填写涉案物品清单，并按照国家有关规定处理查获的涉案物品。实践中，有的行政执法机关移送的案件证据材料不充分，或者其收集的证据达不到刑事司法机关的要求，因此，案件移送后，公安机关需要重新收集证据，但由于错过了取证的时机，导致案件往

---

① 参见袁雪石：《中华人民共和国行政处罚法释义》，中国法制出版社 2021 年版，第 187 页。

往不能被侦破。对此，既需要加强行政执法机关与刑事司法机关的沟通，也需要提高行政执法人员的素质，使其明确行政执法证据与刑事司法证据的差异性，从而实现高标准移送。

第三，生态环境主管部门的移送程序。生态环境主管部门应当制作《涉嫌犯罪案件移送书》，及时将案件向同级公安机关移送，并抄送同级人民检察院。

第四，对公安机关决定不予立案的案件依法作出处理。生态环境主管部门接到公安机关不予立案的通知书后，认为依法应当由公安机关决定立案的，可以自接到不予立案通知书之日起3日内，提请作出不予立案决定的公安机关复议，也可以建议人民检察院依法进行立案监督；认为不需要刑事立案、需要依法追究行政处罚责任的，应当依法作出行政处罚决定。[①]

第五，在法定期限内与公安机关办结涉嫌犯罪案件的交接手续。生态环境主管部门在公安机关决定立案后，应当于接到立案通知书之日起3日内，将涉案物品以及与案件有关的其他材料移交给公安机关，并办结交接手续。《中华人民共和国行政强制法》第二十一条规定："违法行为涉嫌犯罪应当移送司法机关的，行政机关应当将查封、扣押、冻结的财物一并移送，并书面告知当事人。"

第六，案情复杂、疑难，性质难以认定的案件的移送。生态环境主管部门对案情复杂、疑难，性质难以认定的案件，可以向公安机关、人民检察院咨询，公安机关、人民检察院应当认真研究，在七日以内回复意见。对有证据表明可能涉嫌犯罪的行为人可能逃匿或者销毁证据，需要公安机关参与、配合的，生态环境主管部门可以商请公安机关提前介入，公安机关可以派员介入。

---

① 参见袁雪石：《中华人民共和国行政处罚法释义》，中国法制出版社2021年版，第189页。

对涉嫌犯罪的，公安机关应当及时依法立案侦查。对重大、有影响的涉嫌犯罪案件，人民检察院可以根据公安机关的请求派员介入公安机关的侦查，参加案件讨论，审查相关案件材料，提出取证建议，并对侦查活动实施法律监督。

第七，对于生态环境主管部门已经作出行政处罚决定的涉嫌犯罪案件，生态环境主管部门应当于作出行政处罚后十日内将行政处罚决定书副本抄送同级公安机关、人民检察院，并书面告知当事人。

◆ **要点提示**

> 1. 对易腐烂、变质、灭失等不宜或者不易保管的涉案物品，应当采取必要措施，留取证据；对需要进行检验、鉴定的涉案物品，应当由法定检验、鉴定机构进行检验、鉴定，并出具检验报告或者鉴定结论；对于涉嫌犯罪案件的调查报告、涉案物品清单、有关检验报告或者鉴定结论及其他有关涉嫌犯罪的材料，也应该一并移送。
>
> 2. 生态环境主管部门的正职负责人或者主持工作的负责人应当自接到移送案件的书面报告之日起3日内作出批准移送或者不批准移送的决定。对于现场查获的涉案货值或者案件其他情节明显达到刑事追诉标准、涉嫌犯罪的，生态环境主管部门应当立即移送公安机关查处。

◆ **法规链接**

《中华人民共和国行政处罚法》（2021 年修订）

第二十七条 违法行为涉嫌犯罪的，行政机关应当及时将案件移送司法机关，依法追究刑事责任。对依法不需要追究刑事责任或者免予刑事处罚，但应当给予行政处罚的，司法机关应当及时将案件移送有关行政机关。

行政处罚实施机关与司法机关之间应当加强协调配合，建立健全案件移送制度，加强证据材料移交、接收衔接，完善案件处理信息通报机制。

第三十五条　违法行为构成犯罪，人民法院判处拘役或者有期徒刑时，行政机关已经给予当事人行政拘留的，应当依法折抵相应刑期。

违法行为构成犯罪，人民法院判处罚金时，行政机关已经给予当事人罚款的，应当折抵相应罚金；行政机关尚未给予当事人罚款的，不再给予罚款。

《中华人民共和国刑事诉讼法》（2018 年修正）

第一百七十七条　犯罪嫌疑人没有犯罪事实，或者有本法第十六条规定的情形之一的，人民检察院应当作出不起诉决定。

对于犯罪情节轻微，依照刑法规定不需要判处刑罚或者免除刑罚的，人民检察院可以作出不起诉决定。

人民检察院决定不起诉的案件，应当同时对侦查中查封、扣押、冻结的财物解除查封、扣押、冻结。对被不起诉人需要给予行政处罚、处分或者需要没收其违法所得的，人民检察院应当提出检察意见，移送有关主管机关处理。有关主管机关应当将处理结果及时通知人民检察院。

《行政执法机关移送涉嫌犯罪案件的规定》（国务院令第 310号　2020 年修订）

第十一条　行政执法机关对应当向公安机关移送的涉嫌犯罪案件，不得以行政处罚代替移送。

行政执法机关向公安机关移送涉嫌犯罪案件前已经作出的警

告，责令停产停业，暂扣或者吊销许可证、暂扣或者吊销执照的行政处罚决定，不停止执行。

依照行政处罚法的规定，行政执法机关向公安机关移送涉嫌犯罪案件前，已经依法给予当事人罚款的，人民法院判处罚金时，依法折抵相应罚金。

《环境保护行政执法与刑事司法衔接工作办法》（环环监〔2017〕17号）

第十六条 环保部门向公安机关移送涉嫌环境犯罪案件，已作出的警告、责令停产停业、暂扣或者吊销许可证的行政处罚决定，不停止执行。未作出行政处罚决定的，原则上应当在公安机关决定不予立案或者撤销案件、人民检察院作出不起诉决定、人民法院作出无罪判决或者免予刑事处罚后，再决定是否给予行政处罚。涉嫌犯罪案件的移送办理期间，不计入行政处罚期限。

对尚未作出生效裁判的案件，环保部门依法应当给予或者提请人民政府给予暂扣或者吊销许可证、责令停产停业等行政处罚，需要配合的，公安机关、人民检察院应当给予配合。

第五十五条　【处罚决定书的制作】 决定给予行政处罚的，应当制作行政处罚决定书。

对同一当事人的两个或者两个以上环境违法行为，可以分别制作行政处罚决定书，也可以列入同一行政处罚决定书。

符合本办法第五十三条第二项规定的情况，决定不予行政处罚的，应当制作不予行政处罚决定书。

◆ **条文主旨**

本条是对处罚文书制作的规定。

◆ **条文理解**

行政处罚决定需要一个载体，以一定的形式表现出来。行政处罚决定书就是处罚决定的载体，是具体行政行为的形式要求。制作并送达行政处罚决定书，可以方便当事人充分、全面地了解被处罚的理由和依据，为监督生态环境主管部门依法行政和申请法律救济提供便利。"分别裁量、合并处罚"，既有利于保证当事人的救济权利，也有利于法院查清事实，准确作出司法认定。在执法实践中，可能出现当事人实施了若干个环境违法行为的情形，针对此情形，生态环境主管部门应当分别实施处罚，可以分别制作行政处罚决定书。为提高行政效率、减少发文数量，也可以将上述处罚决定列入同一行政处罚决定书中。①

本办法第五十三条第二项规定："违法行为轻微，依法可以不予行政处罚的，不予行政处罚。"决定不予行政处罚的，应当制作不予行政处罚决定书。

◆ **要点提示**

1. 决定给予行政处罚的，必须制作行政处罚决定书。

2. 对同一当事人的各个环境违法行为，应当分别处罚，可以分别制作行政处罚决定书，也可以列入同一行政处罚决定书。生态环境主管部门可以自行选择采取哪种方式。

---

① 环境保护部环境监察局主编：《环境行政处罚办法释义》，中国环境科学出版社 2011 年版，第 108 页。

3. 决定不予行政处罚的，应当制作不予行政处罚决定书。

第五十六条　【处罚决定书的内容】行政处罚决定书应当载明以下内容：

（一）当事人的基本情况，包括当事人姓名或者名称，居民身份证号码或者统一社会信用代码、住址或者住所地、法定代表人（负责人）姓名等；

（二）违反法律、法规或者规章的事实和证据；

（三）当事人陈述、申辩的采纳情况及理由；符合听证条件的，还应当载明听证的情况；

（四）行政处罚的种类、依据，以及行政处罚裁量基准运用的理由和依据；

（五）行政处罚的履行方式和期限；

（六）不服行政处罚决定，申请行政复议、提起行政诉讼的途径和期限；

（七）作出行政处罚决定的生态环境主管部门名称和作出决定的日期，并加盖印章。

◆ 条文主旨

本条是关于处罚决定书内容的规定。

◆ 条文理解

生态环境行政处罚决定书是生态环境主管部门出具的、载明对当事人依法给予的行政处罚种类和幅度等有关内容的法律文书。生态环境行政处罚决定书应当载明：

第一，当事人基本情况，包括当事人姓名或者名称，居民身份证号码或者统一社会信用代码、住址或者住所地、法定代表人（负责人）姓名等。当事人为法人或者其他组织的，填写名称和地址（与营业执照一致）、营业执照注册号、组织机构代码、法定代表人姓名；当事人为公民或者个体工商户、个体合伙的，填写姓名（营业执照中有经营字号的应注明登记字号）和地址（与居民身份证、营业执照一致）。

第二，违反法律、法规或者规章的事实和证据。存在违法行为是追究法律责任的前提，在环境行政处罚决定书上应明确载明违法事实，如调查机构名称、调查时间、违法行为信息（时间、地点、行为、情节、动机、后果等）。证明上述事实的证据，如证据名称、提取（作出）时间、提供（作出）单位、证明内容等。违反的法律、法规、规章名称和条款序号。

第三，当事人陈述、申辩的采纳情况及理由；符合听证条件的，还应当载明听证的情况。根据本办法第二十五条第四项的规定，执法人员应当听取当事人、证人或者其他有关人员的陈述、申辩，并如实记录。对于当事人陈述、申辩是否采纳、为什么采纳或不采纳，都需要在行政处罚决定书中载明。

第四，行政处罚的种类、依据，以及行政处罚裁量基准运用的理由和依据。行政处罚的种类主要包括本办法规定的生态环境主管部门有权实施的环境行政处罚种类。实施行政处罚应当结合具体违法行为的性质和情节，选择适用合适的法律条款。处罚决定书必须写明是哪一种行政处罚种类，幅度是多少，同时还应写明处罚是依据哪部法律、行政法规或者规章的哪一个条款。此外，还需要载明在确定行政处罚幅度时的考虑因素。

第五，行政处罚的履行方式和期限。行政处罚的履行方式和期限要清楚、明确，便于当事人主动执行行政处罚决定。按照

《中华人民共和国行政处罚法》的规定，行政处罚决定依法作出后，当事人应当按照行政处罚决定书确定的方式和期限履行。例如，关于缴纳罚款，行政处罚决定书中应写明是当事人按法定期限自己交到指定银行，还是由执法人员当场收缴；是以此缴清罚款，还是分期缴纳等。[①]

第六，申请行政复议或者提起行政诉讼的途径和期限。当事人不服行政处罚决定的，可以申请法律救济。为了方便当事人，有必要告知当事人申请法律救济的途径和期限。

第七，生态环境主管部门的名称、印章和作出决定的日期。处罚决定应以生态环境主管部门的名义作出，并且加盖公章以体现其法律效力。[②] 授权处罚的组织要盖自己的印章，受委托组织实施行政处罚，要盖委托行政机关的印章。内设机构或者派出机构，没有法律法规授权的，应当盖所属厅局的印章，不能盖内设机构或者派出机构自己的印章。[③]

◆ **要点提示**

> 1. 行政处罚决定书的样式，可以参照《环境行政处罚主要文书制作指南》。
>
> 2. 行政处罚决定一经作出，非经法定程序不得擅自变更或者撤销。
>
> 3. 行政处罚决定书一份送达当事人（使用送达回证），一份随卷归档（附送达回证）。

---

① 环境保护部环境监察局主编：《环境行政处罚办法释义》，中国环境科学出版社2011年版，第110页。
② 环境保护部环境监察局主编：《环境行政处罚办法释义》，中国环境科学出版社2011年版，第111页。
③ 袁雪石：《中华人民共和国行政处罚法释义》，中国法制出版社2021年版，第329页。

4. 随着行政处罚决定书的数字化，有些地方已经在全域范围内推行电子行政处罚决定书，"印章"可为电子印章，但使用电子印章时，应同步录音录像。

5. 如果生态环境主管部门的笔误并未造成行政处罚决定书内容上的不完备，则仅属于行政程序的瑕疵，不足以造成行政相对人的合法权益受侵害，可以认定该行政处罚决定书有效。①

◆ **法规链接**

《中华人民共和国行政处罚法》（2021 年修订）

第五十九条 行政机关依照本法第五十七条的规定给予行政处罚，应当制作行政处罚决定书。行政处罚决定书应当载明下列事项：

（一）当事人的姓名或者名称、地址；

（二）违反法律、法规、规章的事实和证据；

（三）行政处罚的种类和依据；

（四）行政处罚的履行方式和期限；

（五）申请行政复议、提起行政诉讼的途径和期限；

（六）作出行政处罚决定的行政机关名称和作出决定的日期。

行政处罚决定书必须盖有作出行政处罚决定的行政机关的印章。

第五十七条 【作出处罚决定的时限】 生态环境主管部门应当自立案之日起九十日内作出处理决定。因案情复杂或者其他原因，不能在规定期限内作出处理决定

---

① 参见《最高人民法院公报》2001 年第 4 期。

的，经生态环境主管部门负责人批准，可以延长三十日。案情特别复杂或者有其他特殊情况，经延期仍不能作出处理决定的，应当由生态环境主管部门负责人集体讨论决定是否继续延期，决定继续延期的，继续延长期限不得超过三十日。

案件办理过程中，中止、听证、公告、监测（检测）、评估、鉴定、认定、送达等时间不计入前款所指的案件办理期限。

◆ **条文主旨**

本条是关于作出处罚决定时限的规定。

◆ **条文理解**

为了明确行政处罚期限，本次修改细化了本条规定。如果行政处罚决定久拖不决，将会使社会秩序长期处于不确定状态，影响当事人的合法权益，因此需要对作出行政处罚决定的期限予以明确规定。

本条规定的"九十日"是基本办理期限，但生态环境保护领域的案件办理具有特殊性，所以本办法对此进行了补充：因案情复杂或者其他原因，不能在规定期限内作出处理决定的，经生态环境主管部门负责人批准，可以延长三十日；案情特别复杂或者有其他特殊情况，经延期仍不能作出处理决定的，应当由生态环境主管部门负责人集体讨论决定是否继续延期，决定继续延期的，继续延长期限不得超过三十日。

本条第二款规定了可以扣除的期限。本办法补充了《中华人民共和国行政处罚法》中没有规定的时限的中止、中断、延期等情况。案件办理过程中，中止、听证、公告、监测（检测）、评估、鉴定、认定、送达等时间不计入本条第一款所指的案件办理期限。

◆ **要点提示**

> 1. 作出处罚决定的时限为九十日，从立案之日起算。
>
> 2. 案件办理过程中，中止、听证、公告、监测（检测）、评估、鉴定、认定、送达等时间不计入时限。

◆ **法规链接**

《中华人民共和国行政处罚法》（2021 年修订）

第六十条　行政机关应当自行政处罚案件立案之日起九十日内作出行政处罚决定。法律、法规、规章另有规定的，从其规定。

《公安机关办理行政案件程序规定》（公安部令第 160 号2020 年修正）

第一百六十五条　公安机关办理治安案件的期限，自受理之日起不得超过三十日；案情重大、复杂的，经上一级公安机关批准，可以延长三十日。办理其他行政案件，有法定办案期限的，按照相关法律规定办理。

为了查明案情进行鉴定的期间，不计入办案期限。

对因违反治安管理行为人不明或者逃跑等客观原因造成案件在法定期限内无法作出行政处理决定的，公安机关应当继续进行调查取证，并向被侵害人说明情况，及时依法作出处理决定。

◆ **相关案例**

案例三十九：某公司诉某区环境保护局等环境保护行政处罚案①

[**本案要点**] 生态环境行政处罚适用普通程序办理的处罚案件应当自立案之日起九十日内作出处理决定。

[**基本案情**] 原告某公司诉称，被告某环保局的执法中存在作出处罚决定的时限的程序瑕疵。法院认为根据环境行政处罚相关规定，生态环境行政处罚适用普通程序办理的处罚案件应当自立案之日起九十日内作出处理决定。2018 年 4 月 29 日被告某环保局立案后，于 2018 年 7 月 10 日作出了案涉《行政处罚决定书》，符合规定时限。因此，被告某环保局作出《行政处罚决定书》的程序，符合相关规定。

[**处理结果**] 法院判决驳回原告某公司的诉讼请求。

第五十八条 【**处罚决定的送达**】行政处罚决定书应当在宣告后当场交付当事人；当事人不在场的，应当在七日内将行政处罚决定书送达当事人。

生态环境主管部门可以根据需要将行政处罚决定书抄送与案件有关的单位和个人。

◆ **条文主旨**

本条是对处罚决定送达的规定。

◆ **条文理解**

送达，是指行政机关依照法定的程序和方式将行政处罚决定

① 四川省成都高新技术产业开发区人民法院（2018）川 0191 行初 380 号行政判决书。

书等法律文书送交当事人的行为。送达是行政处罚过程中的重要程序，行政处罚决定书自送达之日起生效，申请行政复议或者提起行政诉讼的时限也是从送达之日起计算。法律文书的送达与否和送达时间将影响到行政处罚决定的执行和当事人法律救济权行使。[①] 要求生态环境主管部门将行政处罚决定书在一定的期限内交付当事人，有利于保障当事人的合法权益，方便其及时申请法律救济。[②] 本条规定了当场交付行政处罚决定书是原则，不能当场交付的，应当采取送达方式交付。[③]

依照简易程序作出当场处罚决定的，应当将决定书当场交付当事人，并由当事人在备案的决定书上签名、捺指印或者盖章；当事人拒绝的，由行政执法人员在备案的决定书上注明。适用普通程序和听证程序的，行政执法人员应当在宣告后将决定书当场交付当事人，并由当事人在附卷的决定书上签名、捺指印或者盖章，即为送达。送达文书必须有送达回证，由受送达人在送达回证上注明收到日期、签名、捺指印或者盖章。受送达人是法人或者其他组织的，其法人的法定代表人、该组织的主要负责人或者办公室、收发室、值班室的工作人员签收的，即为送达。受送达人在送达回证上的签收日期为送达日期。[④]

◆ **要点提示**

> 1. 行政处罚决定书作出后，应当及时送达当事人，并使用送达回证。

[①②] 环境保护部环境监察局主编：《环境行政处罚办法释义》，中国环境科学出版社 2011 年版，第 113 页。

[③] 袁雪石：《中华人民共和国行政处罚法释义》，中国法制出版社 2021 年版，第 332–333 页。

[④] 袁雪石：《中华人民共和国行政处罚法释义》，中国法制出版社 2021 年版，第 333 页。

2. 与案件有关的单位和个人，如举报人、受害人等，作出处罚决定的生态环境主管部门可以根据需要自行决定是否抄送。

◆ **法规链接**

《中华人民共和国行政处罚法》（2021 年修订）

第六十一条　行政处罚决定书应当在宣告后当场交付当事人；当事人不在场的，行政机关应当在七日内依照《中华人民共和国民事诉讼法》的有关规定，将行政处罚决定书送达当事人。

当事人同意并签订确认书的，行政机关可以采用传真、电子邮件等方式，将行政处罚决定书等送达当事人。

第五十九条　**【送达方式】**生态环境主管部门送达执法文书，可以采取直接送达、留置送达、委托送达、邮寄送达、电子送达、转交送达、公告送达等法律规定的方式。

送达行政处罚文书应当使用送达回证并存档。

◆ **条文主旨**

本条是对送达方式的规定。

◆ **条文理解**

送达方式主要有以下七种：

第一，直接送达。送达法律文书应当首先采取直接送达方式。受送达人是公民的，交给受送达人，本人不在的交其同住成年家属签收；受送达人是法人或者其他组织的，应当由法人的法定代表人、其他组织的主要负责人或者该法人、组织负责收件的人签收；受送达人有代理人的，可以送交其代理人签收；受送达人向行政机关指定代收人的，送交代收人签收。受送达人的同住成年家属、法人或者其他组织负责收件的人、诉讼代理人或者代收人在送达回证上签收的日期为送达日期。

第二，留置送达。受送达人或者其同住成年家属拒绝签收诉讼文书的，送达人可以邀请有关基层组织或者所在单位的代表在场，说明情况，在送达回证上记明拒收事由和日期，由送达人、见证人签名或者盖章，把文书留在受送达人的住所；也可以把文书留在受送达人的住所，并采用拍照、录像等方式记录送达过程，即视为送达。

第三，委托送达。直接送达文书有困难的，可以委托其他机关或组织代为送达。

第四，邮寄送达。无法直接送达的，可以邮寄送达，以回执上注明的收件日期为送达日期。

第五，电子送达。随着互联网技术的发展，包括传真、电子邮件、移动通信等电子送达方式作为一种新型的文书送达方式被广泛使用。电子送达一方面为当事人提供了便利，使其无须到场签收就能及时知晓文书内容；另一方面也为行政机关提供了便利，降低了行政成本，提高了办案效率。本办法第六十条进一步对电子送达的要求作出了细化规定。

第六，转交送达。受送达人是军人的，通过其所在部队团以上单位的政治机关转交。受送达人被监禁的，通过其所在监所转交。受送达人被采取强制性教育措施的，通过其所在强制性教育机构转交。

第七，公告送达。受送达人下落不明，或者用其他方式无法送达的，可以公告送达。行政机关公告送达行政执法文书的，应当通过电子政务平台、本机关或者本级人民政府门户网站公告，也可以根据需要在当地主要新闻媒体公告或者在受送达人住所地、经营场所或者所在的村（居）民委员会公告栏公告，便于当事人知晓，公告期限不得少于六十日。公告送达，应当在案卷中记明原因和经过。

◆ **法规链接**

《中华人民共和国行政处罚法》（2021 年修订）

第六十一条　行政处罚决定书应当在宣告后当场交付当事人；当事人不在场的，行政机关应当在七日内依照《中华人民共和国民事诉讼法》的有关规定，将行政处罚决定书送达当事人。

当事人同意并签订确认书的，行政机关可以采用传真、电子邮件等方式，将行政处罚决定书等送达当事人。

《中华人民共和国民事诉讼法》（2021 年修正）

第八十八条　送达诉讼文书，应当直接送交受送达人。受送达人是公民的，本人不在交他的同住成年家属签收；受送达人是法人或者其他组织的，应当由法人的法定代表人、其他组织的主要负责人或者该法人、组织负责收件的人签收；受送达人有诉讼代理人的，可以送交其代理人签收；受送达人已向人民法院指定代收人的，送交代收人签收。

受送达人的同住成年家属，法人或者其他组织的负责收件的人，诉讼代理人或者代收人在送达回证上签收的日期为送达日期。

第八十九条　受送达人或者他的同住成年家属拒绝接收诉讼文书的，送达人可以邀请有关基层组织或者所在单位的代表到场，说明情况，在送达回证上记明拒收事由和日期，由送达人、见证人签名或者盖章，把诉讼文书留在受送达人的住所；也可以把诉讼文书留在受送达人的住所，并采用拍照、录像等方式记录送达过程，即视为送达。

第九十条　经受送达人同意，人民法院可以采用能够确认其收悉的电子方式送达诉讼文书。通过电子方式送达的判决书、裁定书、调解书，受送达人提出需要纸质文书的，人民法院应当提供。

采用前款方式送达的，以送达信息到达受送达人特定系统的日期为送达日期。

第九十一条　直接送达诉讼文书有困难的，可以委托其他人民法院代为送达，或者邮寄送达。邮寄送达的，以回执上注明的收件日期为送达日期。

第九十二条　受送达人是军人的，通过其所在部队团以上单位的政治机关转交。

第九十三条　受送达人被监禁的，通过其所在监所转交。

受送达人被采取强制性教育措施的，通过其所在强制性教育机构转交。

《公安机关办理行政案件程序规定》（2020 年修正）

第三十六条　送达法律文书，应当遵守下列规定：

（一）依照简易程序作出当场处罚决定的，应当将决定书当场交付被处罚人，并由被处罚人在备案的决定书上签名或者捺指印；被处罚人拒绝的，由办案人民警察在备案的决定书上注明；

（二）除本款第一项规定外，作出行政处罚决定和其他行政处理决定，应当在宣告后将决定书当场交付被处理人，并由被处理人在附卷的决定书上签名或者捺指印，即为送达；被处理人拒绝的，由办案人民警察在附卷的决定书上注明；被处理人不在场的，公安机关应当在作出决定的七日内将决定书送达被处理人，治安管理处罚决定应当在二日内送达。

送达法律文书应当首先采取直接送达方式，交给受送达人本人；受送达人不在的，可以交付其成年家属、所在单位的负责人员或者其居住地居（村）民委员会代收。受送达人本人或者代收人拒绝接收或者拒绝签名和捺指印的，送达人可以邀请其邻居或者其他见证人到场，说明情况，也可以对拒收情况进行录音录像，把文书留在受送达人处，在附卷的法律文书上注明拒绝的事由、送达日期，由送达人、见证人签名或者捺指印，即视为送达。

无法直接送达的，委托其他公安机关代为送达，或者邮寄送达。经受送达人同意，可以采用传真、互联网通讯工具等能够确认其收悉的方式送达。

经采取上述送达方式仍无法送达的，可以公告送达。公告的范围和方式应当便于公民知晓，公告期限不得少于六十日。

◆ **相关案例**

案例四十：某厂与某市生态环境局分局环保处罚纠纷上诉案①

[**本案要点**] 听证告知书可以采取转交送达的方式送达。

[**基本案情**] 上诉人某厂因生态环境保护行政处罚一案，不服某省某市区人民法院作出的行政判决，向某市中院提起上诉。本案中，被上诉人虽已向上诉人作出听证告知书，但其提交的送达回执无上诉人盖章签字，其辩称签收人王某系上诉人生产安全员，但整个执法过程无王某系上诉人处工作人员的证明。故被上诉人虽已作出听证告知书，但其未将该听证权利告知上诉人，剥夺上诉人的听证权利，程序违法。中院认为，法律规定，送达行政处罚文书可以采取直接送达、留置送达、委托送达、邮寄送达、转交送达、公告送达、公证送达或者其他方式。被上诉人向上诉人管理人员王某送达《责令停产整治事先（听证）告知书》，采取转交送达的方式送达，符合上述规定。

[**处理结果**] 法院判决驳回上诉，维持原判。

---

① 贵州省安顺市中级人民法院（2019）黔04行终209号行政判决书。

第六十条　**【电子送达】**当事人同意并签订确认书的，生态环境主管部门可以采用传真、电子邮件、移动通信等能够确认其收悉的电子方式送达执法文书，并通过拍照、截屏、录音、录像等方式予以记录。传真、电子邮件、移动通信等到达当事人特定系统的日期为送达日期。

◆ **条文主旨**

本条是对电子送达方式特定要求的规定。

◆ **条文理解**

电子送达虽然方便高效，但是以当事人具备使用互联网和特定设备等条件和能力作为前提。如果当事人不具备相关条件和能力，就无法使用电子送达方式。为此，本条规定了电子送达的前提和对电子送达方式的一些特殊要求。第一，采用电子送达的，必须经当事人同意并签订确认书。如果当事人不愿意或者不方便采取电子送达或者未经当事人确认的，就不能使用电子送达。第二，电子送达的具体方式。电子送达可以采用传真、电子邮件、移动通信等能够确认其收悉的电子方式送达执法文书。第三，电子送达方式的记录。以电子方式送达执法文书的，应通过拍照、截屏、录音、录像等方式予以记录。第四，电子送达日期的确定。以传真、电子邮件、移动通信等到达当事人特定系统的日期为送达日期。在操作上，也可请当事人留下手机号码，以行政机关发送登录账号和验证码的形式，请当事人登录执法信息化系统获取执法决定及其证据，当事人登录则视为送达。[1]

---

[1]　袁雪石：《中华人民共和国行政处罚法释义》，中国法制出版社2021年版，第335页。

◆ **要点提示**

> 1. 电子送达以当事人同意并签订确认书为前提。
> 2. 电子送达需要通过拍照、截屏、录音、录像等方式予以记录。

◆ **法规链接**

《中华人民共和国行政处罚法》（2021 年修订）

第六十一条　行政处罚决定书应当在宣告后当场交付当事人；当事人不在场的，行政机关应当在七日内依照《中华人民共和国民事诉讼法》的有关规定，将行政处罚决定书送达当事人。

当事人同意并签订确认书的，行政机关可以采用传真、电子邮件等方式，将行政处罚决定书等送达当事人。

《中华人民共和国民事诉讼法》（2021 年修正）

第九十条　经受送达人同意，人民法院可以采用能够确认其收悉的电子方式送达诉讼文书。通过电子方式送达的判决书、裁定书、调解书，受送达人提出需要纸质文书的，人民法院应当提供。

采用前款方式送达的，以送达信息到达受送达人特定系统的日期为送达日期。

◆ **相关案例**

案例四十一：某公司与某市生态环境局环保处罚纠纷上诉案①

[**本案要点**] 电子送达作为一种新型行政执法文书送达方式，具有便捷、迅速、即时的优点，采用电子送达应当遵守相应的程序规范。

---

① 南宁铁路运输中级法院（2020）桂 71 行终 169 号行政判决书。

[**基本案情**] 上诉人某公司上诉认为，本案处罚程序不合法；生态环境局采用微信发送《行政处罚听证通知书》缺乏法律依据，送达行为未产生法律效力。一审法院认为，电子送达作为一种新型送达方式，具有便捷、迅速、即时的优点，行政机关在确定当事人身份的情况下采用电子送达大大减轻了行政机关以及当事人的负担，且送达的员工费某系某公司生产部负责人，分管安全环保工作，在生态环境局的调查过程中也予以配合询问，负责签收了生态环境局送达的《责令改正违法行为决定书》，生态环境局向其送达《行政处罚听证通知书》之后，某公司也派人员按时参加了听证，充分表达了自己的陈述、申辩意见，该送达程序未损害该公司的实体权利。关于生态环境局作出的处罚决定程序是否合法的问题，生态环境局在行政处罚过程中，应该公司的听证要求组织召开听证，采用微信传送《行政处罚听证通知书》的电子送达方式，通知该公司参加听证。从微信聊天记录和公司按时派员参加听证的行为可知，该公司实际上已收到该通知，亦认可该送达行为所产生的法律效力，并在听证过程中充分表达了自己的陈述和申辩意见，对于其提出的意见，处罚决定中亦作出了相应回应。因此，虽然生态环境局采用的电子送达方式在送达期限上存在一定瑕疵，但对该公司的陈述、申辩等权利未造成实质性损害，对该送达的法律效力应予以确认。电子送达作为一种行政执法文书的新型送达方式，具有便捷、迅速、即时的优点，对该送达方式应当予以鼓励，对其适用条件和程序应当进一步规范。

[**处理结果**] 法院判决驳回上诉，维持原判。

第七节　信 息 公 开

> 第六十一条　【处罚决定的公开】生态环境主管部
> 门应当依法公开其作出的生态环境行政处罚决定。

◆ **条文主旨**

本条是对处罚决定公开的规定。

◆ **条文理解**

第七节"信息公开"为此次修订新增的内容。本节明确了各级生态环境主管部门的处罚信息公开义务，从公开主体、公开内容、公开期限、公开例外等几个方面作出了较为全面具体的规定。本条作为该节的第一条，明确规定了各级生态环境主管部门应当依法公开其作出的生态环境行政决定。

早期的行政处罚决定"公开"，是仅针对违法行为者这一特定对象的公开。① 但随着有关处罚决定公开的立法与政策文件不断推出，行政处罚信息公开的范围逐渐扩大，并在生态环境保护领域得到着重强调。譬如，2014 年修订的《中华人民共和国环境保护法》第五十四条第二款规定："县级以上人民政府环境保护主管部门和其他负有环境保护监督管理职责的部门，应当依法公开环境质量、环境监测、突发环境事件以及环境行政许可、行政处罚、排污费的征收和使用情况等信息。"2018 年《国务院办公厅

---

① 参见罗文燕：《论行政处罚法的基本原则》，载《浙江省政法管理干部学院学报》1998 年第 1 期。

关于推进社会公益事业建设领域政府信息公开的意见》（国办发〔2018〕10号）中提出，要着力推进环境保护等领域政府信息公开，并在环境保护领域重点公开重大环境污染和生态破坏事件调查处理，环境保护执法监管等信息。2019年修订后的《中华人民共和国政府信息公开条例》第二十条第六项首次将行政处罚决定的公开义务写入总则性立法文本①，并强调政府部门在环境保护领域主动公开信息的重要性。2019年5月，生态环境部印发《关于在生态环境系统推进行政执法公示制度执法全过程记录制度重大执法决定法制审核制度的实施意见》，指导生态环境执法全面推行行政执法公示，并积累了较好的实践。作为本办法的直接上位法，2021年修订的《中华人民共和国行政处罚法》也增加了处罚决定公示制度，但将公开的范围仅限于"具有一定社会影响的"行政处罚。这主要是考虑到公开处罚会影响到当事人的隐私与名誉，"公开"本身就具有制裁性。所以，为了平衡隐私权与知情权，有必要对公开的范围予以限制。同时，这也与《中华人民共和国政府信息公开条例》的规定保持一致。② 与当事人作为"私益"的隐私权相对应，"具有一定社会影响的"应当理解为涉及"公益"。此处的"公益"不应从决定的行政性质来理解，而应从所处罚的违法行为性质以及处罚所要维护的规范目的来把握。否则，因处罚系公权力机关作出，几乎所有的处罚决定都可以被理解为具有"公益"属性。所以，对于那些主要影响违法行为者个人的处罚决定，如因无证驾驶而受到的行政处罚，行政机关就无需公开。不然，就可能涉嫌滥用行政权力侵犯当事人的隐私权。

---

① 熊樟林：《行政处罚决定为何不需要全部公开？——新〈行政处罚法〉第48条的正当性解释》，载《苏州大学学报（哲学社会科学版）》2021年第6期。

② 参见袁雪石：《中华人民共和国行政处罚法释义》，中国法制出版社2021年版，第278页。

公开处罚决定可以推动公众参与，监督和控制行政处罚权，督促主管部门依法行政。通过公布违法事实与违法行为人的基本信息，还可以降低违法行为人的社会声誉，督促其积极履行义务，并以儆效尤，威慑其他潜在违法者。据统计，公开环境处罚信息可以通过提高政府环境执法力度和公众环保参与度两条途径有效促进城市污染减排。① 如果主管部门未履行公开职责，根据《中华人民共和国政府信息公开条例》第五十一条，公民、法人或者其他组织可以向上一级行政机关或者政府信息公开工作主管部门投诉、举报，也可以依法申请行政复议或者提起行政诉讼。

◆ **要点提示**

> 1. 各级生态环境主管部门是本行政区域内处罚决定公开的责任主体。
>
> 2. 公开处罚决定是环境信息公开制度的一部分，具有监督处罚权行使、督促违法行为人积极履行义务、震慑其他潜在违法者等作用，有助于促进行为人守法，改善环境质量。
>
> 3. 生态环境行政处罚决定关乎社会公益，主管部门原则上均应当主动公开。

◆ **法规链接**

《中华人民共和国行政处罚法》（2021 年修订）

第四十八条　具有一定社会影响的行政处罚决定应当依法公开。

---

① 参见刘满凤、陈梁：《环境信息公开评价的污染减排效应》，载《中国人口·资源与环境》2020 年第 10 期。

公开的行政处罚决定被依法变更、撤销、确认违法或者确认无效的，行政机关应当在三日内撤回行政处罚决定信息并公开说明理由。

《中华人民共和国环境保护法》（2014 年修订）

第五十四条　国务院环境保护主管部门统一发布国家环境质量、重点污染源监测信息及其他重大环境信息。省级以上人民政府环境保护主管部门定期发布环境状况公报。

县级以上人民政府环境保护主管部门和其他负有环境保护监督管理职责的部门，应当依法公开环境质量、环境监测、突发环境事件以及环境行政许可、行政处罚、排污费的征收和使用情况等信息。

县级以上地方人民政府环境保护主管部门和其他负有环境保护监督管理职责的部门，应当将企业事业单位和其他生产经营者的环境违法信息记入社会诚信档案，及时向社会公布违法者名单。

《中华人民共和国政府信息公开条例》（2019 年修订）

第三条　各级人民政府应当加强对政府信息公开工作的组织领导。

国务院办公厅是全国政府信息公开工作的主管部门，负责推进、指导、协调、监督全国的政府信息公开工作。

县级以上地方人民政府办公厅（室）是本行政区域的政府信息公开工作主管部门，负责推进、指导、协调、监督本行政区域的政府信息公开工作。

实行垂直领导的部门的办公厅（室）主管本系统的政府信息公开工作。

第五条　行政机关公开政府信息，应当坚持以公开为常态、不公开为例外，遵循公正、公平、合法、便民的原则。

第五十一条　公民、法人或者其他组织认为行政机关在政府信息公开工作中侵犯其合法权益的，可以向上一级行政机关或者政府信息公开工作主管部门投诉、举报，也可以依法申请行政复议或者提起行政诉讼。

◆ **相关案例**

案例四十二：陈某与某市某区环境保护局信息公开案①

[**本案要点**]　生态环境主管部门将其作出的生态环境行政处罚决定以便于查询的方式在政府网站或其他平台上依法公开的，属于履行法定职责。

[**基本案情**]　2013 年 6 月 16 日，陈某向某市某区环保局提出政府信息公开申请，申请公开"其辖区内某工业园区内各个企业环境保护监督检查情况"，并要求某市某区环保局以新闻发布会的形式公开。2013 年 6 月 21 日，某市某区环保局根据陈某的申请作出《关于对政府信息公开申请有关事项的回复》，其主要内容为："我局已经在某区门户网站上对辖区内环保行政处罚、行政审批等情况进行了公开，请你直接登录某区门户网站中的'信息公开'栏目的'信息公开目录'中查阅。"陈某认为某市某区环保局未依法对其进行答复，向某市某区人民法院起诉，请求法院责令某市某区环保局按照其申请的内容及形式向其提供政府信息。

法院认为，本案中，陈某向某市某区环保局提出信息公开申请，由于陈某申请公开的政府信息已经向社会公开，某市某区环保局在收到其政府信息公开申请后，以书面形式告知其申请公开的信息已通过政府网站向社会公开，并告知了其查询方式。经庭审查明，通过某市某区环保局告知的查询方式，能够查询到某区范围内企业办理环境影响评价手续和行政处罚信息等环保执法监

---

① 四川省成都市中级人民法院（2014）成行终字第 69 号行政判决书。

督信息。因此，某市某区环保局的行为属于依法履行法定职责。陈某提出某区环保局所公开的信息不全面，但未提供相关证据材料予以证明；陈某要求某市某区环保局以新闻发布会的方式对其申请事项予以公开缺乏法律依据，故不予支持。

[处理结果] 一审法院认为，陈某申请公开的信息某市某区环保局已经向社会公开，某市某区环保局已经依法对陈某的申请进行了答复，故判决驳回原告的诉讼请求；二审法院维持原判。

第六十二条　【公开的内容】 生态环境主管部门依法公开生态环境行政处罚决定的下列信息：

（一）行政处罚决定书文号；

（二）被处罚的公民姓名，被处罚的法人或者其他组织名称和统一社会信用代码、法定代表人（负责人）姓名；

（三）主要违法事实；

（四）行政处罚结果和依据；

（五）作出行政处罚决定的生态环境主管部门名称和作出决定的日期。

◆ 条文主旨

本条是对所公开的处罚决定信息内容的规定。

◆ 条文理解

政府信息公开包括依申请公开与主动公开两种方式，处罚决定公开为主管部门应该主动公开的事项。秉持"谁制作，谁公开，谁负责"的原则，本条明确了各级生态环境主管部门应当公开的处罚决定内容，且必须依法进行，具体体现为公开内容合法、程序合法、期限合法、程度合法等。与本办法第六十三条不予公开的内容相对应，本条为各级主管部门必须公开的内容提供了指引。结合本办法第五十六条的规定，应当公开的内容就是行政处罚决定书必须载明的内容。其中，处罚决定书文号是为了方便当事人与主管部门索引。被处罚的公民姓名，被处罚的法人或者其他组织名称和统一社会信用代码、法定代表人（负责人）姓名是被处罚主体的基本信息。主要违法事实是对调查、询问、鉴定、陈述、申辩（听证）采纳情况等执法流程加以梳理，并列明关键事实与相关证据。行政处罚结果和依据是处罚决定书信息公开中的关键和核心内容。作出处罚决定的日期是当事人履行期限或提出复议和诉讼的日期起算点，也是公开处罚决定的起算点。

◆ **要点提示**

> 1. 各级生态环境主管部门应根据"谁制作，谁公开，谁负责"的原则，主动公开处罚决定。
>
> 2. 必须公开的内容主要是处罚决定书应当载明的内容。
>
> 3. 第二项中所公布的公民姓名、法人或其他组织的名称等基本信息应当仅局限于被处罚主体。其他相关人员的信息应进行隐私处理。
>
> 4. 公布的主要违法事实需要有基本证据与程序的支撑。

◆ **法规链接**

《中华人民共和国政府信息公开条例》（2019 年修订）

第十三条　除本条例第十四条、第十五条、第十六条规定的政府信息外，政府信息应当公开。

行政机关公开政府信息，采取主动公开和依申请公开的方式。

第二十条　行政机关应当依照本条例第十九条的规定，主动公开本行政机关的下列政府信息：

……

（六）实施行政处罚、行政强制的依据、条件、程序以及本行政机关认为具有一定社会影响的行政处罚决定；

……

◆ **相关案例**

案例四十三：张某某与某市分局处罚信息公开案①

[**本案要点**]　申请公开的政府信息中含有不应当公开的内容，但是能够作区分处理的，行政机关应当向申请人提供可以公开的信息内容。

[**基本案情**]　原告张某某于 2019 年 4 月 16 日向原分局提交《政府信息公开申请》，其中认为某某小镇第四、五期建设存在违反环保法律法规的行为，并要求公开：一、自 2016 年以来，被告查处的该项目有关违法违规问题的案卷资料；二、如有举报违法违规行为未予查处，申请公开有关不予查处决定的书面记录。2019 年 4 月 26 日，被告作出《政府信息部分公开告知书》，主要内容为："一、经查，你申请获取的政府信息第一部分'自 2016年以来，贵局查处的该项目有关违法违规问题的案卷资料'属于部分公开范围，根据《中华人民共和国政府信息公开条例》第二十六条的规定，本机关将以你指定的方式当面领取向你提供所申请的政府信息：自 2016 年以来，对某某建设发展有限公司的违法

---

① 山东省青岛市中级人民法院（2019）鲁 02 行终 563 号行政判决书。

违规行为进行过一次处罚。详查见附件。二、经查，你申请获取的政府信息第二部分'如有举报违法违规行为未予查处，申请公开有关不予查处决定的书面记录'不存在。"张某某不服，诉至法院。后原告不服一审判决，提起上诉。现本案已审结。

一审法院认为，《中华人民共和国政府信息公开条例》第二十二条规定，"申请公开的政府信息中含有不应当公开的内容，但是能够作区分处理的，行政机关应当向申请人提供可以公开的信息内容"①。本案中，原告向被告申请公开某某小镇第四、五期的相关环境处罚信息及案卷，被告收到该申请后，经调查，针对已经主动公开的政府行政处罚信息，告知了原告相关结果以及查询的具体方式及途径；针对不存在的信息，亦告知原告相关情况。至于原告申请公开的被告查处的涉案项目案卷材料，不属于行政机关应当主动公开的信息。原告也没有提交证据证明其符合《中华人民共和国政府信息公开条例》第十三条规定的因"生产、生活、科研等特殊需要"②，被告对此不予公开，符合法律规定。因此，被告所作《政府信息部分公开告知书》程序合法，适用法律正确，并无不当。二审法院认为，上诉人的第一项政府信息公开申请为"2016 年以来被上诉人查处该项目违法违规问题的案卷材料"，被上诉人将属于公开范围的部分信息按照上诉人要求的形式予以提供给上诉人，而对于上诉人申请公开的案卷材料，应当按照相关法律、法规的规定办理，按照规定并不属于政府信息公开案件的受理范围。因此，被上诉人作区分处理后向上诉人提供了可以公开的信息内容，且履行了法定告知义务，答复并无不当。而对于上

---

① 此处引用的是 2007 年施行的《中华人民共和国政府信息公开条例》，对应 2019 年修订版本的第三十七条、第三十八条。

② 此处引用的是 2007 年施行的《中华人民共和国政府信息公开条例》。

诉人的第二项政府信息公开申请"如有举报违法违规行为未予查处，申请公开不予查处决定的书面记录"，被上诉人作为负责本区管理生态环境的行政主管部门，在法定期限内依法答复申请人信息不存在，被上诉人已经履行了法定告知义务，符合上述法律规定。

[处理结果] 一审法院认为原告主张撤销被告作出的《政府信息部分公开告知书》于法无据，判决驳回原告张某某的诉讼请求。二审法院认为原审判决正确，判决驳回上诉，维持原判。

第六十三条　【法定不予公开的情形】 涉及国家秘密或者法律、行政法规禁止公开的信息的，以及公开后可能危及国家安全、公共安全、经济安全、社会稳定的行政处罚决定信息，不予公开。

◆ **条文主旨**

本条是对不予公开的行政处罚决定信息的规定。

◆ **条文理解**

为了平衡公众知情权和其他利益（包括公共利益和他人利益）之间的关系，所有国家和地区有关信息公开的法律都规定了一些不予公开的情形，主要是涉及国家秘密、商业秘密或者个人隐私的情形。本条明确了应当不予公开的范围，使不予公开范围的界定更为科学、明确、具体、可预测。既提高了制度的权威性，也便于办法的实施。《中华人民共和国政府信息公开条例》第十四条规定，依法确定为国家秘密的政府信息，法律、行政法规禁止公开的政府信息，以及公开后可能危及国家安全、公共安全、经济安全、社会稳定的政府信息，不予公开。本条结合上述规定，以"公开为常态，不公开为例外"的原则为指引，确定了法定不予公开的内容包括：依法确定为国家秘密的处罚决定信息，法律、行政法规禁止公开的处罚信息以及公开后可能危及国家安全、公共安全、经济安全、社会稳定的处罚决定信息三类。

根据《中华人民共和国保守国家秘密法》第二条规定，国家秘密是关系国家的安全和利益，依照法定程序确定，在一定时间内只限一定范围人员知悉的事项。同时，根据《中华人民共和国保守国家秘密法实施条例》第五条规定，机关、单位不得将依法应当公开的事项确定为国家秘密。所以，主管部门必须区分处罚决定中可以公开与不能公开的部分，对处罚种类与依据、处罚文书文号等可以公开的部分还是应当公开。此外，只有法律和行政法规可以规定禁止公开的信息内容，地方性法规、部门规章等其他层级的规范文件不得为公开处罚决定设置阻碍。

最后，虽然本条并未规定，但根据《中华人民共和国政府信息公开条例》第十六条规定，行政机关内部事务信息、过程性信息、行政执法案卷信息也可以不予公开。从"可以不予公开"而非本条"不予公开"的表述可看出，对内部事务信息与执法案卷等信息的公开主管部门是有选择权的。

◆ **要点提示**

> 1. 行政处罚决定信息以公开为常态，不公开为例外。法定不公开的情形仅包括国家秘密，法律、行政法规禁止公开的信息，以及公开后可能危及国家安全、公共安全、经济安全、社会稳定的行政处罚决定信息。
>
> 2. 对于行政机关内部事务信息、处罚决定过程性信息、行政执法案卷信息，主管部门可以选择不予公开。

◆ 法规链接

《中华人民共和国行政处罚法》（2021年修订）

第五十条　行政机关及其工作人员对实施行政处罚过程中知悉的国家秘密、商业秘密或者个人隐私，应当依法予以保密。

《中华人民共和国数据安全法》（2021年施行）

第三十八条　国家机关为履行法定职责的需要收集、使用数据，应当在其履行法定职责的范围内依照法律、行政法规规定的条件和程序进行；对在履行职责中知悉的个人隐私、个人信息、商业秘密、保密商务信息等数据应当依法予以保密，不得泄露或者非法向他人提供。

《中华人民共和国保守国家秘密法》（2010年修订）

第二条　国家秘密是关系国家安全和利益，依照法定程序确定，在一定时间内只限一定范围的人员知悉的事项。

第三条　国家秘密受法律保护。

一切国家机关、武装力量、政党、社会团体、企业事业单位和公民都有保守国家秘密的义务。

任何危害国家秘密安全的行为，都必须受到法律追究。

第九条　下列涉及国家安全和利益的事项，泄露后可能损害国家在政治、经济、国防、外交等领域的安全和利益的，应当确定为国家秘密：

（一）国家事务重大决策中的秘密事项；

（二）国防建设和武装力量活动中的秘密事项；

（三）外交和外事活动中的秘密事项以及对外承担保密义务的秘密事项；

（四）国民经济和社会发展中的秘密事项；

（五）科学技术中的秘密事项；

（六）维护国家安全活动和追查刑事犯罪中的秘密事项；

（七）经国家保密行政管理部门确定的其他秘密事项。

政党的秘密事项中符合前款规定的，属于国家秘密。

《中华人民共和国政府信息公开条例》（2019 年修订）

第十四条　依法确定为国家秘密的政府信息，法律、行政法规禁止公开的政府信息，以及公开后可能危及国家安全、公共安全、经济安全、社会稳定的政府信息，不予公开。

第十六条　行政机关的内部事务信息，包括人事管理、后勤管理、内部工作流程等方面的信息，可以不予公开。

行政机关在履行行政管理职能过程中形成的讨论记录、过程稿、磋商信函、请示报告等过程性信息以及行政执法案卷信息，可以不予公开。法律、法规、规章规定上述信息应当公开的，从其规定。

《中华人民共和国保守国家秘密法实施条例》（2014 年施行）

第五条　机关、单位不得将依法应当公开的事项确定为国家秘密，不得将涉及国家秘密的信息公开。

《生态环境部政府信息公开实施办法》（环办厅函〔2019〕633 号）

第九条　依法确定为国家秘密的政府信息，法律、法规禁止公开的政府信息，以及公开后可能危及国家安全、公共安全、经济安全、社会稳定的政府信息，不予公开。

◆　**相关案例**

案例四十四：市环保局以国家机密为由未公开某企业废水超标排放处罚信息①

[本案要点]　生态环境主管部门可以保护国家机密为由拒绝

---

①　胡新桥、周琦：《武汉某企业排污被罚百万　环保局不点名：国家机密》，载"凤凰网湖北"，2014 年 2 月 18 日刊，访问地址：http://hb.ifeng.com/news/focus/detail_2014_02/08/1818128_0.shtml，最后访问日期：2023 年 7 月 9 日。

公开处罚决定信息。

[**基本案情**] 2012 年 7、8 月间，某市某机械企业因总排污口出现废水超标情况而受到处罚。2013 年 3 月，该企业再次发生部分含有机物的循环水泄漏并受到处罚。2013 年年底，该企业因废水超标排放被罚 121.5 万元，为该市有史以来最大的环保罚单。王某获悉该处罚事项后，于 2013 年 12 月 25 日到市环保局网站上申请公开"某企业具体信息"。2014 年 1 月 17 日，王某收到了环保局的回复。

[**处理结果**] 环保局在对王某的回复中提到，被罚企业为本市一家工业企业。2013 年 3 月 12 日，该公司因废水超标排放，违反了《中华人民共和国水污染防治法》的规定，环保局对其依法处罚 121.5 万元。虽然该企业被列入了国家重点监控企业名单，但因为其生产的产品性质敏感，属于不宜公开单位。所以，为了保守国家机密，环保局在发布信息时对其名称、地址等具体信息不予公开。

第六十四条 【隐私保护】 公开行政处罚决定时，应当隐去以下信息：

（一）公民的肖像、居民身份证号码、家庭住址、通信方式、出生日期、银行账号、健康状况、财产状况等个人隐私信息；

（二）本办法第六十二条第（二）项规定以外的公民姓名，法人或者其他组织的名称和统一社会信用代码、法定代表人（负责人）姓名；

（三）法人或者其他组织的银行账号；

（四）未成年人的姓名及其他可能识别出其身份的信息；

（五）当事人的生产配方、工艺流程、购销价格及客户名称等涉及商业秘密的信息；

（六）法律、法规规定的其他应当隐去的信息。

◆ **条文主旨**

本条规定公开处罚决定信息时应当保护个人隐私与商业秘密等敏感信息。

◆ **条文理解**

本条为新增条款。处罚决定公示和公开的主要目的是便于公众对行政执法活动的知情、参与、表达和监督。但行政处罚决定的公开，不仅涉及行政机关依法行政的基本信息，也可能涉及行政处罚当事人的个人信息、名誉、声誉等合法权益。与应当主动公开的政府规范性文件、国民经济报告等其他政府信息不同，行政处罚是对行政相对人的否定性评价。行政处罚公开后可能会导致当事人名誉受损，从而产生类似于"通报批评"的效果。行政处罚作为一项旨在监督行政机关依法行政的制度，必须遵循比例原则，不应"误伤"当事人的合法权益，更不应异化为"合法"侵害当事人权益的手段。

本条第一项涉及个人隐私保护。《中华人民共和国民法典》第一千零三十二条规定："自然人享有隐私权。任何组织或者个人不得以刺探、侵扰、泄露、公开等方式侵害他人的隐私权。隐私是自然人的私人生活安宁和不愿为他人知晓的私密空间、私密活动、私密信息。"第一千零三十九条规定："国家机关、承担行政职能的法定机构及其工作人员对于履行职责过程中知悉的自然人的隐私和个人信息，应当予以保密，不得泄露或者向他人非法提供。"需要注意的是，对公众人物的隐私权保护，是否应与普通民众的隐私权保护力度、方式一致？一般认为，公众人物由于其身份的特殊性，其隐私权受到了一定的限制，实际上不能与普通大众的隐私权受到同等保护。但对公众人物隐私的公开程度也应当限于与处罚内容和公众合理关注范围内相关的私人信息。如果是与社会公共利益无关的住宅信息、活动轨迹、健康信息等私密生活信息，应当在处罚决定中隐去。

还需要注意的是，个人信息与个人隐私不同。前者的范围要广于后者。在权利的客体方面，个人隐私是指私人生活安宁不受他人非法干扰，私人信息保密不受他人非法收集、刺探和公开。[①] 对个人隐私的侵犯包括侵入他人私密空间、打扰他人生活安宁、公开他人生活秘密、公开他人隐私性信息等。而个人信息，根据《中华人民共和国民法典》第一千零三十四条规定，是以电子或者其他方式记录的能够单独或者与其他信息结合识别特定自然人的各种信息，包括自然人的姓名、出生日期、身份证件号码、生物识别信息、住址、电话号码、电子邮箱、健康信息、行踪信息等。个人信息的关键在于"身份可识别性"，个人隐私着重于"私密性"。因此，只有个人信息与个人隐私二者交叉的范围才构成第一项中的"个人隐私信息"。不过，如果权利人同意或是不公开不利于维护公共利益的，主管部门可以公开涉及个人隐私的处罚决定。例外情形的适用必须符合比例原则，并做到以下三点：第一，公开隐私信息应符合保障公民的参与权、监督权的公开目的；第二，公开隐私信息是实现上述目的不可或缺的手段；第三，

---

① 参见张新宝：《隐私权的法律保护》，群众出版社 2004 年版，第 7 页。

限制隐私所保护的公共利益远大于第三方的隐私利益。

本条第二项与第三项主要是出于"相关性"的考虑。被处罚者之外的其他自然人企业或组织与行政处罚决定并非直接相关。公开其基本信息不仅与公众行使监督权无涉，还可能造成不必要的误解。与第一项中的个人银行账号一样，法人或其他组织的银行账号可能与其履行行政处罚决定的能力有关，但与公共利益并无直接关系，所以，如果在处罚决定中有银行账号信息的，应当隐去。

第四项是指当被处罚人是未成年人时，主管部门应对其姓名等可识别的个人信息隐私进行处理，以适应未成年人身心健康发展，将保护与教育相结合。这构成本办法第六十二条第二项处罚决定应当公布被处罚的公民姓名的例外。

第五项指涉及当事人商业秘密的处罚决定部分不予公布。根据《中华人民共和国反不正当竞争法》《关于禁止侵犯商业秘密行为的若干规定》等规范中对商业秘密的规定，商业秘密是指不为公众所知悉、能为权利人带来经济利益、具有实用性并经权利人采取保密措施的技术信息和经营信息。本项在上述定义的基础上，进一步举例说明了商业秘密的通常表现方式。对在调查过程中知悉的商业秘密，主管部门及其工作人员负有保密义务，否则相关人员可能面临行政处分或被权利人追究侵权责任，严重的还可能构成侵犯商业秘密罪、滥用职权罪等。如果因公开而侵害当事人商业秘密的，根据《最高人民法院关于审理政府信息公开行政案件若干问题的规定》第一条第三项，公民、法人或者其他组织可以提起行政诉讼。本办法第四条也规定，对实施行政处罚过程中知悉的国家秘密、商业秘密或者个人隐私，应当依法予以保密。第四十七条亦指出，除涉及国家秘密、商业秘密或者个人隐私依法予以保密外，听证公开举行。

◆ 要点提示

1. 为平衡公众的知情权与被处罚自然人的隐私权，本条第一项与第六项要求隐去处罚决定中的个人隐私信息。个人信息与个人隐私不同，前者的范围要广于后者，只有二者交叉的部分才构成本条需要保护的个人隐私信息。

2. 法人或者其他组织的银行账号、第六十二条第二项规定以外的公民姓名，法人或者其他组织的名称和统一社会信用代码、法定代表人（负责人）姓名，与公众行使知情权、参与权与监督权并无直接关系，主管部门应当隐去。

3. 当被处罚人是未成年人时，主管部门应对其姓名及其他可能识别出其身份的信息加以隐私处理，这构成本办法第六十二条第二项公布被处罚公民姓名的例外。

4. 主管部门应当隐去处罚决定中涉及当事人的商业秘密的内容。否则因公开而侵害当事人商业秘密的，可能承担国家赔偿责任。

5. 公开处罚决定中的个人隐私与商业秘密，必须取得权利人的同意，但如果行政机关认为不公开会对公共利益造成重大影响的，则予以公开。

◆ 法规链接

《中华人民共和国民法典》（2021 年施行）

第一千零三十二条　自然人享有隐私权。任何组织或者个人不得以刺探、侵扰、泄露、公开等方式侵害他人的隐私权。

隐私是自然人的私人生活安宁和不愿为他人知晓的私密空间、私密活动、私密信息。

第一千零三十九条　国家机关、承担行政职能的法定机构及其工作人员对于履行职责过程中知悉的自然人的隐私和个人信息，应当予以保密，不得泄露或者向他人非法提供。

《中华人民共和国行政处罚法》（2021 年修订）

第五十条　行政机关及其工作人员对实施行政处罚过程中知悉的国家秘密、商业秘密或者个人隐私，应当依法予以保密。

《中华人民共和国数据安全法》（2021 年施行）

第三十八条　国家机关为履行法定职责的需要收集、使用数据，应当在其履行法定职责的范围内依照法律、行政法规规定的条件和程序进行；对在履行职责中知悉的个人隐私、个人信息、商业秘密、保密商务信息等数据应当依法予以保密，不得泄露或者非法向他人提供。

《中华人民共和国政府信息公开条例》（2019 年修订）

第十五条　涉及商业秘密、个人隐私等公开会对第三方合法权益造成损害的政府信息，行政机关不得公开。但是，第三方同意公开或者行政机关认为不公开会对公共利益造成重大影响的，予以公开。

《生态环境部政府信息公开实施办法》（环办厅函〔2019〕633 号）

第十条　涉及商业秘密、个人隐私等公开会对第三方合法权益造成损害的政府信息，不得公开。但是第三方同意公开或者机关部门认为不公开会对公共利益造成重大影响的，予以公开。

◆ **相关案例**

案例四十五：吴某与某环境运输和城市管理局信息公开纠纷上诉案①

[**本案要点**] 处罚决定中的被处罚人的个人隐私信息不予公开。

[**基本案情**] 2016 年 1 月 20 日，某环运局对蔡某某作出《行政处罚决定书》。案外人吴某于 2016 年 9 月 27 日向该局申请公开该份《行政处罚决定书》。2016 年 10 月 14 日，该局作出《关于政府信息公开的答复》，告知吴某其所申请的《行政处罚决定书》符合政府信息公开的相关要求，相关处罚信息已公示，并告知网址。但因涉及个人隐私，对《行政处罚决定书》上涉及当事人的身份证信息和住址不予公开。吴某提出某环运局作出政府信息公开不完整、不全面，遂提起诉讼。后吴某不服一审判决，又提起上诉。现本案已审结。

一审法院认为，某环运局主动公开了蔡某某的《行政处罚决定书》，依法受理了吴某的信息公开申请，并依法作出了《关于政府信息公开的答复》，对吴某申请的蔡某某的处罚情况进行了答复，其回复完全满足了吴某的申请要求。根据《国务院办公厅关于施行〈中华人民共和国政府信息公开条例〉若干问题的意见》（国办发〔2008〕36 号）第五点"关于依申请公开政府信息问题"第（十四）项规定，"行政机关对申请人申请公开与本人生产、生活、科研等特殊需要无关的政府信息，可以不予提供"。吴某申请公开的资料中蔡某某的个人信息，与其自身的生产、生活需要无关，涉及个人隐私，因此某环运局进行的回复，符合《中

---

① 广东省佛山市中级人民法院（2017）粤 06 行终 212 号行政判决书。

华人民共和国政府信息公开条例》第二十二条的规定，适用法律正确。综上，吴某的诉讼请求没有事实和法律依据，依法应予驳回。二审法院认为，上诉人吴某申请公开的是《行政处罚决定书》，由于该处罚决定书已于《关于政府信息公开的答复》作出前在相关网站上公示，被上诉人在答复中亦告知上诉人获取该政府信息的方式和途径，属于已经依法履行法定告知义务。

[处理结果] 一审法院认为，被告作出《关于政府信息公开的答复》符合法律的规定。吴某的诉讼请求没有事实和法律依据，故判决驳回吴某的诉讼请求。二审法院维持原判，驳回上诉。

第六十五条　【公开的期限】生态环境行政处罚决定应当自作出之日起七日内公开。法律、行政法规另有规定的，从其规定。

◆ **条文主旨**

本条是对行政处罚公开期限的规定。

◆ **条文理解**

本条为新增条款。除有不予公开的特殊情形之外，主管部门在作出处罚决定之后应当及时公布。本条规定的公开期限，是自作出行政处罚决定之日到公布决定之日的时间差。根据本办法第五十六条，作出行政处罚决定之日为处罚决定书载明的日期。公布决定之日应为行政处罚信息在主管部门门户网站或地方信用门户网站等平台发布的日期。如果上述两者之间的时间差过长，会使处罚决定丧失时效性而影响公众及时监督，但如果间隔时间过短，则给主管部门工作人员较大工作压力。综合来看，"七日"

的间隔期间较为合理。①

2018 年 12 月，《国务院办公厅关于全面推行行政执法公示制度执法全过程记录制度重大执法决定法制审核制度的指导意见》（国办发〔2018〕118 号 以下简称《指导意见》）明确指出："行政执法机关要在执法决定作出之日起 20 个工作日内，向社会公布执法机关、执法对象、执法类别、执法结论等信息，接受社会监督，行政许可、行政处罚的执法决定信息要在执法决定作出之日起 7 个工作日内公开，但法律、行政法规另有规定的除外。" 2018 年的《国家发展改革委办公厅关于进一步完善行政许可和行政处罚等信用信息公示工作的指导意见》（发改办财金〔2018〕424 号）也同样明确了"自作出行政决定之日起 7 个工作日"的公开要求。2019 年修订的《中华人民共和国政府信息公开条例》第二十六条规定了两种公开时限：一是法律、法规没有规定，但属于主动公开范围的政府信息，应当自该政府信息形成或者变更之日起 20 个工作日内予以公开，这是政府信息公开期限的一般规定；二是法律、法规对特定的政府信息公开期限另有规定的，从其规定，这是主动公开政府信息的特殊时限。具体到行政处罚方面，2021 年修订的《中华人民共和国行政处罚法》没有明确要求公开期限。本办法作为部门规章，无权直接规定处罚公开时限。所以，本条的"七日"的规定属于直接继承了《指导意见》的要求，但是《指导意见》并非法律。那么，在法律未明确规定的情况下，之后各地方是否可以规定其特殊公开时限呢？可以看出，《指导意见》将制定主体限制在"法律、行政法规"，排除了地方性法规制定政府信息公开时限的权力，而《中华人民共和国政府信息公开条例》则是将制定主体规定为"法律、法规"，包含了

① 根据本办法第九十条，此处的"七日"为七个工作日。

地方性法规。考虑到《中华人民共和国政府信息公开条例》在《指导意见》之后修订，且其作为行政法规本身就可对《指导意见》中的公开时限作出特殊规定，故可以认为在《中华人民共和国政府信息公开条例》修订后，地方性法规也可以规定处罚决定公开时限。当地方性法规与本办法的规定时限不同时，如果是省级地方性法规，根据《中华人民共和国立法法》的规定，当省级地方性法规与部门规章之间对同一事项的规定不一致时，由国务院提出意见，国务院认为应当适用地方性法规的，应当决定在该地方适用地方性法规的规定；认为应当适用部门规章的，应当提请全国人民代表大会常务委员会裁决。但若是设区的市一级的地方法规，则应适用本办法中"七日"的规定。

◆ **要点提示**

> 1. 本条规定的行政处罚公开时限的起算点为处罚决定作出之日，截止点为主管部门在部门门户网站或地方信用网站公布之日。这两个时间点之间的间隔不得超过七个工作日。
>
> 2.《中华人民共和国行政处罚法》并未明确处罚决定公开期限，本条"七日"的规定系根据《国务院办公厅关于全面推行行政执法公示制度执法全过程记录制度重大执法决定法制审核制度的指导意见》作出。
>
> 3. 法律、行政法规对行政处罚决定公开期限另有规定的，从其规定。

◆ **法规链接**

《国务院办公厅关于全面推行行政执法公示制度执法全过程记录制度重大执法决定法制审核制度的指导意见》（国办发〔2018〕118号）

二、全面推行行政执法公示制度

……

（六）加强事后公开。行政执法机关要在执法决定作出之日起20个工作日内，向社会公布执法机关、执法对象、执法类别、执法结论等信息，接受社会监督，行政许可、行政处罚的执法决定信息要在执法决定作出之日起7个工作日内公开，但法律、行政法规另有规定的除外。建立健全执法决定信息公开发布、撤销和更新机制。已公开的行政执法决定被依法撤销、确认违法或者要求重新作出的，应当及时从信息公示平台撤下原行政执法决定信息。建立行政执法统计年报制度，地方各级行政执法机关应当于每年1月31日前公开本机关上年度行政执法总体情况有关数据，并报本级人民政府和上级主管部门。

《国家发展改革委办公厅关于进一步完善行政许可和行政处罚等信用信息公示工作的指导意见》（发改办财金〔2018〕424号）

二、完善"双公示"信息数据标准规范

……

（四）制定"双公示"事项目录。各地区各部门应结合"权力清单"和"责任清单"，按照"应归尽归、应示尽示"的要求，全面梳理编制本地区本部门行政许可和行政处罚事项目录，并动态更新。事项目录公开前须经保密审查并按照国家"双公示"数据标准填写。事项目录及其数据项应在本地区本部门（单位）门户网站或地方信用门户网站，以及"信用中国"网站公开。

（五）规范"双公示"信息的分类归集和公示。各地区各部门应按照"双公示"事项目录和数据标准采集相关信息，并自作出行政决定之日起 7 个工作日内上网公示。公示形式应方便公众浏览和查询。依据简易程序作出行政处罚的信息和涉及个人的行政处罚信息不在"信用中国"网站归集和公示。

《中华人民共和国政府信息公开条例》（2019 年修订）

第二十六条　属于主动公开范围的政府信息，应当自该政府信息形成或者变更之日起 20 个工作日内及时公开。法律、法规对政府信息公开的期限另有规定的，从其规定。

《生态环境部政府信息公开实施办法》（环办厅函〔2019〕633 号）

第十八条　属于主动公开的政府信息，应当自该政府信息形成或者变更之日起 20 个工作日内及时公开。法律、法规对政府信息公开期限另有规定的，从其规定。

◆ **相关案例**

案例四十六：武某某与某区环境保护局其他行政行为案①

［本案要点］　生态环境主管部门应在规定时间内及时公开处罚决定信息。

［基本案情］　自 2016 年以来，因为某煤电公司多次违反《中华人民共和国大气污染环境防治法》与《中华人民共和国固体废物污染环境防治法》的相关规定，某区环保局前后共对其作出三次处罚决定。2017 年 7 月 12 日，原告武某某申请公开某区环保局对某煤电公司作出的所有行政处罚决定书文书材料及执法后的督查情况。原告要求被告以纸质文本形式提供信息，并以邮寄方式

---

① 山西省代县人民法院（2017）晋 0923 行初 11 号行政判决书。

获取信息。被告某区环保局于 2017 年 7 月 13 日收到了原告投递的该邮件，但截至 2017 年 8 月 2 日，原告未收到某区环保局的书面答复。原告认为，依据《环境信息公开办法（试行）》第五条之规定①，公民、法人和其他组织可以向环保部门申请获取政府环境信息。某区环保局作为某区环境保护主管部门，负有环境信息公开的职责，其拒绝公开的行为，严重侵害了原告的合法权益，故诉至人民法院。

法院认为，被告某区环保局作为某区人民政府的环保部门，依法公开某区政府环境信息是其职责所在。原告作为公民，依法享有获取环境信息，参与和监督环境保护的权利，具有原告诉讼主体资格。况且，原告申请公开的是被告在环境执法检查中对某煤电公司环境违法行为作出的行政处罚决定书文书材料及其履行情况的信息，该信息属于《环境信息公开办法（试行）》第十一条第一款规定的政府环保部门应当在职责权限范围内向社会主动公开的政府环境信息②，被告应当自该环境信息形成或者变更之日起 20 个工作日内予以公开。本案原告向被告提出该信息公开申请时，被告已经将其对某煤电公司环境违法行为作出的三份行政处罚决定在某区政府信息网站"某区权力运行平台"及"环境行政处罚案件办理信息系统"予以公开。因本案被告已经将原告申请公开的被告对某煤电公司环境违法行为作出的行政处罚决定书文书材料在某区政府的信息网站予以公开，原告已予以认可，并称已经在网上查阅到了，且对某煤电公司已经足额缴纳罚款的事实也予以认可，判令被告以纸质形式对该部分信息予以提供已无实际意义。至于被告对某煤电公司执法后的督查情况，属于被告的职责权限范围，故对被告未在法定期限内予以答复，且无正当理

---

① ②　此处引用的《环境信息公开办法（试行）》已于 2019 年失效。

由，属不履行法定职责，应责令其在一定期限内履行。

[**处理结果**] 法院判令确认被告某区环境保护局对原告武某某环境信息公开申请不予答复的行为违法，责令某区环境保护局在本判决生效后十五日内对原告武某某环境信息公开申请表中所申请的某区环境保护局对某煤电公司执法后的督查情况以纸质文本形式予以答复。

第六十六条 **【公开的撤回】** 公开的行政处罚决定被依法变更、撤销、确认违法或者确认无效的，生态环境主管部门应当在三日内撤回行政处罚决定信息并公开说明理由。

◆ **条文主旨**

本条是对撤回已公开的行政处罚决定的规定。

◆ **条文理解**

处罚决定作出后，可能因为法院判决、当事人申请、执法部门自查或上级主管部门监督等方式被变更、撤销、确认违法或者确认无效，所公开的处罚决定信息相应地也要予以撤回，以保证信息的准确性，避免误导公众。本条规定了处罚决定公开后被撤回的情形与程序。

在撤回情形上，包括处罚决定被变更、撤销、确认违法或者确认无效四种情形。根据《中华人民共和国行政诉讼法》第七十条的规定，当主管部门越权处罚、处罚程序不当、适用法律法规错误、主要证据不足或明显不当的，人民法院判决撤销或者部分撤销，并可以判决被告重新作出行政行为。比如，如果处罚作出前未告知当事人陈述、申辩权利或应当举行听证的案件未听证的，处罚决定都可能会因程序违法被撤销。但是，如果撤销处罚决定会给国家利益、社会公共利益造成重大损害的，或者程序轻微违法且对原告权利不产生实际影响，或者无须撤销的，可以不撤销处罚决定而仅确认违法。另根据《中华人民共和国行政复议法》第二十八条规定，当具体行政行为主要事实不清、证据不足，适用依据错误，违反法定程序，超越或滥用职权，或者明显不当的，行政复议机关可以决定撤销、变更或确认该具体行政行为违法。当作出处罚决定存在处罚主体根本不具备行政主体资格，或者处罚决定根本没有依据等重大明显违法情形，原告申请确认行政行为无效的，人民法院可以判决确认无效。

在撤回程序方面，主管部门应当在三日内撤回。当处罚决定被法院判决撤销、确认无效或违法的，该期限自收到法院判决之日起算。当处罚决定被上级复议机关变更、撤销或确认违法的，该期限自收到行政复议决定之日起算。当处罚决定被主管部门自己更正、补正或撤销的，则期限自主管部门作出相应决定之日起算。同时，为了防止以撤回的方式逃避监管，主管部门在撤回时应公开说明理由，并在原发布网站上做出显著标记。

此外，公开行为本身也可能发生错误，比如，公开的内容与作出的处罚决定不符、公开了当事人的个人隐私或商业秘密等。对于错误公开的行为，当事人有权要求主管部门更改撤回，也可申请行政复议或提起行政诉讼。《中华人民共和国政府信息公开条例》第五十一条规定，公民、法人或者其他组织认为行政机关在政府信息公开工作中侵犯其合法权益的，可依法申请行政复议或者提起行政诉讼。

◆ **要点提示**

> 1. 行政处罚决定信息公开后在特定情形下可以被撤回。
>
> 2. 撤回处罚决定信息的期限应自主管部门收到法院判决、行政复议决定、更正或补正决定等决定之日起计算。
>
> 3. 撤回处罚决定必须公开说明理由。

◆ **法规链接**

《中华人民共和国行政处罚法》（2021 年修订）

第四十八条　具有一定社会影响的行政处罚决定应当依法公开。

公开的行政处罚决定被依法变更、撤销、确认违法或者确认无效的，行政机关应当在三日内撤回行政处罚决定信息并公开说明理由。

◆ **相关案例**

案例四十七：包某某申请撤回处罚公示信息案①

［本案要点］ 公示或撤回已经隐去当事人信息的处罚决定，为行政机关的内部行政行为，对当事人的权利义务无实质影响。

［基本案情］ 2018 年 1 月 16 日，包某某受到某市公安分局的行政处罚后不服，申请行政复议。2018 年 5 月 31 日，市公安局作出《行政复议决定书》，撤销了某分局作出的《行政处罚决定书》，责令某分局在收到决定书之日起，在治安案件法定办理期限内重新调查并作出处理决定。后包某某认为某分局未在执法公示

---

① 江苏省无锡市中级人民法院（2020）苏 02 行终 339 号行政裁定书。

平台上撤销《行政处罚决定书》的行为违法，诉至法院。后包某某对一审判决不服，提起上诉。现本案已审结。

一审法院认为，经查，执法公示平台网页上公告载明，平台提供的信息仅供参考，内容以公安机关的正式文书为准，不得作为提起行政复核、信访申诉或者诉讼的依据。执法公示平台上公示行政处罚文书或行政复议文书，是公安机关根据工作管理需要发布案件办理情况的举措，且执法公示平台网页上的法律文书已将被处罚人身份信息等进行处理，未加盖公章，故某分局作出《行政处罚决定书》后在执法公示平台公示文书或撤回文书的行为，均属于公安机关的内部管理行为，并未对当事人设立新的权利义务关系。本案审理中，原告没有提供直接证据证明其于何时在执法公示平台查询到《行政处罚决定书》，但不影响对被诉行为是否具有外部法律效力的认定。因此，原告起诉的判令被告未在执法公示平台上撤销《行政处罚决定书》的行为违法并赔偿，不属于人民法院行政诉讼的受案范围，已经立案的，应当驳回起诉。因此，裁定驳回原告起诉。二审法院认为，执法平台上公示的行政处罚文书或行政复议文书，是公安机关根据工作管理需要发布案件办理情况的举措，且执法公示平台网页上的法律文书已将被处罚人身份信息等进行处理，未加盖公章，属于公安机关的内部管理行为，不具有法律约束力，并未对当事人设立新的权利义务关系。

[处理结果]　一审法院认为，包某某起诉的判令某市公安分局未在执法公示平台上撤销《行政处罚决定书》的行为违法并赔偿，不属于人民法院行政诉讼的受案范围，故裁定驳回原审原告的起诉。二审法院驳回上诉，维持原裁定。

第四章 简易程序

第六十七条 【简易程序的适用】违法事实确凿并有法定依据，对公民处以二百元以下、对法人或者其他组织处以三千元以下罚款或者警告的行政处罚的，可以适用简易程序，当场作出行政处罚决定。法律另有规定的，从其规定。

◆ 条文主旨

本条是对简易程序适用条件的规定。

◆ 条文理解

简易程序亦称当场处罚程序，是指对违法事实确凿并有法定依据、处罚较轻的行为，由执法人员当场决定对其处以较轻的行政处罚时所遵循的简化处理程序。一方面，设置简易程序可以提高行政效率，要防止适用简易程序的条件过窄，避免限制简易程序的作用发挥，背离提高行政效率的初衷；另一方面，对简易程序的适用条件需要予以限制，避免适用简易程序的条件过宽，造成简易程序的滥用，架空行政处罚法的一般程序。

《中华人民共和国行政处罚法》第五十一条规定了行政处罚中的简易程序，本条结合生态环境行政处罚的实际情况，对生态环境行政处罚适用简易程序的条件进行了具体化：一是违法事实确凿，证据确实充分；二是违法情节轻微，社会危害性以及环境负面影响较小；三是适用简易程序有法定依据；四是适用简易程序的处罚种类仅限于警告和罚款，罚款的幅度对公民限于二百元（含）以下，对法人或者其他组织处以三千元（含）以下。

◆ **要点提示**

> 1. 适用简易程序须同时具备以下四项条件：违法事实确凿、情节轻微、有法定依据、处以警告和较小数额的罚款。只要有一项不符合的，不得适用简易程序。
>
> 2. 对公民和法人及其他组织的罚款限额不同。对公民限于二百元（含）以下，对法人或者其他组织处以三千元（含）以下。
>
> 3. 符合上述条件的，并非一定要适用简易程序，执法人员可以根据案件实际情况，决定是否适用。

◆ **法规链接**

《中华人民共和国行政处罚法》（2021 年修订）

第五十一条　违法事实确凿并有法定依据，对公民处以二百元以下、对法人或者其他组织处以三千元以下罚款或者警告的行政处罚的，可以当场作出行政处罚决定。法律另有规定的，从其规定。

◆ **相关案例**

案例四十八：喜某与某县城乡建设和环境保护局撤销行政处罚案[①]

[**本案要点**] 适用简易程序的案件应当以违法事实确凿并有

[①]　宁夏回族自治区西吉县人民法院（2016）宁 0422 行初 33 号行政判决书。

法定依据为前提。

[**基本案情**] 原告喜某在某县城规划区范围内的锦绣家园南侧，在未办理工程规划许可证等房屋建筑手续的情况下，承建砖混二层楼房一栋。2015 年 9 月 30 日，某县城乡建设和环境保护局工作人员在调取规划部门的证明和对喜某进行现场询问后，作出西建环简罚字（2015）第 280 号《当场处罚决定书》，认定原告的建设行为已违反《中华人民共和国城乡规划法》中的相关规定，责令原告停止施工，限七日内拆除。《当场处罚决定书》送达后，被告某县城乡建设和环境保护局执法员闫某在文书原件上补签姓名。原告喜某不服，于 2015 年 11 月 16 日向被告某市住房和城乡建设局申请行政复议，某市住房和城乡建设局于 2015 年 12 月 23 日作出《行政复议决定书》，维持某县城乡建设和环境保护局作出的《当场处罚决定书》，确认该具体行政行为合法、有效、适当。原告喜某对被告某县城乡建设和环境保护局与某市住房和城乡建设局作出的具体行政行为不服，遂于 2016 年 1 月 14 日向法院起诉。

法院认为，本案中，原告喜某在未办理工程规划许可证等房屋建筑手续的情况下，在县城规划范围内擅自承建房屋，违反了《中华人民共和国城乡规划法》的规定，所建房屋属于违法建筑，其建设违法建筑的行为属于违法建设行为。但被告某县城乡建设和环境保护局在未查明原告违法修建房屋事实的情况下，就适用《中华人民共和国行政处罚法》的简易程序对原告当场作出责令停止施工和限期拆除的行政处罚，属程序违法。被告某市住房和城乡建设局在复议期间，未严格审查被告某县城乡建设和环境保护局所作行政处罚所依据的事实和法律程序，就作出了维持被告案涉行政处罚的复议决定，致行政复议流于形式，亦属程序违法。

[**处理结果**] 法院判决撤销案涉《当场处罚决定书》。

第六十八条 **【简易程序流程】** 当场作出行政处罚决定时，应当遵守下列简易程序：

（一）执法人员应当向当事人出示有效执法证件；

（二）现场查清当事人的违法事实，并依法取证；

（三）向当事人说明违法的事实、拟给予行政处罚的种类和依据、罚款数额、时间、地点，告知当事人享有的陈述、申辩权利；

（四）听取当事人的陈述和申辩。当事人提出的事实、理由或者证据成立的，应当采纳；

（五）填写预定格式、编有号码、盖有生态环境主管部门印章的行政处罚决定书，由执法人员签名或者盖章，并将行政处罚决定书当场交付当事人；当事人拒绝签收的，应当在行政处罚决定书上注明；

（六）告知当事人如对当场作出的行政处罚决定不服，可以依法申请行政复议或者提起行政诉讼，并告知申请行政复议、提起行政诉讼的途径和期限。

以上过程应当制作笔录。

执法人员当场作出的行政处罚决定，应当在决定之日起三日内报所属生态环境主管部门备案。

◆ **条文主旨**

本条是对简易程序流程的规定。

◆ **条文理解**

行政处罚的一般程序遵循查处分离原则，简易程序是一般程序的例外，执法人员既负责调查取证又作出处罚决定。为加强规范和监督，有必要对简易程序作出具体规定。结合生态环境行政处罚实践，本条对《中华人民共和国行政处罚法》第五十二条作了具体细化，生态环境执法人员当场作出行政处罚决定，应当遵循以下程序：

第一，表明执法身份。出示执法证件，是执法程序的第一步。行政执法人员向当事人出示其执法证件，一则表明了执法人员身份的合法性，防止不法分子冒充执法人员招摇撞骗、敲诈勒索；二则表明了执法人员接受群众监督的主动性。

第二，现场查清违法事实并取证。生态环境行政处罚必须建立在事实确凿、证据充分的基础上。为提高行政效率，简易程序简化了若干执法环节，要求执法人员能够当场查清违法事实，并依法取证。如果发现违法事实无法当场查清，须转入一般程序办理，终止简易程序。

第三，事先告知。在现场查清当事人的违法事实后，根据相关法律、法规或者规章，执法人员形成了初步的处罚意见。在作出行政处罚前，执法人员向当事人告知查清的违法事实、行政处罚的理由和依据，拟给予的行政处罚的种类和依据、罚款数额、时间、地点，告知当事人享有的陈述、申辩权利。

第四，听取陈述和申辩。当事人有权就执法人员告知的违法事实、处罚理由和依据、拟给予的行政处罚进行陈述、申辩，并提出自己的主张和理由。当事人提出的陈述、申辩意见，执法人员应当认真听取和复核。当事人提出的事实、理由或证据成立的，应当采纳，不予采纳的应当说明理由。

第五，制作和交付行政处罚决定书。由于违法事实确凿、情节轻微，以简易程序办理的生态环境行政处罚案件的调查取证、事先告知、作出决定、交付文书等执法环节都能够当场完成。当场处罚使用的行政处罚决定书，应有预定格式、编有号码、盖有生态环境主管部门印章，这样既方便执法人员现场使用，又可以有效防止权力滥用，从文书形式上对执法人员进行监督制约。

填写行政处罚决定书并由执法人员签名或者盖章，即意味着生态环境行政处罚决定的作出。将处罚决定书当场交付当事人，即意味着处罚决定书的送达。当事人拒绝签收的，应当在行政处罚决定书上注明。

第六，告知救济方式。适用简易程序实施的生态环境行政处罚，将对当事人的权利造成一定影响。当事人如对处罚决定不服，可以依法申请行政复议或者提起行政诉讼，执法人员应将此项权利告知当事人。

简易程序可以简化一些程序环节：一是可以采取口头形式告知当事人，听取当事人的陈述和申辩；二是可以采用有预定格式、编有号码的文书。但是，行政决定书仍然需要写明当事人的基本情况、事实依据、法律依据、行政机关名称等基本事项，行政执法决定也必须由执法人员签名或者盖章。

◆ **要点提示**

> 1. 简易程序是一般程序的例外，设置简易程序的目的是提高行政效率。
>
> 2. 简易程序是查处分离原则的例外，执法人员既负责取证，又负责作出处罚决定。
>
> 3. 适用简易程序有着严格的限制条件，且所有限制条件须同时满足。
>
> 4. 适用简单程序当场作出处罚决定，是生态环境主管部门代表国家行使生态环境管理权的行为，不是执法人员个人的行为。

5. 为加强适用简易程序当场处罚的监督，本章规定了严格的适用条件、执法程序和具体要求，执法人员应当遵照执行。

6. 适用简易程序作出的处罚决定具有与一般程序同等的法律效力，当事人必须及时履行。当事人逾期既不申请行政复议，也不提起行政诉讼，又不履行当场处罚决定，作出处罚决定的生态环境主管部门应当申请人民法院强制执行。

◆ **法规链接**

《中华人民共和国行政处罚法》（2021 年修订）

第五十二条　执法人员当场作出行政处罚决定的，应当向当事人出示执法证件，填写预定格式、编有号码的行政处罚决定书，并当场交付当事人。当事人拒绝签收的，应当在行政处罚决定书上注明。

前款规定的行政处罚决定书应当载明当事人的违法行为，行政处罚的种类和依据、罚款数额、时间、地点，申请行政复议、提起行政诉讼的途径和期限以及行政机关名称，并由执法人员签名或者盖章。

执法人员当场作出的行政处罚决定，应当报所属行政机关备案。

◆ **相关案例**

案例四十九：某餐厅违法排污案①

[基本案情] 某市生态环境局一位工作人员到周某的餐厅进行检查，发现该餐厅油烟违规排放，遂当场决定罚款 3500 元，并

---

① 本案为编写人员根据实践情形和条文内容而改编的案例。

填写预定格式、编有号码、盖有生态环境主管部门印章的行政处罚决定书当场交付给周某。

[**提问**] 该执法人员的行为是否合法?

[**解析**] 不合法。第一,适用程序错误。适用简易程序当场处罚的,对公民不应超过 200 元,对法人和其他组织不应超过 3000 元。第二,执法人员的数量错误。执法人员必须两名(含)以上,并应向当事人出示执法证件。第三,未进行处罚的事先告知。在本案中,执法人员没有告知周某违法事实、处罚理由和依据、拟给予的行政处罚以及其陈述、申辩的权利。

第五章　执　　行

第六十九条　**【处罚决定的履行】** 当事人应当在行政处罚决定书载明的期限内，履行处罚决定。

申请行政复议或者提起行政诉讼的，行政处罚决定不停止执行，法律另有规定的除外。

◆ 条文主旨

本条是对处罚决定之履行的规定。

◆ 条文理解

本条是在《环境行政处罚办法》第六十条的基础上进行修改而形成，将"行政处罚决定书确定的期限"修改为"行政处罚决定书载明的期限"，并在第二款末尾增加规定"法律另有规定的除外"。

本条第一款旨在督促当事人自觉履行行政处罚决定。生效的生态环境行政处罚决定具有公定力、拘束力、执行力。公定力，是指对行政处罚决定原则上推定为合法，在未依法予以撤销或者变更之前，任何人都不能否定其效力。拘束力，是指行政处罚决定在被依法撤销或者变更之前，生态环境主管部门和当事人都应当承认该决定有效并受该决定约束。执行力，是指当事人对依法作出的行政处罚决定负有自觉履行和按期履行的义务，是行政处罚的内容得以实现的保障。当事人应当自觉履行行政处罚决定，生态环境行政处罚决定依法作出后，当事人应当以自己的实际行动来履行处罚决定所设定的义务，如缴纳罚款等。当事人应当按期履行行政处罚决定，根据《中华人民共和国行政处罚法》第五十九条规定，行政处罚决定书应当载明的事项包括"行政处罚的履行方式和期限"。当事人应当在载明的期限内履行处罚决定。当事人应当完全履行处罚决定，即按照处罚决定书载明的处罚种类和幅度全部、足额地履行。

本条第二款规定了申诉不停止执行，但法律另有规定的除外。行政复议和行政诉讼是两种法律救济途径，当事人对行政处罚决定不服，有权申请行政复议和提起行政诉讼，但当事人申请行政复议或者提起行政诉讼后，行政处罚决定原则上不停止执行。这一规定的目的在于提高行政效率，防止救济权的滥用。首先，在行政复议或者行政诉讼的进行过程中，人民法院或者行政复议机关对处罚决定予以撤销或者变更之前，处罚决定依然有效，应当得到执行。其次，行政管理必须具有稳定性和连续性，如果行政处罚决定因申请行政复议或提起行政诉讼而终止或间断执行，那么生态环境主管部门的工作将难以正常进行，行政法律关系将处于不稳定状态，公民的合法权益也难以得到保障。

一般而言，在行政复议或者行政诉讼期间，不停止行政处罚决定的执行。但在法律另有规定的情况下，也可以停止执行。《中华人民共和国行政处罚法》《中华人民共和国行政复议法》以及《中华人民共和国行政诉讼法》等法律规定了例外情形。根据《中华人民共和国行政处罚法》，例外情形包括：第一，限制人身自由的行政处罚决定，可以申请暂缓执行。第二，加处罚款在行政复议或者行政诉讼期间不予计算。根据《中华人民共和国行政复议法》，可以停止执行的情形包括：被申请人认为需要停止执行的；行政复议机关认为需要停止执行的；申请人申请停止执行，行政复议机关认为其要求合理，决定停止执行的；法律规定停止执行的。根据《中华人民共和国行政诉讼法》，可以裁定停止执行的情形包括：被告认为需要停止执行的；原告或者利害关系人申请停止执行，人民法院认为该行政行为的执行会造成难以弥补的损失，并且停止执行不损害国家利益、社会公共利益的；人民法院认为该行政行为的执行会给国家利益、社会公共利益造成重大损害的；法律、法规规定停止执行的。

总体而言，在行政复议和行政诉讼期间停止执行的情形可以总结为以下三点。第一，生态环境主管部门认为需要停止执行的，例如，生态环境主管部门认识到自己的处罚决定有明显违法、不当或者其他原因，继续执行会损害当事人利益和自身威信。第二，复议机关决定或者人民法院裁定停止执行的，例如，当事人提出停止执行申请，且复议机关或人民法院认为其要求合理，决定停止执行。第三，法律、法规规定停止执行的。

◆ **要点提示**

> 1. 当事人应当自觉履行、按期履行、完全履行处罚决定。
>
> 2. 当事人不得以已经申请行政复议或者已经提起行政诉讼为由，拒不履行或者拖延履行行政处罚决定。

◆ **法规链接**

《中华人民共和国行政处罚法》（2021 年修订）

第六十六条 行政处罚决定依法作出后，当事人应当在行政处罚决定书载明的期限内，予以履行。

当事人确有经济困难，需要延期或者分期缴纳罚款的，经当事人申请和行政机关批准，可以暂缓或者分期缴纳。

第七十三条　当事人对行政处罚决定不服，申请行政复议或者提起行政诉讼的，行政处罚不停止执行，法律另有规定的除外。

当事人对限制人身自由的行政处罚决定不服，申请行政复议或者提起行政诉讼的，可以向作出决定的机关提出暂缓执行申请。符合法律规定情形的，应当暂缓执行。

当事人申请行政复议或者提起行政诉讼的，加处罚款的数额在行政复议或者行政诉讼期间不予计算。

《中华人民共和国行政复议法》（2017年修正）

第二十一条　行政复议期间具体行政行为不停止执行；但是，有下列情形之一的，可以停止执行：

（一）被申请人认为需要停止执行的；

（二）行政复议机关认为需要停止执行的；

（三）申请人申请停止执行，行政复议机关认为其要求合理，决定停止执行的；

（四）法律规定停止执行的。

《中华人民共和国行政诉讼法》（2017年修正）

第五十六条　诉讼期间，不停止行政行为的执行。但有下列情形之一的，裁定停止执行：

（一）被告认为需要停止执行的；

（二）原告或者利害关系人申请停止执行，人民法院认为该行政行为的执行会造成难以弥补的损失，并且停止执行不损害国家利益、社会公共利益的；

（三）人民法院认为该行政行为的执行会给国家利益、社会公共利益造成重大损害的；

（四）法律、法规规定停止执行的。

当事人对停止执行或者不停止执行的裁定不服的，可以申请复议一次。

◆ **相关案例**

案例五十：某船业公司与某生态环境局行政处罚案①

[**本案要点**] 无论是在复议或起诉期限内，还是在复议或诉讼期间，行政处罚都不停止执行。

[**基本案情**] 2019 年 1 月 7 日，某生态环境局作出扬（2019）2 号《行政处罚决定书》，认定某船业公司违规设置排污口，被责令限期拆除、逾期未拆除的行为，违反了《中华人民共和国水污染防治法》的规定，决定对某船业公司处以 17 万元罚款的行政处罚。某船业公司诉称：针对违规设置排污口的行为，某环境局曾于 2018 年 6 月作出过 36 号处罚决定，后上诉人缴纳了全部罚款。因上诉人已按照政府部署有序进行搬迁，故涉案排污口在 36 号处罚决定告知的权利救济期限届满前进行了拆除，不存在逾期拆除之行为。但在排污口拆除后，某环境局仍于 2019 年 1 月对上诉人作出 2 号处罚决定，既违反了一事不再罚的行政处罚原则，也变相剥夺了上诉人针对第一次行政处罚所享有的救济权利。

法院认为，证据表明，在某环境局作出 36 号处罚决定责令上诉人立即拆除排污口以后，在长达近三个月时间内，上诉人并未将违规设置的排污口予以拆除，已经违反了 36 号处罚决定所设定的义务。根据行政行为公定力原理，行政行为一经作出，即使具有瑕疵，在未经法定国家机关按照法定程序作出认定和宣告以前，也具有被视为合法行为并要求所有国家机关、社会组织和个人尊重的法律效力。因此，无论是在复议、起诉期限内，还是在复议、

---

① 江苏省扬州市中级人民法院（2020）苏 10 行终 60 号行政判决书。

诉讼期间，行政行为都不停止执行。上诉人主张在权利救济期限届满前拆除排污口就不构成逾期履行的观点，无法律依据，本院不予支持。

[处理结果]　法院判决驳回原告某船业公司的诉讼请求。

第七十条　【加处罚款的适用】　当事人到期不缴纳罚款的，作出行政处罚决定的生态环境主管部门可以每日按罚款数额的百分之三加处罚款，加处罚款的数额不得超出罚款的数额。

◆ 条文主旨

本条是对加处罚款的规定。

◆ 条文理解

对比《环境行政处罚办法》，本条是本办法的新增规定，目的在于促使当事人迅速且及时地履行行政处罚决定，保障罚款的执行到位。

加处罚款在理论上属于执行罚，是间接强制的执行方式之一。执行罚是对于拒不履行行政决定确定的金钱给付义务的当事人，以加处新的金钱给付义务的方式，迫使当事人履行。行政强制执行有直接强制与间接强制之分。直接强制执行，是指执行机关自身采取强制手段，直接达到当事人履行义务或当事人义务被履行的状态，如直接从当事人在银行的账户上扣缴税款。间接强制执行，是指执行机关通过第三者代为履行或执行罚等间接强制手段，以达到迫使当事人履行义务或当事人义务被履行的状态。加处罚款属于间接强制执行。

加处罚款给当事人增加了新的金钱给付义务。需要注意的是，加处罚款与作为行政处罚的罚款不同。行政处罚中的罚款是对当事人违法行为的制裁。加处罚款是因当事人不履行处罚决定所确定的义务而采取的一种强制措施，是一种罚款执行方式，不适用行政处罚罚款收缴程序。首先，加处罚款以原有"罚款"为前提。在"加处罚款"中，原罚款决定属于基础行为，加处的罚款属于执行行为。其次，加处的罚款数额与原罚款的数额存在联系。一方面，每日加处罚款的比例是原罚款数额的百分之三。另一方面，加处罚款的数额上限是原罚款的数额，即"加处罚款的数额不得超出罚款的数额"。最后，当事人不履行罚款决定期间的长短决定了"加处罚款"的适用期限。只要当事人履行了处罚决定所确定的义务，执行罚便当然停止。

关于加处罚款能否减免的问题，《中华人民共和国行政强制法》第四十二条第一款规定："实施行政强制执行，行政机关可以在不损害公共利益和他人合法权益的情况下，与当事人达成执行协议。执行协议可以约定分阶段履行；当事人采取补救措施的，可以减免加处的罚款或者滞纳金。"根据全国人民代表大会常务委员会法制工作委员会《对行政处罚加处罚款能否减免问题的意见》（法工办发〔2019〕82号），上述规定中"实施行政强制执行"包括行政机关自行强制执行，也包括行政机关申请法院强制执行；人民法院受理行政强制执行申请后，行政机关不宜减免加处的罚款。

◆ **要点提示**

> 1. 加处罚款的性质为间接行政强制执行。
> 2. 加处罚款是在原有罚款处罚的基础上所增加的新的金钱给付义务。
> 3. 加处罚款的数额不得超出原有罚款的数额。

◆ **法规链接**

《中华人民共和国行政处罚法》（2021 年修订）

第七十二条 当事人逾期不履行行政处罚决定的，作出行政处罚决定的行政机关可以采取下列措施：

（一）到期不缴纳罚款的，每日按罚款数额的百分之三加处罚款，加处罚款的数额不得超出罚款的数额；

（二）根据法律规定，将查封、扣押的财物拍卖、依法处理或者将冻结的存款、汇款划拨抵缴罚款；

（三）根据法律规定，采取其他行政强制执行方式；

（四）依照《中华人民共和国行政强制法》的规定申请人民法院强制执行。

行政机关批准延期、分期缴纳罚款的，申请人民法院强制执行的期限，自暂缓或者分期缴纳罚款期限结束之日起计算。

《中华人民共和国行政强制法》（2012 年施行）

第四十五条 行政机关依法作出金钱给付义务的行政决定，当事人逾期不履行的，行政机关可以依法加处罚款或者滞纳金。加处罚款或者滞纳金的标准应当告知当事人。

加处罚款或者滞纳金的数额不得超出金钱给付义务的数额。

◆ **相关案例**

案例五十一：某市生态环境局申请强制执行生态环境行政处罚案①

[**本案要点**] 执法部门通过加处罚款能够更好地发挥警示作用。

---

① 浙江省温州市中级人民法院发布八个 2021 年度环境资源审判典型案例之八：温州市生态环境局申请强制执行环保行政处罚案，参见北大法宝网站：https：//www. pkulaw. com/pfnl/95b2ca8d4055fce1f4207dae828c9fb45f6c6a6b7caf5e65bdfb. html？way＝listView，最后访问时间：2023 年 6 月 6 日。

[**基本案情**] 陈某自 2019 年 8 月在乐清市柳市镇隔篱村从事金属表面电泳涂装加工生产以来，未依法取得环境影响评价文件审批，未建成配套的污染防治设施，也未经"三同时"验收，擅自投入生产。某市生态环境局认定其行为违反了《中华人民共和国环境影响评价法》和《建设项目环境保护管理条例》的规定，对陈某作出环乐罚（2020）90 号行政处罚决定，对陈某罚款 29 万元，因陈某未及时缴纳罚款，产生相应的加处罚款。经催告，陈某仍不履行缴纳罚款及加处罚款义务，某市生态环境局向法院申请强制执行。

法院经审查认为，申请执行人提交的申请材料符合《中华人民共和国行政强制法》第五十五条的规定，且不存在《中华人民共和国行政强制法》第五十八条规定的不予执行的情形。某市生态环境局已告知陈某加处罚款的标准，且未超出金钱给付义务的数额，符合《中华人民共和国行政强制法》第四十五条的规定。据此，依照《中华人民共和国行政强制法》第五十七条之规定，裁定准予执行。

[**处理结果**] 法院裁定准予执行。

第七十一条　【强制执行的适用和期限】 当事人在法定期限内不申请行政复议或者提起行政诉讼，又不履行行政处罚决定的，作出处罚决定的生态环境主管部门可以自期限届满之日起三个月内依法申请人民法院强制执行。

◆ **条文主旨**

本条是对强制执行的适用和期限的规定。

◆ **条文理解**

本条规定了行政强制执行的适用和期限。行政强制执行，是指行政机关或者行政机关申请人民法院，对不履行行政决定的公民、法人或者其他组织，依法强制履行义务的行为。

根据现行法律规定，我国采取的是以法院执行为主、行政机关为辅的强制执行权分配模式。人民法院的强制执行权是普遍的，行政机关的强制执行权是特定的、有限的，只能在法律、法规有明确规定时才能行使。特别直接强制权仅赋予了公安、税务等少数行政机关。我国的现行法律赋予生态环境主管部门的强制执行权十分有限，主要包括间接强制。第一，执行罚，即当事人到期不缴纳罚款的，作出行政处罚决定的生态环境主管部门可以每日按罚款数额的百分之三加处罚款。《中华人民共和国行政处罚法》第七十二条规定的加处罚款为普遍授权，生态环境主管部门可以按照此项规定实施执行罚。第二，代履行。行政机关依法作出要求当事人履行排除妨碍、恢复原状等义务的行政决定，当事人逾期不履行，经催告仍不履行，其后果已经或者将危害交通安全、造成环境污染或者破坏自然资源的，行政机关可以代履行，或者委托没有利害关系的第三人代履行。所有符合上述情形的排除妨碍、恢复原状的行政决定，都可以适用代履行。例如，《中华人民共和国固体废物污染环境防治法》第一百一十三条规定了危险废物的代为处置，《中华人民共和国水污染防治法》第八十五条规定了水污染的代为治理。第三，将查封、扣押的财物拍卖或者冻结存款划拨抵缴罚款。《中华人民共和国行政处罚法》第七十二条规定，作出行政处罚决定的行政机关可以采取的执行措施包括"根据法律规定，将查封、扣押的财物拍卖、依法处理或者将冻结的存款、汇款划拨抵缴罚款"。据此，行政机关采取拍卖或者变卖等处理措施执行方式的，应当由法律规定。《中华人民共和国环境保护法》等法律中规定了生态环境主管部门有权查封、扣押造成污染物排放的设施、设备。《中华人民共和国行政强制法》第四十六条第三款规定："没有行政强制执行权的行政机关应当申请人民法院强制执行。但是，当事人在法定期限内不申请行政复议或者提起行政诉讼，经催告仍不履行的，在实施行政管理过程中已经采取查封、扣押措施的行政机关，可以将查封、扣押的财物依法拍卖抵缴罚款。"据此，生态环境主管部门作为有权实施查封、扣押措施的行政机关，同样有权将查封、扣押的财物拍卖或者冻结存款划拨抵缴罚款。

向人民法院申请强制执行是生态环境行政处罚决定得到执行的主要渠道。《中华人民共和国行政强制法》第五章对申请人民法院强制执行作出了系统规定。《中华人民共和国行政诉讼法》和《最高人民法院关于适用〈中华人民共和国行政诉讼法〉的解释》进一步规定了行政机关申请法院强制执行的条件、程序等要求。

首先，关于申请法院强制执行的条件。行政机关申请人民法院强制执行其作出的行政决定的前提条件是，当事人在法定期限内不申请行政复议或者提起行政诉讼，又不履行行政决定的，没有行政强制执行权的行政机关可以申请人民法院强制执行。

其次，关于申请法院强制执行之前的催告。行政机关申请人民法院强制执行前，应当催告当事人履行义务。催告书送达十日后当事人仍未履行义务的，行政机关可以向所在地有管辖权的人民法院申请强制执行；执行对象是不动产的，向不动产所在地有管辖权的人民法院申请强制执行。

最后，关于申请法院强制执行的申请材料。行政机关向人民法院申请强制执行，应当提供下列材料：强制执行申请书，行政决定书及作出决定的事实、理由和依据，当事人的意见及行政机关催告情况，申请强制执行标的情况，法律、行政法规规定的其他材料。强制执行申请书应当由行政机关负责人签名，加盖行政机关的印章，并注明日期。

关于申请法院强制执行的期限。生态环境主管部门申请人民法院强制执行时，需要行政处罚决定有最终的确定力。所谓最终确定力，就是当事人没有在法律规定提起行政救济的期限内提起行政救济，则自此期限届满之日起，行政决定就具有了最终确定力，可以申请人民法院强制执行。《中华人民共和国行政复议法》和《中华人民共和国行政诉讼法》中分别规定了行政救济的法定期限。《中华人民共和国行政复议法》第九条规定："公民、法人或者其他组织认为具体行政行为侵犯其合法权益的，可以自知道该具体行政行为之日起六十日内提出行政复议申请；但是法律规定的申请期限超过六十日的除外。因不可抗力或者其他正当理由耽误法定申请期限的，申请期限自障碍消除之日起继续计算。"《中华人民共和国行政诉讼法》第四十五条规定："公民、法人或者其他组织不服复议决定的，可以在收到复议决定书之日起十五日内向人民法院提起诉讼。复议机关逾期不作决定的，申请人可以在复议期满之日起十五日内向人民法院提起诉讼。法律另有规定的除外。"第四十六条规定："公民、法人或者其他组织直接向人民法院提起诉讼的，应当自知道或者应当知道作出行政行为之日起六个月内提出。法律另有规定的除外。因不动产提起诉讼的案件自行政行为作出之日起超过二十年，其他案件自行政行为作出之日起超过五年提起诉讼的，人民法院不予受理。"从当事人行使行政救济的法定期限届满之日起三个月内，行政机关可以申请人民法院强制执行。这一规定旨在促使行政机关及时提出执行申请，提高行政效率。超过此期限的，人民法院可不予执行。

此外，除行政处罚外，其他具体行政行为也可申请人民法院强制执行，如责令改正违法行为的行政命令。《环境保护部关于环保部门可以申请人民法院强制执行责令改正决定的复函》（环函〔2010〕214号）特别就此作出说明。当事人逾期不申请行政复议、不提起行政诉讼又不履行责令改正决定的，生态环境主管部门可以向人民法院申请强制执行。

◆ **要点提示**

> 1. 申请人民法院强制执行的前提是当事人逾期不申请行政复议，不提起行政诉讼，又不履行处罚决定。
>
> 2. 申请人是作出处罚决定的生态环境主管部门。
>
> 3. 申请人民法院强制执行，应当提交强制执行申请书，行政决定书及作出决定的事实、理由和依据，当事人的意见及行政机关催告情况，申请强制执行标的情况等材料。

◆ **法规链接**

《中华人民共和国行政处罚法》（2021年修订）

第七十二条　当事人逾期不履行行政处罚决定的，作出行政处罚决定的行政机关可以采取下列措施：

（一）到期不缴纳罚款的，每日按罚款数额的百分之三加处罚款，加处罚款的数额不得超出罚款的数额；

（二）根据法律规定，将查封、扣押的财物拍卖、依法处理或者将冻结的存款、汇款划拨抵缴罚款；

（三）根据法律规定，采取其他行政强制执行方式；

（四）依照《中华人民共和国行政强制法》的规定申请人民

法院强制执行。

行政机关批准延期、分期缴纳罚款的，申请人民法院强制执行的期限，自暂缓或者分期缴纳罚款期限结束之日起计算。

《中华人民共和国行政强制法》（2012年施行）

第十三条 行政强制执行由法律设定。

法律没有规定行政机关强制执行的，作出行政决定的行政机关应当申请人民法院强制执行。

第四十六条 行政机关依照本法第四十五条规定实施加处罚款或者滞纳金超过三十日，经催告当事人仍不履行的，具有行政强制执行权的行政机关可以强制执行。

行政机关实施强制执行前，需要采取查封、扣押、冻结措施的，依照本法第三章规定办理。

没有行政强制执行权的行政机关应当申请人民法院强制执行。但是，当事人在法定期限内不申请行政复议或者提起行政诉讼，经催告仍不履行的，在实施行政管理过程中已经采取查封、扣押措施的行政机关，可以将查封、扣押的财物依法拍卖抵缴罚款。

第五十三条 当事人在法定期限内不申请行政复议或者提起行政诉讼，又不履行行政决定的，没有行政强制执行权的行政机关可以自期限届满之日起三个月内，依照本章规定申请人民法院强制执行。

第五十四条 行政机关申请人民法院强制执行前，应当催告当事人履行义务。催告书送达十日后当事人仍未履行义务的，行政机关可以向所在地有管辖权的人民法院申请强制执行；执行对象是不动产的，向不动产所在地有管辖权的人民法院申请强制执行。

第五十五条 行政机关向人民法院申请强制执行，应当提供下列材料：

（一）强制执行申请书；

（二）行政决定书及作出决定的事实、理由和依据；

（三）当事人的意见及行政机关催告情况；

（四）申请强制执行标的情况；

（五）法律、行政法规规定的其他材料。

强制执行申请书应当由行政机关负责人签名，加盖行政机关的印章，并注明日期。

《中华人民共和国行政诉讼法》（2017 年修正）

第九十七条　公民、法人或者其他组织对行政行为在法定期限内不提起诉讼又不履行的，行政机关可以申请人民法院强制执行，或者依法强制执行。

《最高人民法院关于适用〈中华人民共和国行政诉讼法〉的解释》（法释〔2018〕1 号）

第四十八条　期间包括法定期间和人民法院指定的期间。

期间以时、日、月、年计算。期间开始的时和日，不计算在期间内。

期间届满的最后一日是节假日的，以节假日后的第一日为期间届满的日期。

期间不包括在途时间，诉讼文书在期满前交邮的，视为在期限内发送。

第一百五十六条　没有强制执行权的行政机关申请人民法院强制执行其行政行为，应当自被执行人的法定起诉期限届满之日起三个月内提出。逾期申请的，除有正当理由外，人民法院不予受理。

◆ **相关案例**

案例五十二：某市生态环境局大东分局非诉执行审查案①

[**本案要点**] 没有强制执行权的行政机关申请人民法院强制执行其行政行为，应当自被执行人的法定起诉期限届满之日起三个月内提出。

[**基本案情**] 某市生态环境局大东分局于 2018 年 8 月 6 日作出（2018）023 号行政处罚决定书，并于 2018 年 8 月 7 日向某供暖公司送达该处罚决定。2019 年 7 月 30 日，某市生态环境局大东分局向某市某区人民法院提出强制执行申请，某市某区人民法院于 2019 年 8 月 1 日受理此案。

某市某区人民法院认为，某市生态环境局大东分局于 2018 年 8 月 6 日对某供暖公司作出行政处罚决定书，于 2018 年 8 月 7 日向某供暖公司送达。在法定的起诉期限内（起诉期限至 2019 年 2 月 7 日届满），某供暖公司未提起行政诉讼。没有强制执行权的行政机关申请人民法院强制执行其行政行为，应当自被执行人的法定起诉期限届满之日起三个月内提出。本案中，某市生态环境局大东分局申请人民法院强制执行的期限应自 2019 年 2 月 7 日至 2019 年 5 月 7 日止，其于 2019 年 7 月 30 日申请人民法院强制执行其行政行为，超出法定期限。依照《最高人民法院关于适用〈中华人民共和国行政诉讼法〉的解释》第一百五十六条之规定，裁定对某市生态环境局大东分局作出的行政行为申请强制执行，本院不予受理。某市生态环境局大东分局不服某市某区人民法院的行政裁定，向某市中级人民法院提出复议申请。某市中级人民法院认为，本案的争议焦点在于复议申请人某市生态环境局大东

---

① 辽宁省沈阳市中级人民法院（2021）辽 01 行审复 2 号行政裁定书。

分局申请人民法院强制执行是否超过法定期限。某市生态环境局大东分局申请人民法院强制执行的期限应自 2019 年 2 月 7 日至 2019 年 5 月 7 日止,因其在 2019 年 4 月 18 日发出公告,扣除公告期限 60 天,其申请强制执行的最终截止日应为 2019 年 7 月 7 日。本案中,某市生态环境局大东分局于 2019 年 7 月 30 日申请人民法院强制执行,已超过上述法定期限。综上,复议申请人的非诉执行申请不符合受理条件,原审法院裁定不予受理强制执行申请正确。

[处理结果] 法院裁定不予受理强制执行申请。

第七十二条 【强制执行的催告】 作出加处罚款的强制执行决定前或者申请人民法院强制执行前,生态环境主管部门应当依法催告当事人履行义务。

◆ **条文主旨**

本条是对强制执行之催告的规定。

◆ **条文理解**

本条为新增条款,规定了生态环境主管部门在作出加处罚款的强制执行决定以及申请人民法院强制执行行政处罚决定之前的催告程序。催告是在当事人不履行行政决定时,行政机关在强制执行前,书面督促当事人自觉履行的程序。催告的目的在于督促当事人自动履行义务,是对行政相对人的再次说服教育,有助于减少直接强制执行带来的冲突,体现了教育与强制相结合的原则。

对于催告程序的理解需要注重以下三个方面。第一,催告是必经程序。只要实施行政强制执行,就必须依照《中华人民共和国行政强制法》的规定进行催告。尽管生态环境主管部门在作出行政处罚决定前，已经告知当事人拟作出的行政处罚内容及事实、理由、依据以及当事人依法享有的陈述、申辩权利，但是在行政强制执行阶段依然要进行催告。第二，催告是正式程序。在申请人民法院强制执行之前，生态环境主管部门进行的催告应当以书面形式作出，需要制作正式的《催告书》。《催告书》应当载明的事项包括：履行义务的期限；履行义务的方式；涉及金钱给付的，应当有明确的金额和给付方式；当事人依法享有的陈述权和申辩权。第三，催告是双向程序。生态环境主管部门制作并发出《催告书》，并不意味着催告程序的终点。催告程序构建了行政机关与当事人进一步沟通的平台，具有促使当事人履行义务的重要意义。当事人收到催告书后有权进行陈述和申辩。对此，行政机关应当充分听取当事人的意见，对当事人提出的事实、理由和证据，应当进行记录、复核。当事人提出的事实、理由或者证据成立的，行政机关应当采纳。《催告书》送达十日后当事人仍未履行义务的，生态环境主管部门可以向人民法院申请强制执行。

◆ **要点提示**

> 1. 催告是作出加处罚款的强制执行决定以及申请法院强制执行生态环境行政处罚决定之前的必经程序。
>
> 2. 催告应当以书面形式作出，《催告书》应当载明的事项包括：履行义务的期限；履行义务的方式；涉及金钱给付的，应当有明确的金额和给付方式；当事人依法享有的陈述权和申辩权。

◆ **法规链接**

《中华人民共和国行政处罚法》（2021 年修订）

第七十二条　当事人逾期不履行行政处罚决定的，作出行政处罚决定的行政机关可以采取下列措施：

（一）到期不缴纳罚款的，每日按罚款数额的百分之三加处罚款，加处罚款的数额不得超出罚款的数额；

（二）根据法律规定，将查封、扣押的财物拍卖、依法处理或者将冻结的存款、汇款划拨抵缴罚款；

（三）根据法律规定，采取其他行政强制执行方式；

（四）依照《中华人民共和国行政强制法》的规定申请人民法院强制执行。

行政机关批准延期、分期缴纳罚款的，申请人民法院强制执行的期限，自暂缓或者分期缴纳罚款期限结束之日起计算。

《中华人民共和国行政强制法》（2012 年施行）

第三十五条　行政机关作出强制执行决定前，应当事先催告当事人履行义务。催告应当以书面形式作出，并载明下列事项：

（一）履行义务的期限；

（二）履行义务的方式；

（三）涉及金钱给付的，应当有明确的金额和给付方式；

（四）当事人依法享有的陈述权和申辩权。

第三十六条　当事人收到催告书后有权进行陈述和申辩。行政机关应当充分听取当事人的意见，对当事人提出的事实、理由和证据，应当进行记录、复核。当事人提出的事实、理由或者证据成立的，行政机关应当采纳。

第三十八条　催告书、行政强制执行决定书应当直接送达当事人。当事人拒绝接收或者无法直接送达当事人的，应当依照

《中华人民共和国民事诉讼法》的有关规定送达。

第五十四条 行政机关申请人民法院强制执行前，应当催告当事人履行义务。催告书送达十日后当事人仍未履行义务的，行政机关可以向所在地有管辖权的人民法院申请强制执行；执行对象是不动产的，向不动产所在地有管辖权的人民法院申请强制执行。

◆ **相关案例**

案例五十三：某市生态环境局与谢某非诉行政行为执行审查案①

[**本案要点**] 申请人民法院强制执行前，生态环境主管部门应当催告当事人履行义务，法院将对催告情况予以审查。

[**基本案情**] 2019 年 6 月 3 日，某市生态环境局作出中（2019）064 号行政处罚决定，认定谢某投资经营的五金灯饰配件加工厂的加工生产项目未经验收合格即投入生产，决定给予 38 万元罚款的行政处罚，并告知了申请行政复议和提起行政诉讼的法定期限。因谢某未在法定期限内申请行政复议或者提起行政诉讼，也未自觉履行处罚决定确定的义务，且经催告后逾期仍未履行，某市生态环境局遂于 2019 年 12 月 13 日向法院申请执行上述行政处罚决定。在某市生态环境局的调查过程中，谢某于 2019 年 4 月 18 日签写了送达地址确认书，其在该确认书上填写了送达地址、收件人、联系电话等信息并签名。某市生态环境局于 2019 年 5 月 21 日到谢某投资经营的五金灯饰配件加工厂的经营地址进行直接送达时，发现现场设备已搬空，无负责人，无法直接送达。之后，某市生态环境局按照谢某在上述确认书上填写的邮寄地址、联系

---

① 广东省中山市中级人民法院（2020）粤 20 行申 6 号行政裁定书。

人、联系电话等信息，通过邮寄方式向谢某送达了行政处罚告知书、行政处罚决定书、履行义务催告书等文书，相关邮件均由他人代收。

法院依据《中华人民共和国行政强制法》第五章的规定对某市生态环境局（2019）064 号行政处罚决定的准予执行条件进行了审查，具体包括《中华人民共和国行政强制法》第五十三条及第五十四条规定的执行条件是否满足、第五十五条规定的申请材料是否齐备，并且不存在该法第五十八条第一款规定的情形，特别是有关证据显示某市生态环境局是在直接送达未果的情况下，按照谢某确认的地址、电话进行邮寄送达，不存在谢某主张的送达程序违法而导致其知情权、陈述权、申辩权等法定权利未能得到保障的情形。

[**处理结果**] 法院裁定准予强制执行案涉行政处罚决定。

第七十三条　【被处罚企业资产重组、注销后的执行】 当事人实施违法行为，受到处以罚款、没收违法所得或者没收非法财物等处罚后，发生企业分立、合并或者其他资产重组等情形，由承受当事人权利义务的法人、其他组织作为被执行人。

◆ **条文主旨**

本条是对被处罚企业资产重组、注销后被执行人确定的规定。

◆ **条文理解**

本条针对的是罚款、没收违法所得、没收非法财物等财产罚，不适用于除财产罚外的其他行政处罚，旨在确保财产罚执行到位。

本条明确了被处罚企业资产重组后的被执行人。为防止企业以资产重组方式逃避处罚，确保处罚决定执行到位，本条借鉴了《中华人民共和国公司法》关于公司分立、合并后处理合同之债的规定，并与其相衔接，明确了企业在资产重组之后的法律责任承担问题。当事人受到处以罚款、没收违法所得或者没收非法财物等处罚后，发生企业分立、合并或者其他资产重组等情形的，由承受当事人权利义务的法人、其他组织作为被执行人。具体而言，分为以下情形：第一，企业合并的，合并后的企业为财产罚的被执行人；第二，企业分立后原企业仍然存在的，原企业为财产罚的被执行人，分立后的新企业连带承担责任；第三，企业分立后原企业终止的，分立后的新成立企业连带承担责任。

◆ 要点提示

1. 本条针对的是财产罚，不适用于除财产罚外的其他行政处罚，旨在确保财产罚执行到位。

2. 当事人受到财产罚后，发生企业分立、合并或者其他资产重组等情形，由承受当事人权利义务的法人、其他组织作为被执行人。

◆ 法规链接

《中华人民共和国公司法》（2018 年修正）

第一百七十四条 公司合并时，合并各方的债权、债务，应当由合并后存续的公司或者新设的公司承继。

第一百七十六条 公司分立前的债务由分立后的公司承担连带责任。但是，公司在分立前与债权人就债务清偿达成的书面协议另有约定的除外。

◆ **相关案例**

案例五十四：某生态环境局与某煤炭公司行政处罚非诉执行案①

[**本案要点**] 当事人受到处以罚款、没收违法所得或者没收非法财物等处罚后，发生企业分立、合并或者其他资产重组等情形的，生态环境主管部门应当根据实际情形变更被执行人，由承受当事人权利义务的法人、其他组织作为被执行人。

[**基本案情**] 申请执行人某生态环境局于 2019 年 8 月 15 日对被执行人某煤炭公司进行现场调查时，发现被执行人贮存煤炭等易产生扬尘的物料时未采取密闭等防治扬尘污染的措施。申请执行人于 2019 年 10 月 21 日作出昌州环罚字（2019）第 046 号行政处罚决定书，对被执行人处以罚款 30000 元，于 2019 年 10 月 26 日依法送达给被执行人。被执行人未在法定期限内申请行政复议或提起行政诉讼。2020 年 3 月 10 日，某县市场监督管理局准予被执行人注销登记。

法院认为，申请执行人申请的被执行人某煤炭公司已于 2020 年 3 月 10 日办理注销登记，该公司在申请执行前已终止。申请执行人在申请法院执行时，未能提供该公司存在剩余财产或股东、出资人存在未认缴注册资本或不足、抽逃资金等应变更被执行人的证据，故本案目前无法确定新的被执行人。根据《最高人民法院对〈关于非诉执行案件中作为被执行人的法人终止，人民法院是否可以直接裁定变更被执行人的请示〉的答复》（法行〔2000〕16 号），人民法院在办理行政机关申请人民法院强制执行其具体行政行为的案件过程中，作为被执行人的法人出现分立、合并、兼并、合营等情况，原具体行政行为仍应执行的，人民法院应当

---

① 新疆维吾尔自治区昌吉市人民法院（2020）新 2301 行审 104 号行政裁定书。

通知申请机关变更被执行人。对变更后的被执行人，人民法院应当依法进行审查。本案申请执行人申请法院执行已不存在的被执行人无法律依据。

[处理结果] 法院裁定不予准许申请执行人某生态环境局的本次申请。

第七十四条 【延期或者分期缴纳罚款】确有经济困难，需要延期或者分期缴纳罚款的，当事人应当在行政处罚决定书确定的缴纳期限届满前，向作出行政处罚决定的生态环境主管部门提出延期或者分期缴纳的书面申请。

批准当事人延期或者分期缴纳罚款的，应当制作同意延期（分期）缴纳罚款通知书，并送达当事人和收缴罚款的机构。

生态环境主管部门批准延期、分期缴纳罚款的，申请人民法院强制执行的期限，自暂缓或者分期缴纳罚款期限结束之日起计算。

◆ 条文主旨

本条是对延期或者分期缴纳罚款的规定。

◆ 条文理解

本条规定了在当事人确有经济困难的情况下，可以通过延期或分期的方式缴纳罚款，体现了以人为本的思想。生态环境主管部门作出罚款决定后，当事人应当在行政处罚决定书载明的期限内缴纳罚款。但是特殊情况下，可能出现当事人客观上没有能力缴纳罚款的情形。本条规定区分了客观上没有缴纳能力与主观上故意拒绝或者拖延缴纳罚款的情形，允许确有经济困难的当事人延期或者分期缴纳罚款。

当事人延期或分期缴纳罚款遵循以下程序。

第一，当事人提出书面申请。申请应当向作出行政处罚决定的生态环境主管部门提出。书面申请应当阐明延期或分期缴纳罚款的原因，并提出申请延期的期限或者分期的次数。申请应当在行政处罚决定书确定的缴纳期限届满之前提出。

第二，生态环境主管部门进行审查。批准条件是当事人确有经济困难。"确有经济困难"需要根据具体情况进行具体分析。

第三，生态环境主管部门制作法律文书。经审查，认定当事人申请成立的，生态环境主管部门作出允许延期或者分期缴纳罚款的决定，制作同意延期（分期）缴纳罚款通知书；认定当事人申请理由不成立的，生态环境主管部门不予批准。

第四，生态环境主管部门将同意延期（分期）缴纳罚款通知书送达当事人和收缴罚款的机构。

本条新增第三款，明确规定生态环境主管部门批准延期、分期缴纳罚款的，申请人民法院强制执行的期限，自暂缓或者分期缴纳罚款期限结束之日起计算。原因在于，在暂缓或者分期缴纳罚款期限内，行政处罚决定尚处于履行过程中，尚未满足强制执行的适用前提。自暂缓或者分期缴纳罚款期限结束之日起，当事人在法定期限内既不申请行政复议或提起行政诉讼，又不履行行政决定的，行政机关才可以申请法院强制执行。

◆ 要点提示

1. 当事人提出申请的，应当书面说明申请延期或者分期缴纳罚款的原因，并提出申请延期的期限或者分期的次数。

2. 当事人应当在行政处罚决定书确定的缴纳期限届满之前提出延期或者分期缴纳罚款的申请，缴纳期限届满之后提出申请的，不予批准。

3. 延期或者分期缴纳罚款的审批机关是作出该处罚决定的生态环境主管部门。

4. 生态环境主管部门同意延期或分期缴纳罚款的，应当制作同意延期（分期）缴纳罚款通知书，载明延期或分期的具体期限、期次等信息，并送达当事人和收缴罚款的机构。

◆ **法规链接**

《中华人民共和国行政处罚法》（2021 年修订）

第六十六条　行政处罚决定依法作出后，当事人应当在行政处罚决定书载明的期限内，予以履行。

当事人确有经济困难，需要延期或者分期缴纳罚款的，经当事人申请和行政机关批准，可以暂缓或者分期缴纳。

第七十二条　当事人逾期不履行行政处罚决定的，作出行政处罚决定的行政机关可以采取下列措施：

（一）到期不缴纳罚款的，每日按罚款数额的百分之三加处罚款，加处罚款的数额不得超出罚款的数额；

（二）根据法律规定，将查封、扣押的财物拍卖、依法处理或者将冻结的存款、汇款划拨抵缴罚款；

（三）根据法律规定，采取其他行政强制执行方式；

（四）依照《中华人民共和国行政强制法》的规定申请人民法院强制执行。

行政机关批准延期、分期缴纳罚款的，申请人民法院强制执行的期限，自暂缓或者分期缴纳罚款期限结束之日起计算。

◆ **相关案例**

案例五十五：某县环境保护局与某食品公司非诉执行案①

[**本案要点**] 当事人应当在行政处罚决定书确定的缴纳期限届满之前提出延期或者分期缴纳罚款的申请，缴纳期限届满之后提出申请的，不予批准。

[**基本案情**] 2017 年 3 月 31 日，某县环境保护局根据群众举报到被执行人处进行检查，发现某食品公司正在厂区空地焚烧废弃塑料包装袋、过期食品等产生烟尘和恶臭气体的物质。同年 5 月 23 日，某县环境保护局作出（2017）8 号《行政处罚决定书》，决定对某食品公司处以罚款 10000 元；同时要求某食品公司在收到《行政处罚决定书》之日起 15 日内将罚款缴纳至中国农业银行某某支行，逾期不缴纳罚款的，每日按罚款数额的百分之三加处罚款。当日，某县环境保护局向某食品公司送达了该行政处罚决定书。8 月 22 日，某县环境保护局向某食品公司送达了（2017）1 号《督促履行义务催告书》。10 月 9 日，某食品公司向某县环境保护局提交延期缴纳罚款的请示，10 月 31 日，某县环境保护局以其申请延期缴纳罚款期限届满为由，未批准某食品公司提交延期缴纳罚款的申请。12 月 29 日，某县环境保护局再次向某食品公司送达了（2017）1-1 号《督促履行义务催告书》。某食品公司在法定期间内既没有申请行政复议，也没有向人民法院提起行政诉讼，且在催告期内未履行该行政处罚决定书确定的义务。某县环境保护局向法院申请执行（2017）8 号《行政处罚决定书》，请求

---

① 湖北省秭归县人民法院（2018）鄂 0527 行审 3 号行政裁定书。

人民法院强制执行对某食品公司的罚款 10000 元、加处罚款 10000 元，合计 20000 元。

[**处理结果**] 法院准予执行案涉行政处罚决定书。

第七十五条　【没收物品的处理】 依法没收的非法财物，应当按照国家规定处理。

销毁物品，应当按照国家有关规定处理；没有规定的，经生态环境主管部门负责人批准，由两名以上执法人员监督销毁，并制作销毁记录。

处理物品应当制作清单。

◆ **条文主旨**

本条是对没收物品处理的规定。

◆ **条文理解**

本条规定了依法没收的非法财物的处理方式。依法没收的非法财物属于国家所有，不属于实施行政处罚的行政机关，这体现了"收支两条线"的管理思想，旨在避免执法人员受利益驱动而选择性处罚。

依法没收的非法财物，是指生态环境主管部门依法实施行政处罚所取得的没收钱财和物品，包括违禁品、违法工具、违法生产经营的物品等。根据《中华人民共和国行政处罚法》第七十四条规定，除依法应当予以销毁的物品外，依法没收的非法财物必须按照国家规定公开拍卖或者按照国家有关规定处理。

依法应当予以销毁的物品，需要根据具体的法律、法规、规章进行处理。例如，《中华人民共和国大气污染防治法》第一百零九条、第一百一十条规定了"没收销毁无法达到污染物排放标准的机动车、非道路移动机械"。《消耗臭氧层物质管理条例》第三十一条、第三十二条规定了"拆除、销毁用于违法生产消耗臭氧层物质的设备、设施"。本条第二款规定了销毁物品的程序。没有相关处理规定的，经生态环境主管部门负责人批准，由两名以上执法人员监督销毁，并制作销毁记录。

按照国家规定应当公开拍卖的，行政机关应当对没收物品进行拍卖。国家行政机关依法没收的物品，充抵税款、罚款的物品和其他物品，按照国务院规定应当委托拍卖的，由财产所在地的省、自治区、直辖市的人民政府和设区的市的人民政府指定的拍卖人进行拍卖。没收非法财物拍卖的款项，必须全部上缴国库，任何行政机关或者个人不得以任何形式截留、私分或者变相私分。

生态环境主管部门处理物品时，应当制作清单作为物品处理的凭证。

◆ **要点提示**

> 1. 生态环境主管部门依法没收的非法财物，应当按照《中华人民共和国行政处罚法》第七十四条及其他相关规定进行处理。
>
> 2. 销毁物品应当遵守国家的有关规定；国家尚未规定的，销毁物品应当遵守本条规定的程序。

◆ **法规链接**

《中华人民共和国行政处罚法》（2021 年修订）

第七十四条　除依法应当予以销毁的物品外，依法没收的非法财物必须按照国家规定公开拍卖或者按照国家有关规定处理。

罚款、没收的违法所得或者没收非法财物拍卖的款项，必须全部上缴国库，任何行政机关或者个人不得以任何形式截留、私分或者变相私分。

罚款、没收的违法所得或者没收非法财物拍卖的款项，不得同作出行政处罚决定的行政机关及其工作人员的考核、考评直接或者变相挂钩。除依法应当退还、退赔的外，财政部门不得以任何形式向作出行政处罚决定的行政机关返还罚款、没收的违法所得或者没收非法财物拍卖的款项。

《中华人民共和国拍卖法》（2015 年修正）

第九条　国家行政机关依法没收的物品，充抵税款、罚款的物品和其他物品，按照国务院规定应当委托拍卖的，由财产所在地的省、自治区、直辖市的人民政府和设区的市的人民政府指定的拍卖人进行拍卖。

拍卖由人民法院依法没收的物品，充抵罚金、罚款的物品以及无法返还的追回物品，适用前款规定。

《中华人民共和国刑法》（2020 年修正）

第三百九十六条　国家机关、国有公司、企业、事业单位、人民团体，违反国家规定，以单位名义将国有资产集体私分给个人，数额较大的，对其直接负责的主管人员和其他直接责任人员，处三年以下有期徒刑或者拘役，并处或者单处罚金；数额巨大的，处三年以上七年以下有期徒刑，并处罚金。

司法机关、行政执法机关违反国家规定，将应当上缴国家的罚没财物，以单位名义集体私分给个人的，依照前款的规定处罚。

◆ **相关案例**

案例五十六：某市人民检察院诉某市国土资源局不履行行政监管职责公益诉讼案①

[**本案要点**] 行政机关必须对其依法没收的非法财物作出处理，避免国有资产的损失。

[**基本案情**] 2015 年 8 月至 11 月期间，某市国土资源局对刘某作出行政处罚决定，责令其停止无证开采行为，没收采出的矿产品（建筑用砂）7834.201 立方米，处以罚款 50000 元，恢复土地原貌，恢复种植条件；对于某作出行政处罚决定，责令停止无证开采行为，没收采出的矿产品（建筑用砂）45007.206 立方米，处以罚款 50000 元；对王某作出行政处罚决定，责令停止无证开采行为，没收采出的矿产品（建筑用砂）7336.66 立方米，处以罚款 50000 元，责令退还非法占用的土地，恢复种植条件。处罚决定作出后，某市国土资源局已向法院申请行政非诉审查，法院裁定准予强制执行。现存放地已无没收的河砂，某市国土资源局向上级主管部门请示，相关鉴定机构对没收的河砂进行测量及价格认定，每立方米出厂价 18 元。没收河砂至今没有上缴财政。某市人民检察院作为公益诉讼人向人民法院提起公益诉讼，请求确认被告某市国土资源局未依法处置没收河砂的行为违法；判令被告依法履行职责，采取有效措施挽回国有资产的损失，恢复被破坏耕地的种植条件。

法院认为，依据《中华人民共和国行政处罚法》的规定，除依法应当予以销毁的物品外，依法没收的非法财物必须按照国家规定公开拍卖或者按照国家有关规定处理。参照《国土资源行政

---

① 吉林省公主岭市人民法院（2017）吉 0381 行初 19 号行政判决书。

处罚办法》第三十五条规定，国土资源主管部门作出没收矿产品、建筑物或者其他设施的行政处罚决定后，应当在行政处罚决定生效后九十日内移交同级财政部门处理，或者拟定处置方案报本级人民政府批准后实施。法律另有规定的，从其规定。被告某市国土资源局对刘某、于某、王某作出没收采出的河砂的处罚决定生效后，未按照上述规定处理，没有全面履行国土资源行政监管法定职责。

[处理结果] 法院确认被告某市国土资源局未依法处置没收河砂的行为违法，判决被告依法履行国土资源行政监管职责。

第七十六条 【罚没款上缴国库】 罚款、没收的违法所得或者没收非法财物拍卖的款项，应当全部上缴国库，任何单位或者个人不得以任何形式截留、私分或者变相私分。

罚款、没收的违法所得或者没收非法财物拍卖的款项，不得同作出行政处罚决定的生态环境主管部门及其工作人员的考核、考评直接或者变相挂钩。

◆ **条文主旨**

本条是对罚没款以及变价款上缴国库的规定。

◆ **条文理解**

本条规定了罚款及没收物品变价款的处理方式。没收物品的变价款，是指没收物品折价或者拍卖、变卖后取得的价款。

罚没财物归国家所有，并非归属于实施罚没的生态环境主管部门，更非生态环境执法人员。罚没款及没收物品的变价款，是国家预算收入的组成部分，应当全部上缴国库，不允许以任何形式截留、私分或者变相私分。生态环境主管部门的行政经费应当由有关财政部门按照国家财政预算拨给，从而避免行政机关为获取更多经费而实施"趋利"处罚。

本条第二款为新增条款，规定了罚款、没收的违法所得或者没收非法财物拍卖的款项，不得同作出行政处罚决定的生态环境主管部门及其工作人员的考核、考评直接或者变相挂钩。各级财政部门不得以任何形式、任何名目，将生态环境行政罚款等款项返还给生态环境主管部门。如果财政部门将罚没收入通过隐形手段返还给行政处罚机关，将可能导致行政处罚的目的发生偏离，难以对公民、法人和其他组织的合法权益提供保障。

◆ **要点提示**

> 1. 罚没款及没收物品的变价款归国家所有，应当全部上缴国库。
> 2. 实施行政处罚的生态环境主管部门及其工作人员、代收代缴罚款的银行机构及其工作人员、罚款收缴的财政部门及其工作人员，都不得将罚款截留、私分或者变相私分。

◆ **法规链接**

《中华人民共和国行政处罚法》（2021 年修订）

第七十四条　除依法应当予以销毁的物品外，依法没收的非法财物必须按照国家规定公开拍卖或者按照国家有关规定处理。

罚款、没收的违法所得或者没收非法财物拍卖的款项，必须全部上缴国库，任何行政礼关或者个人不得以任何形式截留、私分或者变相私分。

罚款、没收的违法所得或者没收非法财物拍卖的款项，不得同作出行政处罚决定的行政机关及其工作人员的考核、考评直接或者变相挂钩。除依法应当退还、退赔的外，财政部门不得以任何形式向作出行政处罚决定的行政机关返还罚款、没收的违法所得或者没收非法财物拍卖的款项。

《违反行政事业性收费和罚没收入收支两条线管理规定行政处分暂行规定》（中华人民共和国国务院令第281号）

（略）

◆ **相关案例**

案例五十七：李某私分罚没财物案①

[**本案要点**] 行政执法机关应当将罚没财物依法上缴国库，不得以任何形式截留、私分或变相私分，否则可能构成刑事犯罪。

[**基本案情**] 2005年至2010年间，被告人李某在担任某安监局局长期间，私自决定以其他名目收取的辖区企业因安全生产事故缴纳的罚金共计327980元，不上缴国库，并作为福利发放给安监局干部职工。法院认为，被告人李某与相关领导班子成员进行简单沟通后，将相关单位缴纳的罚没款，以单位名义作为福利待遇向安监局全体干部职工发放，且数额较大，其行为符合私分罚没财物罪的犯罪构成，应当依照私分罚没财物罪定罪处罚。

[**处理结果**] 法院判决被告人李某犯私分罚没财物罪，判处有期徒刑二年，并处罚金人民币五万元。

---

① 天津市滨海新区人民法院（2013）滨刑初字第96号刑事判决书。

第六章　结案和归档

第七十七条　【结案】有下列情形之一的，执法人员应当制作结案审批表，经生态环境主管部门负责人批准后予以结案：

（一）责令改正和行政处罚决定由当事人履行完毕的；

（二）生态环境主管部门依法申请人民法院强制执行行政处罚决定，人民法院依法受理的；

（三）不予行政处罚等无须执行的；

（四）按照本办法第三十六条规定终止案件调查的；

（五）按照本办法第十七条规定完成案件移送，且依法无须由生态环境主管部门再作出行政处罚决定的；

（六）行政处罚决定被依法撤销的；

（七）生态环境主管部门认为可以结案的其他情形。

◆ **条文主旨**

本条是对结案标准的规定。

◆ **条文理解**

结案是对案件作最后处理，以终结生态环境行政处罚程序的活动。本条采取列举和概括的方式，阐明了生态环境行政处罚案件的结案条件。

结案类型分为以下六类。第一类：责令改正和行政处罚决定履行完毕。处罚决定履行完毕分为当事人主动履行完毕和经人民法院强制执行完毕两种情形。行政处罚决定载明了当事人应当履行的义务，处罚决定履行完毕表明当事人负有的义务得到了履行，惩罚目的已经实现，可以结案。第二类：不予行政处罚等无须执行的。在特殊情况下，处罚案件无须执行即可结案，如违法行为轻微并及时纠正、没有造成危害后果而不予行政处罚的，因无处罚内容即无须执行而结案。第三类：终止案件调查的。第四类：案件移送后，依法无须作出行政处罚决定的。第五类：行政处罚决定被依法撤销。处罚决定被撤销可分为作出处罚决定的生态环境主管部门自行撤销、经过行政复议程序被撤销和经过行政诉讼程序被撤销三种情形。因处罚决定被撤销，原处罚内容不复存在而结案。第六类：生态环境主管部门认为可以结案的其他情形。这是针对本条未穷尽的其他特殊结案情形的概括性规定，属于兜底性条款。①

如何理解"行政处罚决定由当事人履行完毕"中的"履行完毕"？处罚决定履行完毕，是指行政处罚决定书所载处罚种类全部得到当事人的履行，方能结案。

结案应当制作生态环境行政处罚案件结案审批表，并经生态环境主管部门负责人批准。结案审批表的具体内容可以包括：当事人基本信息，案由，行政处罚决定书文号，案件简要情况，行政处罚内容，执行情况，附有关行政文书，行政复议、行政诉讼情况，承办机构审核意见，领导审批意见等信息。其中，执行情

---

① 环境保护部环境监察局主编：《环境行政处罚办法释义》，中国环境科学出版社 2011 年版，第 144 页。

况作为最重要的内容，应当详细列明责令改正违法行为的执行情况、罚款缴纳情况、违法所得、非法财物的处理情况、行政执法主体强制执行或者申请人民法院强制执行的情况。

◆ **要点提示**

> 1. 结案前应当进行审查，符合本条规定结案条件的，应当尽早结案；不符合结案条件的，不得随意结案。
>
> 2. 中止调查的案件，不能结案。

第七十八条　【立卷归档】 结案的行政处罚案件，应当按照下列要求将案件材料立卷归档：

（一）一案一卷，案卷可以分正卷、副卷；

（二）各类文书齐全，手续完备；

（三）书写文书用签字笔、钢笔或者打印；

（四）案卷装订应当规范有序，符合文档要求。

◆ **条文主旨**

本条是对立卷归档要求的规定。

◆ **条文理解**

行政处罚案卷，是指将对行政程序本身的记载以及行政行为所根据的一切文献资料，按照行政执法过程的关联性，进行排列、编注页码、填写目录并装订成册的行政执法文书组合。

本条对执法案卷形式、文书格式标准作出统一规定，提高了案卷、文书规范化水平。具体而言，为了便于案卷保管和查阅，本条提出了四条基本要求：第一，每个处罚案件独立立卷，即一案一卷，案卷可以分正卷、副卷；第二，实施行政处罚过程中制作的各种文件材料齐全，手续完备，不得遗漏；第三，为便于长期保存，文件资料要用签字笔或者钢笔书写，不得使用不耐久字迹材料，有条件的应当打印；第四，案卷装订规范有序，符合文档要求。

◆ **要点提示**

> 1. 结案的生态环境行政处罚案件，应当按照要求将案件材料立卷归档。
>
> 2. 对生态环境行政处罚案件的评查主要从处罚主体是否合法、事实认定是否清楚、证据是否确凿、证据与事实是否有直接因果关系、是否正确适用法律法规、法律文书使用及填写是否规范、立卷归档是否符合标准等方面进行。①

◆ **法规链接**

《环境保护档案管理办法》（2021 年修正）

第十六条 环境保护文件材料归档范围应当全面、系统地反映综合管理和政策法规、科学技术、环境影响评价、环境监测、污染防治、生态保护、核与辐射安全监管、环境监察执法等业务活动。

第十七条 环境保护部门在部署污染源普查、环境质量调查等专项工作时，应当明确文件材料的归档要求；在检查专项工作进度时，应当检查文件材料的收集、整理情况；重大建设项目、重大科研项目和重大生态保护项目文件材料不符合归档要求的，不得进行项目鉴定、验收和申报奖项。

---

① 参见《环境行政处罚案卷评查指南》（环办〔2012〕98 号）。

第十八条　环境保护文件材料归档工作一般应于次年3月底前完成。文件（项目）承办单位根据下列情形，按要求将应归档文件及电子文件同步移交本部门档案管理机构进行归档，任何人不得据为己有或者拒绝归档：

（一）文书材料应当在文件办理完毕后及时归档；

（二）重大会议和活动等文件材料，应当在会议和活动结束后一个月内归档；

（三）科研项目、建设项目文件材料应当在成果鉴定和项目验收后两个月内归档，周期较长的科研项目、建设项目可以按完成阶段分期归档；

（四）一般仪器设备随机文件材料，应当在开箱验收或者安装调试后七日内归档，重要仪器设备开箱验收应当由档案管理人员现场监督随机文件材料归档。

第七十九条　【归档顺序】正卷按下列顺序装订：

（一）行政处罚决定书及送达回证；

（二）立案审批材料；

（三）调查取证及证据材料；

（四）行政处罚事先告知书、听证告知书、听证通知书等法律文书及送达回证；

（五）听证笔录；

（六）财物处理材料；

（七）执行材料；

（八）结案材料；

（九）其他有关材料。

副卷按下列顺序装订：

（一）投诉、申诉、举报等案源材料；

（二）涉及当事人有关商业秘密的材料；

（三）听证报告；

（四）审查意见；

（五）法制审核材料、集体讨论记录；

（六）其他有关材料。

◆ 条文主旨

本条是对归档顺序的规定。

◆ 条文理解

行政处罚案件材料原则上按照实施环境行政处罚的程序排列，以方便查阅。为方便信息公开，将处罚档案分为正卷和副卷两部分。[1]

正卷包括九类材料：（1）行政处罚决定书及送达回证；（2）立案审批材料；（3）调查取证及证据材料；（4）行政处罚事先告知书、听证告知书、听证通知书等法律文书及送达回证；（5）听证笔录；（6）财物处理材料；（7）执行材料；（8）结案材料；（9）其他有关材料。副卷包括六类材料：（1）投诉、申诉、举报等案源材料；（2）涉及当事人有关商业秘密的材料；（3）听证报告；（4）审查意见；（5）法制审核材料、集体讨论记录；（6）其他有关材料。

行政机关行政处罚案件的案卷材料依法不属于信息公开的内

---

[1] 环境保护部环境监察局主编：《环境行政处罚办法释义》，中国环境科学出版社 2011 年版，第 146 页。

容，但可按档案管理相关规定查阅。例如，在王某与某市某区市场监督管理局、某市某区人民政府信息公开及行政复议案①中，原告要求某区市场监管局公开其在履行其投诉举报的某超市监督法定义务时所作的处罚决定书，该决定书某区市场监管局已在网上进行了公示，某区市场监管局告知其可通过公示系统查询并无不当；对原告提出受理消费者投诉举报告知书、立案审批表、询问调查笔录、现场检查笔录、销售台账、销售票据、检验告知书、商品照片、案件调查终结报告、处罚告知书等材料系行政机关行政处罚案件的案卷材料，依法不属于信息公开的内容，某区市场监管局亦告之可按档案管理相关规定至其处进行查阅。

◆ **法规链接**

《国务院办公厅关于全面推行行政执法公示制度执法全过程记录制度重大执法决定法制审核制度的指导意见》（国办发〔2018〕118号）

三、全面推行执法全过程记录制度

......

（九）严格记录归档。要完善执法案卷管理制度，加强对执法台账和法律文书的制作、使用、管理，按照有关法律法规和档案管理规定归档保存执法全过程记录资料，确保所有行政执法行为有据可查。对涉及国家秘密、商业秘密、个人隐私的记录资料，归档时要严格执行国家有关规定。积极探索成本低、效果好、易保存、防删改的信息化记录储存方式，通过技术手段对同一执法对象的文字记录、音像记录进行集中储存。建立健全基于互联网、电子认证、电子签章的行政执法全过程数据化记录工作机制，形

---

① 南京铁路运输法院（2016）苏8602行初715号一审行政判决书。

成业务流程清晰、数据链条完整、数据安全有保障的数字化记录信息归档管理制度。

《海洋行政执法档案管理规定》（国海办字〔2011〕54号）

第十二条　执法档案管理工作与执法工作应实行同步管理，即编制执法工作方案时应提出归档要求；开展执法活动时应规范收集各类文件材料；检查执法工作进度时应检查执法文件材料的形成、积累情况；执法活动结束时，应检查验收应归档文件材料是否齐全、完整、准确、系统，以综合评价执法任务完成情况。

第十四条　执法专项行动、处罚案件形成的应归档文件材料按《海洋行政执法档案业务规范》（报批中）要求整理。其它执法工作形成的应归档文件材料按《海洋管理机关档案业务规范》（HY/T 057）整理。

第八十条　【案卷管理】案卷归档后，任何单位、个人不得修改、增加、抽取案卷材料。案卷保管及查阅，按档案管理有关规定执行。

◆ **条文主旨**

本条是对案卷管理的规定。

◆ **条文理解**

处罚案卷材料是对生态环境行政处罚实施过程的客观反映。为保持其客观性和真实性，本条规定在案卷归档后，任何单位、个人不得修改、增加、抽取案卷材料。为了加强案卷保管、充分发挥档案的利用价值，本条规定案卷的保管和查阅按《环境保护档案管理办法》等有关规定执行。此外，为进一步严格依法行政，规范和监督环境行政处罚行为，提高行政处罚办案质量，需要不断加强对环境行政处罚案卷的管理，应当按照《环境行政处罚案卷评查指南》对办结的环境行政处罚案件按时开展评查工作。

◆ **法规链接**

《环境保护档案管理办法》（2021 年修正）

第十九条 环境保护部门应当加强对不同门类、各种形式和载体档案的管理，确保环境保护档案真实、齐全、完整。

第二十条 环境保护档案的分类、著录、标引，依照《中国档案分类法 环境保护档案分类表》《环境保护档案著录细则》《环境保护档案管理规范》等文件的有关规定执行，其相应的电子文件材料应当按照有关要求同步归档。

文书材料的整理归档，依照《归档文件整理规则》（DA/T 22-2015）的有关规定执行。

照片资料的整理归档，依照《照片档案管理规范》（GB/T 11821-2002）的有关规定执行。

录音、录像资料的整理归档，依照录音、录像管理的有关规定执行。

科技文件的整理归档，依照《科学技术档案案卷构成的一般要求》（GB/T 11822-2008）的有关规定执行。

会计资料的整理归档，依照《会计档案管理办法》（财政部、国家档案局令第 79 号）的有关规定执行。

人事文件材料的整理归档，依照《干部档案工作条例》（组通字〔1991〕13 号）、《干部档案整理工作细则》（组通字〔1991〕11 号）、《干部人事档案材料收集归档规定》（中组发〔2009〕12 号）等文件的有关规定执行。

电子文件的整理归档，依照《电子文件归档与电子档案管理规范》（GB/T 18894-2016）、《CAD 电子文件光盘存储、归档与档案管理要求》（GB/T 17678.1-1999）等文件的有关规定执行。重要电子文件应当与纸质文件材料一并归档。

第二十六条 环境保护部门的档案管理机构应当积极开发环境保护档案信息资源，并根据环境保护工作实际需要，对现有档案信息资源进行综合加工和深度开发，为环境保护工作提供服务。

第八十一条 【案件统计】生态环境主管部门应当建立行政处罚案件统计制度，并按照生态环境部有关环境统计的规定向上级生态环境主管部门报送本行政区域的行政处罚情况。

◆ **条文主旨**

本条是对案件统计制度的规定。

◆ **条文理解**

建立行政处罚案件统计制度，是生态环境主管部门规范化、科学化管理的要求，有利于生态环境主管部门从宏观上掌握行政处罚工作情况，了解行政处罚工作中的常见问题，进行分析研判，从而有针对性地予以解决。因此，本条规定生态环境主管部门应当建立行政处罚案件统计制度，并按生态环境部的有关规定报送本行政区的行政处罚情况。[1]

---

[1] 环境保护部环境监察局主编：《环境行政处罚办法释义》，中国环境科学出版社 2011 年版，第 148 页。

◆ **法规链接**

《环境保护档案管理办法》（2021 年修正）

第十四条 环境保护部门的档案管理机构应当履行下列职责：

······

（七）国务院环境保护主管部门的档案管理机构，负责汇总统计地方环境保护主管部门、本部门及其派出机构、直属单位档案工作基本情况的数据，并报送国家档案行政管理部门。地方各级环境保护主管部门的档案管理机构，负责汇总统计本行政区域内环境保护档案工作基本情况数据，并报送同级档案行政管理部门和上级环境保护主管部门。

······

第七章 监 督

第八十二条 【监督检查】 上级生态环境主管部门负责对下级生态环境主管部门的行政处罚工作情况进行监督检查。

◆ 条文主旨

本条是对生态环境主管部门内部上级对下级的监督检查规定。

◆ 条文理解

本条是第七章的总领性规定,明确了上级主管部门对下级主管部门的监督权。

对生态环境行政处罚的监督检查属于对生态环境行政执法监督检查。从监督主体上来看,生态环境行政执法监督检查可以分为权力机关对生态环境行政执法的监督、司法机关对生态环境行政执法的监督、生态环境行政主体内部的监督以及对生态环境行政执法权的社会监督四种,本条所说的是生态环境行政主体的内部监督,即上级主管部门对下级实施行政处罚的情况进行了解、检查和督促,对违法或者不当的行政处罚决定依法予以撤销、变更或者纠正的制度。在生态环境主管部门完成垂直管理改革之前,省级以下生态环境行政机关实行的是地方政府和上级生态环境主管部门的双重领导体制,地方生态环境行政主管机关在编制、人员配置和财物管理上主要由地方政府管理，很多生态环境行政执法行为是由地方政府作出，因此，这种监督往往形同虚设，无法真正奏效。在垂改后，市级生态环境局仍为市级政府工作部门，但是实行以省级生态环境部门为主的双重管理。县级生态环境局调整为市级生态环境局的派出分局，由市级生态环境局直接管理。生态环境执法工作主要下放至市县完成，并由市级生态环境局统一管理与指挥。因此，目前对于县级生态环境主管部门来说，本条的"上级生态环境主管部门"主要为市级环境主管部门，市级环境主管部门的主要监督检查机关为省级环保部门。这在一定程度上克服了地方保护主义，加强了环保部门内部的领导与被领导关系。

在行为性质上，上下级监督为内部环境行政监督制度，是内部行政行为，因此不可诉。在监督检查内容上，主要是对下级生态环境主管部门作出行政处罚的主体、理由与依据、程序、决定执行等方面进行了解和考察。在监督后果上，如发现越权执法、滥用职权、徇私舞弊、不履行法定职责、违反法定程序、处罚不当等行为时，上级生态环境主管部门既可以通过责令下级生态环境主管部门及时改正、对责任者给予行政处分、撤销处罚决定等方式督促下级生态环境主管部门履责，也可以直接代为作出行政行为。

将处罚决定监督检查机制常态化与规范化，能够保证法律、法规、规章的正确实施，促进生态环境主管部门及其工作人员依法行政、廉洁行政。有利于生态环境主管部门自我监督、自我管理，保护公民、法人和其他组织的合法权益，节约诉讼成本，树立和维护政府机关的良好社会形象。有利于上级主管部门了解实际执法情况，不断总结生态环境行政处罚工作的经验教训，强化生态环境行政执法主体及其工作人员的法律意识。

◆ **要点提示**

> 1. 生态环境主管部门上级对下级的监督，是行政机关内部监督，为内部行政行为。
>
> 2. 上级生态环境主管部门主要从作出行政处罚的主体、处罚的理由与依据、处罚程序、决定的执行等方面开展监督。

◆ **法规链接**

《中华人民共和国行政处罚法》（2021 年修订）

第七十五条第一款　行政机关应当建立健全对行政处罚的监督制度。县级以上人民政府应当定期组织开展行政执法评议、考核，加强对行政处罚的监督检查，规范和保障行政处罚的实施。

第八十三条　**【处罚备案】**生态环境主管部门应当建立行政处罚备案制度。

下级生态环境主管部门对上级生态环境主管部门督办的处罚案件，应当在结案后二十日内向上一级生态环境主管部门备案。

◆ **条文主旨**

本条是对处罚备案的规定。

◆ **条文理解**

处罚备案可分为两种，一是作出处罚决定的主管部门内部的备案制度，二是下级主管部门向上级的备案制度。

在主管部门内部，行政处罚备案制度包括重大行政处罚备案与当场作出的行政处罚备案。《国务院关于贯彻实施〈中华人民共和国行政处罚法〉的通知》（国发〔1996〕13 号）提出，要建立健全重大行政处罚的备案制度。为此，青海、辽宁、山西等地均颁布了重大行政处罚决定备案办法，对需要备案的案件类型与流程要求作出细化规定。还有地方针对环境重大行政处罚决定备案出台了专门立法。比如，2007 年青岛市环境保护局印发《青岛市环境保护局重大环境行政处罚案件备案制度》（青环发〔2007〕54 号），规定重大环境行政处罚包括责令停止生产或者使用、吊销排污许可证或危险废物经营许可证和市局指定办理的案件等几类情形，并将备案时间限定为行政处罚决定书下达后的 10 日内。此外，为了规范与监督当场作出的行政处罚决定，《中华人民共和国行政处罚法》第五十二条第三款规定，执法人员当场作出的行政处罚决定，应当报所属行政机关备案。垂改后的县级环保部门收归市级管理，其执法人员当场作出的处罚决定应当及时报市一级备案。

在下级生态环境主管部门向上级的备案制度中，需注意以下三点。第一，需备案的案件范围为"上级生态环境主管部门督办的处罚案件"，而非所有案件。上级生态环境主管部门要求督办说明案件较为重大、疑难、典型，上级生态环境主管部门对此较为关注。因此，备案该类案件有利于突出重点，节约资源，帮助上级生态环境主管部门及时了解和掌握下级生态环境主管部门实施行政处罚的进度与情况，及时发现、纠正不合法或者不适当的行政处罚决定，规范行政处罚行为。第二，备案的时间要求为"结案后二十日内"。结案之日为根据本办法第七十七条获得生态环境主管部门负责人批准之日。第三，备案的内容应包括处罚决定书与备案表。如果上级备案部门需要调阅报备部门的有关行政处罚的案卷和材料，报备部门也应当配合。

◆ **要点提示**

> 1. 处罚备案包括处罚机关内部的备案与下级主管部门向上级的备案。
> 2. 主管部门内部的行政处罚备案制度包括重大行政处罚备案与当场作出的行政处罚备案。
> 3. 下级主管部门无须向上级备案所有处罚决定，而是由上级生态环境主管部门督办的处罚案件。备案时应提交相关处罚决定书与备案表，并在结案后二十个工作日内完成。
> 4. 如果上级备案部门需要调阅报备部门的有关行政处罚的案卷和材料，报备部门应当配合。

◆ **法规链接**

《国务院关于贯彻实施〈中华人民共和国行政处罚法〉的通知》（国发〔1996〕13 号）

四、加强对行政处罚的监督工作。……各地方、各部门要结合本地区、本部门的实际情况落实这一规定，建立和健全规范性文件、重大行政处罚的备案制度以及公民、法人和其他组织对行政处罚的申诉和检举制度、行政处罚决定制度、行政处罚统计制度等。……

第八十四条　【社会监督】生态环境主管部门实施行政处罚应当接受社会监督。公民、法人或者其他组织对生态环境主管部门实施行政处罚的行为，有权申诉或者检举；生态环境主管部门应当认真审查，发现有错误的，应当主动改正。

◆ **条文主旨**

本条是对监督渠道、监督方式与后果的规定。

◆ **条文理解**

社会监督，是指社会群众团体和组织以及舆论机关对行政机关及其工作人员的监督。生态环境主管部门实施行政处罚应当接受社会监督。公民、法人或者其他组织的申诉和检举是有效的监督途径之一，而且往往直接涉及当事人的利益，事关行政管理秩序。申诉，是指公民、法人在其权利和合法权益受到侵害时，向有关国家机关提出申诉。申诉人往往是利益相关者或当事人。检举，是指公民、法人或者其他组织对于违法失职的主管部门工作人员，向主管部门或其上级主管部门揭发事实，请求依法处理的权利。检举人可能与案件本身无直接利害关系。对公民、法人或者其他组织的申诉和检举，生态环境主管部门应当接受，并进行审查核实；发现实施行政处罚的行为有错误的，应当主动改正。

◆ **要点提示**

> 1. 公民、法人和其他组织进行社会监督无须与处罚决定有直接利害关系。
>
> 2. 生态环境主管部门应当接受公民、法人或者其他组织的申诉和检举，并认真审查，发现有错误的，应当主动改正。

◆ **法规链接**

《中华人民共和国行政处罚法》（2021 年修订）

第七十五条第二款　行政机关实施行政处罚应当接受社会监

督。公民、法人或者其他组织对行政机关实施行政处罚的行为，有权申诉或者检举；行政机关应当认真审查，发现有错误的，应当主动改正。

第八十五条 【处罚决定的补正或更正】 生态环境主管部门发现行政处罚决定有文字表述错误、笔误或者计算错误，以及行政处罚决定书部分内容缺失等情形，但未损害公民、法人或者其他组织的合法权益的，应当予以补正或者更正。

补正或者更正应当以书面决定的方式及时作出。

◆ **条文主旨**

本条是对补正或更正处罚决定的规定。

◆ **条文理解**

补正，是指对某些程序违法但非无效的行政行为，由行政机关补（重）做相应的程序，从而使之转为合法并免于撤销的制度。[1] 在本条中补正与更正无明显适用区别，都是对存在轻微瑕疵的行政行为，例如，行政行为程序、方式等方面存在瑕疵的情形进行弥补改正的方式。违法行政行为并非应当一概撤销或确认违法、无效，在不损害公民、法人或者其他组织的合法权益的情形下，行政机关可以通过补正或更正制度补正治愈其瑕疵。[2] 补正或更正文书应当由原行政机关作出，补正或更正内容中应当写明原

---

[1] 杨登峰：《程序违法行政行为的补正》，载《法学研究》2009 年第 31 期。

[2] 张峰振：《违法行政行为补正的概念厘定与制度展开——从〈湖南省行政程序规定〉第 164 条谈起》，载《政治与法律》2009 第 12 期。

文书中的错误之处，补正或更正的文书应当送达到原法律文书的送达人，补正决定书与被补正的文书同时发生法律效力。

本条第一款规定了三种适用补正或更正的情形，分别是文字表述错误、笔误或者计算错误、行政处罚决定书部分内容缺失的情形，且上述情形并未损害公民、法人或者其他组织的合法权益，此时应当予以补正或者更正。

本条第二款规定了补正或更正制度适用的方式与时间，行政机关补正或更正处罚决定应以书面的方式及时作出。对于"及时"，应当理解为如果能当场补正或更正的，则应当当场进行，以减少给当事人带来的不便。

◆ **要点提示**

> 1. 行政处罚中有些程序具有独立法律价值，如听证程序，不能通过补正文书弥补该程序所要实现的价值，因此不能补正。
> 2. 补正或者更正应当以书面决定的方式及时作出。

◆ **法规链接**

《最高人民法院关于适用〈中华人民共和国民事诉讼法〉的解释》（法释〔2022〕11号 2022年修正）

第二百四十五条 民事诉讼法第一百五十七条第一款第七项规定的笔误是指法律文书误写、误算，诉讼费用漏写、误算和其他笔误。

第八十六条　【内部监督】生态环境主管部门通过接受申诉和检举，或者通过备案审查等途径，发现下级生态环境主管部门的行政处罚决定违法或者显失公正的，应当督促其纠正。

依法应当给予行政处罚，而有关生态环境主管部门不给予行政处罚的，有处罚权的上级生态环境主管部门可以直接作出行政处罚决定。

◆ 条文主旨

本条是对上级生态环境主管部门督促下级生态环境主管部门的内部监督的规定。

◆ 条文理解

首先，本条明确了上级生态环境主管部门对下级生态环境主管部门的监督途径。上级生态环境主管部门可以通过接受申诉和检举，或者通过备案审查等途径，掌握下级生态环境主管部门行政处罚工作情况。本办法第八十三条规定了行政处罚备案制度，第八十四条规定了申诉、检举等社会监督途径。

其次，本条规定了上级生态环境主管部门的处理方式。当发现下级生态环境主管部门的处罚决定违法或者显失公正时，上级生态环境主管部门可以有两种做法，一种是"对人"，一种是"对事"。"对人"的处理措施包括对直接负责的主管人员和其他直接责任人员依法给予处分，以及责令其依法给予赔偿等。该部分可由《中华人民共和国公务员法》《行政机关公务员处分条例》来调整，故本条未予规定。"对事"的处理措施包括本条规定的督促纠正或责令改正等内部行政监督行为，也包括通过行政复议对原处罚决定予以撤销或变更。本办法第七章规定的监督为环境主管部门的内部管理监督。内部管理监督与行政复议不同，内部管理监督行为是不可诉的内部行政行为，而行政复议决定是可诉的。行政复议必须由利害关系人依法提出申请才能启动，而内部管理监督由上级主管部门主动开展。

最后，在依法应当给予行政处罚而有关生态环境主管部门不给予行政处罚的情况下，有处罚权的上级生态环境主管部门可以直接作出行政处罚决定。

◆ **要点提示**

> 1. 上级生态环境主管部门可以通过接受申诉和检举或者备案审查等途径，掌握下级生态环境主管部门行政处罚工作情况。
>
> 2. 本条的监督是内部行政行为，不同于行政复议。

第八十七条　【评议和表彰】生态环境主管部门可以通过案件评查或者其他方式评议、考核行政处罚工作，加强对行政处罚的监督检查，规范和保障行政处罚的实施。对在行政处罚工作中做出显著成绩的单位和个人，可以依照国家或者地方的有关规定给予表彰和奖励。

◆ **条文主旨**

本条是对处罚工作评议考核的规定。

◆ **条文理解**

处罚工作评议考核是加强对行政处罚的监督检查，落实行政执法责任制的重要方式与途径。《国务院办公厅关于推行行政执法责任制的若干意见》（国办发〔2005〕37 号）对此有指导性规定，许多省市人民政府或其所属部门也制定了专门的行政执法考核评议办法。

评议考核的方式多种多样，包括案卷评查、现场检查、备案审查，邀请有关方面人员参加座谈会或者向社会各界进行问卷调查；对有关负责人员和行政执法人员进行法律素质测试；组织执法检查、专题调查或者进行个案监督；审阅或者听取行政执法责任制落实情况的汇报等。其中，案卷评查是开展评议考核的主要方式。案卷评查，是指上级主管部门对下级主管部门实施行政处罚过程中形成的立案、调查取证、告知听证、决定执行等法律文书与归档案卷进行调阅、审查与评价的活动。这与尽职调查类似，都是通过文书审查来还原执法过程，并以文书的完整性与准确度来反推执法活动在程序与实体的合法合理性。许多地方均出台了案卷评查规则，如《西藏自治区行政执法案卷评查办法》《广东省行政执法案卷评查办法》等。评议考核是一项系统的工程，应紧密围绕"加强对行政处罚的监督检查，规范和保障行政处罚的实施"这一目标。为此，应当制定具体的考核规则与方案，明确考核周期、流程、考核对象、考核方式与责任追究等细节问题。

与严肃追责的考核监督相对应，对在处罚工作中做出显著成绩的单位和个人，也可以给予精神或物质上的奖励，在肯定既往工作成果的同时，充分发挥榜样的带头作用，为推进基层普法提供实际素材，广泛调动执法人员的积极性。

◆ **要点提示**

1. 行政处罚评议考核是落实行政执法责任制的重要途径，案件评查是开展处罚评议考核的主要方式。

2. 具体开展评议考核需要制定考核评价方案，明确考核评价的标准、内容、流程，及时汇报考核评价的成果。

3. 除了对违法处罚人员与单位进行追责外，还可以对做出显著成绩的单位和个人予以表彰和奖励。

◆ **法规链接**

《中华人民共和国行政处罚法》（2021 年修订）

第七十五条第一款　行政机关应当建立健全对行政处罚的监督制度。县级以上人民政府应当定期组织开展行政执法评议、考核，加强对行政处罚的监督检查，规范和保障行政处罚的实施。

《国务院办公厅关于推行行政执法责任制的若干意见》（国办发〔2005〕37 号）

三、建立健全行政执法评议考核机制

行政执法评议考核是评价行政执法工作情况、检验行政执法部门和行政执法人员是否正确行使执法职权和全面履行法定义务的重要机制，是推行行政执法责任制的重要环节。各地区、各有关部门要建立健全相关机制，认真做好行政执法评议考核工作。

……

◆ **相关案例**

案例五十八：某市生态环境局开展案卷评查工作③

[**本案要点**]　生态环境主管部门可以通过案件评查提升行政执法质量，加强对行政处罚的监督检查。

[**基本案情**]　为进一步提升某市生态环境行政执法案卷质量，

---

③　本案为编写人员根据实践情形和条文内容而改编的案例。

规范行政执法行为，按照某省生态环境保护执法工作部署和要求，2021 年 8 月，某市生态环境局组织开展了全市环保系统行政处罚案卷评查工作。

此次执法案卷评查工作，由某市生态环境保护综合行政执法支队和局法规处共同组织开展。评查人员由支队和各分局选调法制业务骨干组成。5 个案卷评查小组采取交叉互评的方式，从案卷的实体和程序评查、卷面评查和加分项三方面逐项打分，并说明评查意见，同时填写行政处罚案件质量评查表、行政处罚案卷点评汇总表。各评查组组长针对各组评查的案卷情况进行了交流发言，对案卷的亮点与不足进行了分析点评，某市生态环境局法规处处长也对各分局案卷中存在的共性问题给予了专业性、合理化的建议。

第八章　附　　则

　　第八十八条　【违法所得的认定】 当事人有违法所得，除依法应当退赔的外，应当予以没收。违法所得是指实施违法行为所取得的款项。

　　法律、行政法规对违法所得的计算另有规定的，从其规定。

◆ **条文主旨**

　　本条是对违法所得认定的规定。

◆ **条文理解**

　　没收违法所得，是指国家行政机关根据法律法规，将行为人违法所获得的财物或非法财物强制无偿收归国有的一项行政处罚措施。没收违法所得是《中华人民共和国行政处罚法》和本办法所确定的行政处罚的种类之一。

　　根据《中华人民共和国行政处罚法》第二十八条之规定，"违法所得是指实施违法行为所取得的款项"，本条是对其在生态环境领域的进一步细化。《环境行政处罚办法》将违法所得界定为"当事人违法所获得的全部收入扣除当事人直接用于经营活动的合理支出"，采"净收入说"。此次修订依照《中华人民共和国行政处罚法》的规定，将违法所得界定为"实施违法行为所取得的款项"，采"总收入说"，不扣除当事人的合理支出，从而更加体现没收违法所得的惩罚性。

◆ **法规链接**

《中华人民共和国行政处罚法》（2021 年修订）

第二十八条 行政机关实施行政处罚时，应当责令当事人改正或者限期改正违法行为。

当事人有违法所得，除依法应当退赔的外，应当予以没收。违法所得是指实施违法行为所取得的款项。法律、行政法规、部门规章对违法所得的计算另有规定的，从其规定。

《工商行政管理机关行政处罚案件违法所得认定办法》（国家工商行政管理总局令第 37 号）

第二条 工商行政管理机关认定违法所得的基本原则是：以当事人违法生产、销售商品或者提供服务所获得的全部收入扣除当事人直接用于经营活动的适当的合理支出，为违法所得。

本办法有特殊规定的除外。

第八十九条 【较大数额罚款的界定】 本办法第四十六条所称"较大数额""较大价值"，对公民是指人民币（或者等值物品价值）五千元以上、对法人或者其他组织是指人民币（或者等值物品价值）二十万元以上。

地方性法规、地方政府规章对"较大数额""较大价值"另有规定的，从其规定。

◆ **条文主旨**

本条是对"较大数额""较大价值"界定的规定。

◆ **条文理解**

根据《中华人民共和国行政处罚法》的规定，行政机关作出较大数额罚款、没收较大数额违法所得、没收较大价值非法财物等行政处罚决定之前，当事人有权要求听证。因此，对"较大数额""较大价值"标准的界定，将影响当事人的听证申请权和生态环境主管部门对处罚程序的选择。

本办法沿用《环境行政处罚办法》对公民较大数额罚款的认定标准，即"较大数额""较大价值"对公民是指人民币（或者等值物品价值）五千元以上。而关于法人或者其他组织较大数额罚款的认定标准，则根据经济社会的发展情况进行了调整，即"较大数额""较大价值"对法人或者其他组织是指人民币（或者等值物品价值）二十万元以上。

如果地方性法规、地方政府规章对"较大数额""较大价值"作出了另外规定，优先适用地方性法规和地方政府规章的规定。

◆ **要点提示**

> 1. "较大数额""较大价值"标准适用于两种处罚种类：罚款和没收。
>
> 2. 因为个人和单位的经济能力不同，"较大数额""较大价值"标准也不同。
>
> 3. 对地方性法规、地方政府规章已经对"较大数额""较大价值"作出的规定，优先适用地方规定。

第九十条　【期间规定】本办法中"三日""五日""七日"的规定是指工作日，不含法定节假日。

期间开始之日，不计算在内。期间届满的最后一日是节假日的，以节假日后的第一日为期间届满的日期。期间不包括在途时间，行政处罚文书在期满前交邮的，视为在有效期内。

◆ **条文主旨**

本条是对期间的规定。

◆ **条文理解**

期间的计算较为复杂，将影响到当事人的实体权利和程序权利。本条根据《中华人民共和国行政处罚法》的修订，对生态环境行政处罚实施过程中的期间作了明确而具体的规定。

第一，期间的计算单位是"日"，分为自然日和工作日。"三日""五日""七日"的规定是指工作日，不含法定节假日。

第二，期间的开始。期间开始之日，不计算在期间内。

第三，期间的届满。期间届满的最后一日为期间截止，但期间届满的最后一日是节假日的，以节假日后的第一日为期间届满的日期。节假日是指根据《全国年节及纪念日放假办法》规定的国家法定节假日。

第四，期间不包括在途时间，处罚文书在期满前交付邮局，且有邮戳证明的，不算过期。

◆ **法规链接**

《中华人民共和国行政处罚法》（2021 年修订）

第八十五条　本法中"二日""三日""五日""七日"的规定是指工作日，不含法定节假日。

《**全国年节及纪念日放假办法**》(2013 年修订)

第二条 全体公民放假的节日:

(一)新年,放假 1 天(1 月 1 日);

(二)春节,放假 3 天(农历正月初一、初二、初三);

(三)清明节,放假 1 天(农历清明当日);

(四)劳动节,放假 1 天(5 月 1 日);

(五)端午节,放假 1 天(农历端午当日);

(六)中秋节,放假 1 天(农历中秋当日);

(七)国庆节,放假 3 天(10 月 1 日、2 日、3 日)。

第九十一条 **【相关法规适用】**本办法未作规定的其他事项,适用《中华人民共和国行政处罚法》《中华人民共和国行政强制法》等有关法律、法规和规章的规定。

◆ **条文主旨**

本条是对法规适用的规定。

◆ **条文理解**

《中华人民共和国行政处罚法》是关于行政处罚的一般规定,本办法是生态环境领域行政处罚的特殊规定。为避免重复和立法冲突,本办法未作规定的其他事项,直接适用《中华人民共和国行政处罚法》《中华人民共和国行政强制法》等有关法律、法规和规章的规定。

◆ **要点提示**

> 1. 与本办法配合适用的规定有：《中华人民共和国行政处罚法》《中华人民共和国行政强制法》等法律、法规、规章及其他规范性文件。
>
> 2. 有关规定不一致的，按照《中华人民共和国立法法》规定适用规则执行。
>
> 3. 对于本办法未作规定的其他事项，可以参照执行最高人民法院的有关文件，如《最高人民法院关于适用〈中华人民共和国行政诉讼法〉的解释》等。

第九十二条　【生效日期】本办法自 2023 年 7 月 1 日起施行。原环境保护部发布的《环境行政处罚办法》（环境保护部令第 8 号）同时废止。

◆ **条文主旨**

本条是对生效日期的规定。

◆ **条文理解**

我国法律法规以及规章生效日期的规定，通常有两种情况：一是自法律法规以及规章公布之日起生效；二是法律法规以及规章公布后不立即生效，而是给予公众和社会一定的过渡期，自公布之后再经过一段时间才生发法律效力。

本办法在诸多方面均进行了重大调整，有必要在实施之前预留一段时间用于宣传普法，以便社会公众了解学习相关新规定，建立新的行为预期，同时，也便于执法人员准确把握相关内容，避免执法失当。因此，本办法并未选择自公布之日起生效的方式。

为保证法律适用的唯一性，自本办法生效之日起，原环境保护部发布的《环境行政处罚办法》即失去法律效力。

◆ **法规链接**

《规章制定程序条例》（2017 年修订）

第三十二条　规章应当自公布之日起 30 日后施行；但是，涉及国家安全、外汇汇率、货币政策的确定以及公布后不立即施行将有碍规章施行的，可以自公布之日起施行。

附　录

中华人民共和国行政处罚法

（1996 年 3 月 17 日第八届全国人民代表大会第四次会议通过　根据 2009 年 8 月 27 日第十一届全国人民代表大会常务委员会第十次会议《关于修改部分法律的决定》第一次修正　根据 2017 年 9 月 1 日第十二届全国人民代表大会常务委员会第二十九次会议《关于修改〈中华人民共和国法官法〉等八部法律的决定》第二次修正　2021 年 1 月 22 日第十三届全国人民代表大会常务委员会第二十五次会议修订　2021 年 1 月 22 日中华人民共和国主席令第 70 号公布　自 2021 年 7 月 15 日起施行）

目　　录

第七章　法律责任

第八章　附　　则

第一章　总　　则

第一条　为了规范行政处罚的设定和实施，保障和监督行政机关有效实施行政管理，维护公共利益和社会秩序，保护公民、法人或者其他组织的合法权益，根据宪法，制定本法。

第二条　行政处罚是指行政机关依法对违反行政管理秩序的公民、法人或者其他组织，以减损权益或者增加义务的方式予以惩戒的行为。

第三条　行政处罚的设定和实施，适用本法。

第四条　公民、法人或者其他组织违反行政管理秩序的行为，应当给予行政处罚的，依照本法由法律、法规、规章规定，并由行政机关依照本法规定的程序实施。

第五条　行政处罚遵循公正、公开的原则。

设定和实施行政处罚必须以事实为依据，与违法行为的事实、性质、情节以及社会危害程度相当。

对违法行为给予行政处罚的规定必须公布；未经公布的，不得作为行政处罚的依据。

第六条　实施行政处罚，纠正违法行为，应当坚持处罚与教育相结合，教育公民、法人或者其他组织自觉守法。

第七条　公民、法人或者其他组织对行政机关所给予的行政处罚，享有陈述权、申辩权；对行政处罚不服的，有权依法申请行政复议或者提起行政诉讼。

公民、法人或者其他组织因行政机关违法给予行政处罚受到损害的，有权依法提出赔偿要求。

第八条　公民、法人或者其他组织因违法行为受到行政处罚，其违法行为对他人造成损害的，应当依法承担民事责任。

违法行为构成犯罪，应当依法追究刑事责任的，不得以行政处罚代替刑事处罚。

第二章　行政处罚的种类和设定

第九条　行政处罚的种类：

（一）警告、通报批评；

（二）罚款、没收违法所得、没收非法财物；

（三）暂扣许可证件、降低资质等级、吊销许可证件；

（四）限制开展生产经营活动、责令停产停业、责令关闭、限制从业；

（五）行政拘留；

（六）法律、行政法规规定的其他行政处罚。

第十条　法律可以设定各种行政处罚。

限制人身自由的行政处罚，只能由法律设定。

第十一条　行政法规可以设定除限制人身自由以外的行政处罚。

法律对违法行为已经作出行政处罚规定，行政法规需要作出具体规定的，必须在法律规定的给予行政处罚的行为、种类和幅度的范围内规定。

法律对违法行为未作出行政处罚规定，行政法规为实施法律，可以补充设定行政处罚。拟补充设定行政处罚的，应当通过听证会、论证会等形式广泛听取意见，并向制定机关作出书面说明。行政法规报送备案时，应当说明补充设定行政处罚的情况。

第十二条　地方性法规可以设定除限制人身自由、吊销营业执照以外的行政处罚。

法律、行政法规对违法行为已经作出行政处罚规定，地方性法规需要作出具体规定的，必须在法律、行政法规规定的给予行政处罚的行为、种类和幅度的范围内规定。

法律、行政法规对违法行为未作出行政处罚规定，地方性法规为实施法律、行政法规，可以补充设定行政处罚。拟补充设定行政处罚的，应当通过听证会、论证会等形式广泛听取意见，并向制定机关作出书面说明。地方性法规报送备案时，应当说明补充设定行政处罚的情况。

第十三条 国务院部门规章可以在法律、行政法规规定的给予行政处罚的行为、种类和幅度的范围内作出具体规定。

尚未制定法律、行政法规的，国务院部门规章对违反行政管理秩序的行为，可以设定警告、通报批评或者一定数额罚款的行政处罚。罚款的限额由国务院规定。

第十四条 地方政府规章可以在法律、法规规定的给予行政处罚的行为、种类和幅度的范围内作出具体规定。

尚未制定法律、法规的，地方政府规章对违反行政管理秩序的行为，可以设定警告、通报批评或者一定数额罚款的行政处罚。罚款的限额由省、自治区、直辖市人民代表大会常务委员会规定。

第十五条 国务院部门和省、自治区、直辖市人民政府及其有关部门应当定期组织评估行政处罚的实施情况和必要性，对不适当的行政处罚事项及种类、罚款数额等，应当提出修改或者废止的建议。

第十六条 除法律、法规、规章外，其他规范性文件不得设定行政处罚。

第三章　行政处罚的实施机关

第十七条 行政处罚由具有行政处罚权的行政机关在法定职权

范围内实施。

第十八条　国家在城市管理、市场监管、生态环境、文化市场、交通运输、应急管理、农业等领域推行建立综合行政执法制度，相对集中行政处罚权。

国务院或者省、自治区、直辖市人民政府可以决定一个行政机关行使有关行政机关的行政处罚权。

限制人身自由的行政处罚权只能由公安机关和法律规定的其他机关行使。

第十九条　法律、法规授权的具有管理公共事务职能的组织可以在法定授权范围内实施行政处罚。

第二十条　行政机关依照法律、法规、规章的规定，可以在其法定权限内书面委托符合本法第二十一条规定条件的组织实施行政处罚。行政机关不得委托其他组织或者个人实施行政处罚。

委托书应当载明委托的具体事项、权限、期限等内容。委托行政机关和受委托组织应当将委托书向社会公布。

委托行政机关对受委托组织实施行政处罚的行为应当负责监督，并对该行为的后果承担法律责任。

受委托组织在委托范围内，以委托行政机关名义实施行政处罚；不得再委托其他组织或者个人实施行政处罚。

第二十一条　受委托组织必须符合以下条件：

（一）依法成立并具有管理公共事务职能；

（二）有熟悉有关法律、法规、规章和业务并取得行政执法资格的工作人员；

（三）需要进行技术检查或者技术鉴定的，应当有条件组织进行相应的技术检查或者技术鉴定。

第四章　行政处罚的管辖和适用

第二十二条　行政处罚由违法行为发生地的行政机关管辖。法律、行政法规、部门规章另有规定的，从其规定。

第二十三条　行政处罚由县级以上地方人民政府具有行政处罚权的行政机关管辖。法律、行政法规另有规定的，从其规定。

第二十四条　省、自治区、直辖市根据当地实际情况，可以决定将基层管理迫切需要的县级人民政府部门的行政处罚权交由能够有效承接的乡镇人民政府、街道办事处行使，并定期组织评估。决定应当公布。

承接行政处罚权的乡镇人民政府、街道办事处应当加强执法能力建设，按照规定范围、依照法定程序实施行政处罚。

有关地方人民政府及其部门应当加强组织协调、业务指导、执法监督，建立健全行政处罚协调配合机制，完善评议、考核制度。

第二十五条　两个以上行政机关都有管辖权的，由最先立案的行政机关管辖。

对管辖发生争议的，应当协商解决，协商不成的，报请共同的上一级行政机关指定管辖；也可以直接由共同的上一级行政机关指定管辖。

第二十六条　行政机关因实施行政处罚的需要，可以向有关机关提出协助请求。协助事项属于被请求机关职权范围内的，应当依法予以协助。

第二十七条　违法行为涉嫌犯罪的，行政机关应当及时将案件移送司法机关，依法追究刑事责任。对依法不需要追究刑事责任或者免予刑事处罚，但应当给予行政处罚的，司法机关应当及时将案件移送有关行政机关。

行政处罚实施机关与司法机关之间应当加强协调配合，建立健全案件移送制度，加强证据材料移交、接收衔接，完善案件处理信息通报机制。

第二十八条　行政机关实施行政处罚时，应当责令当事人改正或者限期改正违法行为。

当事人有违法所得，除依法应当退赔的外，应当予以没收。违法所得是指实施违法行为所取得的款项。法律、行政法规、部门规章对违法所得的计算另有规定的，从其规定。

第二十九条　对当事人的同一个违法行为，不得给予两次以上罚款的行政处罚。同一个违法行为违反多个法律规范应当给予罚款处罚的，按照罚款数额高的规定处罚。

第三十条　不满十四周岁的未成年人有违法行为的，不予行政处罚，责令监护人加以管教；已满十四周岁不满十八周岁的未成年人有违法行为的，应当从轻或者减轻行政处罚。

第三十一条　精神病人、智力残疾人在不能辨认或者不能控制自己行为时有违法行为的，不予行政处罚，但应当责令其监护人严加看管和治疗。间歇性精神病人在精神正常时有违法行为的，应当给予行政处罚。尚未完全丧失辨认或者控制自己行为能力的精神病人、智力残疾人有违法行为的，可以从轻或者减轻行政处罚。

第三十二条　当事人有下列情形之一，应当从轻或者减轻行政处罚：

（一）主动消除或者减轻违法行为危害后果的；

（二）受他人胁迫或者诱骗实施违法行为的；

（三）主动供述行政机关尚未掌握的违法行为的；

（四）配合行政机关查处违法行为有立功表现的；

（五）法律、法规、规章规定其他应当从轻或者减轻行政处罚的。

第三十三条　违法行为轻微并及时改正，没有造成危害后果的，不予行政处罚。初次违法且危害后果轻微并及时改正的，可以不予行政处罚。

当事人有证据足以证明没有主观过错的，不予行政处罚。法律、行政法规另有规定的，从其规定。

对当事人的违法行为依法不予行政处罚的，行政机关应当对当事人进行教育。

第三十四条 行政机关可以依法制定行政处罚裁量基准，规范行使行政处罚裁量权。行政处罚裁量基准应当向社会公布。

第三十五条 违法行为构成犯罪，人民法院判处拘役或者有期徒刑时，行政机关已经给予当事人行政拘留的，应当依法折抵相应刑期。

违法行为构成犯罪，人民法院判处罚金时，行政机关已经给予当事人罚款的，应当折抵相应罚金；行政机关尚未给予当事人罚款的，不再给予罚款。

第三十六条 违法行为在二年内未被发现的，不再给予行政处罚；涉及公民生命健康安全、金融安全且有危害后果的，上述期限延长至五年。法律另有规定的除外。

前款规定的期限，从违法行为发生之日起计算；违法行为有连续或者继续状态的，从行为终了之日起计算。

第三十七条 实施行政处罚，适用违法行为发生时的法律、法规、规章的规定。但是，作出行政处罚决定时，法律、法规、规章已被修改或者废止，且新的规定处罚较轻或者不认为是违法的，适用新的规定。

第三十八条 行政处罚没有依据或者实施主体不具有行政主体资格的，行政处罚无效。

违反法定程序构成重大且明显违法的，行政处罚无效。

第五章　行政处罚的决定

第一节　一般规定

第三十九条　行政处罚的实施机关、立案依据、实施程序和救济渠道等信息应当公示。

第四十条　公民、法人或者其他组织违反行政管理秩序的行为，依法应当给予行政处罚的，行政机关必须查明事实；违法事实不清、证据不足的，不得给予行政处罚。

第四十一条　行政机关依照法律、行政法规规定利用电子技术监控设备收集、固定违法事实的，应当经过法制和技术审核，确保电子技术监控设备符合标准、设置合理、标志明显，设置地点应当向社会公布。

电子技术监控设备记录违法事实应当真实、清晰、完整、准确。行政机关应当审核记录内容是否符合要求；未经审核或者经审核不符合要求的，不得作为行政处罚的证据。

行政机关应当及时告知当事人违法事实，并采取信息化手段或者其他措施，为当事人查询、陈述和申辩提供便利。不得限制或者变相限制当事人享有的陈述权、申辩权。

第四十二条　行政处罚应当由具有行政执法资格的执法人员实施。执法人员不得少于两人，法律另有规定的除外。

执法人员应当文明执法，尊重和保护当事人合法权益。

第四十三条　执法人员与案件有直接利害关系或者有其他关系可能影响公正执法的，应当回避。

当事人认为执法人员与案件有直接利害关系或者有其他关系可能影响公正执法的，有权申请回避。

当事人提出回避申请的，行政机关应当依法审查，由行政机关负责人决定。决定作出之前，不停止调查。

第四十四条 行政机关在作出行政处罚决定之前，应当告知当事人拟作出的行政处罚内容及事实、理由、依据，并告知当事人依法享有的陈述、申辩、要求听证等权利。

第四十五条 当事人有权进行陈述和申辩。行政机关必须充分听取当事人的意见，对当事人提出的事实、理由和证据，应当进行复核；当事人提出的事实、理由或者证据成立的，行政机关应当采纳。

行政机关不得因当事人陈述、申辩而给予更重的处罚。

第四十六条 证据包括：

（一）书证；

（二）物证；

（三）视听资料；

（四）电子数据；

（五）证人证言；

（六）当事人的陈述；

（七）鉴定意见；

（八）勘验笔录、现场笔录。

证据必须经查证属实，方可作为认定案件事实的根据。

以非法手段取得的证据，不得作为认定案件事实的根据。

第四十七条 行政机关应当依法以文字、音像等形式，对行政处罚的启动、调查取证、审核、决定、送达、执行等进行全过程记录，归档保存。

第四十八条 具有一定社会影响的行政处罚决定应当依法公开。

公开的行政处罚决定被依法变更、撤销、确认违法或者确认无效的，行政机关应当在三日内撤回行政处罚决定信息并公开说明理由。

第四十九条　发生重大传染病疫情等突发事件，为了控制、减轻和消除突发事件引起的社会危害，行政机关对违反突发事件应对措施的行为，依法快速、从重处罚。

第五十条　行政机关及其工作人员对实施行政处罚过程中知悉的国家秘密、商业秘密或者个人隐私，应当依法予以保密。

第二节　简　易　程　序

第五十一条　违法事实确凿并有法定依据，对公民处以二百元以下、对法人或者其他组织处以三千元以下罚款或者警告的行政处罚的，可以当场作出行政处罚决定。法律另有规定的，从其规定。

第五十二条　执法人员当场作出行政处罚决定的，应当向当事人出示执法证件，填写预定格式、编有号码的行政处罚决定书，并当场交付当事人。当事人拒绝签收的，应当在行政处罚决定书上注明。

前款规定的行政处罚决定书应当载明当事人的违法行为，行政处罚的种类和依据、罚款数额、时间、地点，申请行政复议、提起行政诉讼的途径和期限以及行政机关名称，并由执法人员签名或者盖章。

执法人员当场作出的行政处罚决定，应当报所属行政机关备案。

第五十三条　对当场作出的行政处罚决定，当事人应当依照本法第六十七条至第六十九条的规定履行。

第三节　普　通　程　序

第五十四条　除本法第五十一条规定的可以当场作出的行政处罚外，行政机关发现公民、法人或者其他组织有依法应当给予行政处罚的行为的，必须全面、客观、公正地调查，收集有关证据；必要时，依照法律、法规的规定，可以进行检查。

符合立案标准的，行政机关应当及时立案。

第五十五条 执法人员在调查或者进行检查时，应当主动向当事人或者有关人员出示执法证件。当事人或者有关人员有权要求执法人员出示执法证件。执法人员不出示执法证件的，当事人或者有关人员有权拒绝接受调查或者检查。

当事人或者有关人员应当如实回答询问，并协助调查或者检查，不得拒绝或者阻挠。询问或者检查应当制作笔录。

第五十六条 行政机关在收集证据时，可以采取抽样取证的方法；在证据可能灭失或者以后难以取得的情况下，经行政机关负责人批准，可以先行登记保存，并应当在七日内及时作出处理决定，在此期间，当事人或者有关人员不得销毁或者转移证据。

第五十七条 调查终结，行政机关负责人应当对调查结果进行审查，根据不同情况，分别作出如下决定：

（一）确有应受行政处罚的违法行为的，根据情节轻重及具体情况，作出行政处罚决定；

（二）违法行为轻微，依法可以不予行政处罚的，不予行政处罚；

（三）违法事实不能成立的，不予行政处罚；

（四）违法行为涉嫌犯罪的，移送司法机关。

对情节复杂或者重大违法行为给予行政处罚，行政机关负责人应当集体讨论决定。

第五十八条 有下列情形之一，在行政机关负责人作出行政处罚的决定之前，应当由从事行政处罚决定法制审核的人员进行法制审核；未经法制审核或者审核未通过的，不得作出决定：

（一）涉及重大公共利益的；

（二）直接关系当事人或者第三人重大权益，经过听证程序的；

（三）案件情况疑难复杂、涉及多个法律关系的；

（四）法律、法规规定应当进行法制审核的其他情形。

行政机关中初次从事行政处罚决定法制审核的人员，应当通过国家统一法律职业资格考试取得法律职业资格。

第五十九条 行政机关依照本法第五十七条的规定给予行政处罚，应当制作行政处罚决定书。行政处罚决定书应当载明下列事项：

（一）当事人的姓名或者名称、地址；

（二）违反法律、法规、规章的事实和证据；

（三）行政处罚的种类和依据；

（四）行政处罚的履行方式和期限；

（五）申请行政复议、提起行政诉讼的途径和期限；

（六）作出行政处罚决定的行政机关名称和作出决定的日期。

行政处罚决定书必须盖有作出行政处罚决定的行政机关的印章。

第六十条 行政机关应当自行政处罚案件立案之日起九十日内作出行政处罚决定。法律、法规、规章另有规定的，从其规定。

第六十一条 行政处罚决定书应当在宣告后当场交付当事人；当事人不在场的，行政机关应当在七日内依照《中华人民共和国民事诉讼法》的有关规定，将行政处罚决定书送达当事人。

当事人同意并签订确认书的，行政机关可以采用传真、电子邮件等方式，将行政处罚决定书等送达当事人。

第六十二条 行政机关及其执法人员在作出行政处罚决定之前，未依照本法第四十四条、第四十五条的规定向当事人告知拟作出的行政处罚内容及事实、理由、依据，或者拒绝听取当事人的陈述、申辩，不得作出行政处罚决定；当事人明确放弃陈述或者申辩权利的除外。

第四节 听证程序

第六十三条 行政机关拟作出下列行政处罚决定，应当告知当事人有要求听证的权利，当事人要求听证的，行政机关应当组织听证：

（一）较大数额罚款；

（二）没收较大数额违法所得、没收较大价值非法财物；

（三）降低资质等级、吊销许可证件；

（四）责令停产停业、责令关闭、限制从业；

（五）其他较重的行政处罚；

（六）法律、法规、规章规定的其他情形。

当事人不承担行政机关组织听证的费用。

第六十四条　听证应当依照以下程序组织：

（一）当事人要求听证的，应当在行政机关告知后五日内提出；

（二）行政机关应当在举行听证的七日前，通知当事人及有关人员听证的时间、地点；

（三）除涉及国家秘密、商业秘密或者个人隐私依法予以保密外，听证公开举行；

（四）听证由行政机关指定的非本案调查人员主持；当事人认为主持人与本案有直接利害关系的，有权申请回避；

（五）当事人可以亲自参加听证，也可以委托一至二人代理；

（六）当事人及其代理人无正当理由拒不出席听证或者未经许可中途退出听证的，视为放弃听证权利，行政机关终止听证；

（七）举行听证时，调查人员提出当事人违法的事实、证据和行政处罚建议，当事人进行申辩和质证；

（八）听证应当制作笔录。笔录应当交当事人或者其代理人核对无误后签字或者盖章。当事人或者其代理人拒绝签字或者盖章的，由听证主持人在笔录中注明。

第六十五条　听证结束后，行政机关应当根据听证笔录，依照本法第五十七条的规定，作出决定。

第六章　行政处罚的执行

第六十六条　行政处罚决定依法作出后，当事人应当在行政处罚决定书载明的期限内，予以履行。

当事人确有经济困难，需要延期或者分期缴纳罚款的，经当事人申请和行政机关批准，可以暂缓或者分期缴纳。

第六十七条　作出罚款决定的行政机关应当与收缴罚款的机构分离。

除依照本法第六十八条、第六十九条的规定当场收缴的罚款外，作出行政处罚决定的行政机关及其执法人员不得自行收缴罚款。

当事人应当自收到行政处罚决定书之日起十五日内，到指定的银行或者通过电子支付系统缴纳罚款。银行应当收受罚款，并将罚款直接上缴国库。

第六十八条　依照本法第五十一条的规定当场作出行政处罚决定，有下列情形之一，执法人员可以当场收缴罚款：

（一）依法给予一百元以下罚款的；

（二）不当场收缴事后难以执行的。

第六十九条　在边远、水上、交通不便地区，行政机关及其执法人员依照本法第五十一条、第五十七条的规定作出罚款决定后，当事人到指定的银行或者通过电子支付系统缴纳罚款确有困难，经当事人提出，行政机关及其执法人员可以当场收缴罚款。

第七十条　行政机关及其执法人员当场收缴罚款的，必须向当事人出具国务院财政部门或者省、自治区、直辖市人民政府财政部门统一制发的专用票据；不出具财政部门统一制发的专用票据的，当事人有权拒绝缴纳罚款。

第七十一条　执法人员当场收缴的罚款，应当自收缴罚款之日起二日内，交至行政机关；在水上当场收缴的罚款，应当自抵岸之日起二日内交至行政机关；行政机关应当在二日内将罚款缴付指定的银行。

第七十二条　当事人逾期不履行行政处罚决定的，作出行政处罚决定的行政机关可以采取下列措施：

（一）到期不缴纳罚款的，每日按罚款数额的百分之三加处罚款，加处罚款的数额不得超出罚款的数额；

（二）根据法律规定，将查封、扣押的财物拍卖、依法处理或者将冻结的存款、汇款划拨抵缴罚款；

（三）根据法律规定，采取其他行政强制执行方式；

（四）依照《中华人民共和国行政强制法》的规定申请人民法院强制执行。

行政机关批准延期、分期缴纳罚款的，申请人民法院强制执行的期限，自暂缓或者分期缴纳罚款期限结束之日起计算。

第七十三条　当事人对行政处罚决定不服，申请行政复议或者提起行政诉讼的，行政处罚不停止执行，法律另有规定的除外。

当事人对限制人身自由的行政处罚决定不服，申请行政复议或者提起行政诉讼的，可以向作出决定的机关提出暂缓执行申请。符合法律规定情形的，应当暂缓执行。

当事人申请行政复议或者提起行政诉讼的，加处罚款的数额在行政复议或者行政诉讼期间不予计算。

第七十四条　除依法应当予以销毁的物品外，依法没收的非法财物必须按照国家规定公开拍卖或者按照国家有关规定处理。

罚款、没收的违法所得或者没收非法财物拍卖的款项，必须全部上缴国库，任何行政机关或者个人不得以任何形式截留、私分或者变相私分。

罚款、没收的违法所得或者没收非法财物拍卖的款项，不得同作出行政处罚决定的行政机关及其工作人员的考核、考评直接或者变相挂钩。除依法应当退还、退赔的外，财政部门不得以任何形式向作出行政处罚决定的行政机关返还罚款、没收的违法所得或者没收非法财物拍卖的款项。

第七十五条　行政机关应当建立健全对行政处罚的监督制度。县级以上人民政府应当定期组织开展行政执法评议、考核，加强对行政处罚的监督检查，规范和保障行政处罚的实施。

行政机关实施行政处罚应当接受社会监督。公民、法人或者其他组织对行政机关实施行政处罚的行为，有权申诉或者检举；行政机关应当认真审查，发现有错误的，应当主动改正。

第七章　法　律　责　任

第七十六条　行政机关实施行政处罚，有下列情形之一，由上级行政机关或者有关机关责令改正，对直接负责的主管人员和其他直接责任人员依法给予处分：

（一）没有法定的行政处罚依据的；

（二）擅自改变行政处罚种类、幅度的；

（三）违反法定的行政处罚程序的；

（四）违反本法第二十条关于委托处罚的规定的；

（五）执法人员未取得执法证件的。

行政机关对符合立案标准的案件不及时立案的，依照前款规定予以处理。

第七十七条　行政机关对当事人进行处罚不使用罚款、没收财物单据或者使用非法定部门制发的罚款、没收财物单据的，当事人有权拒绝，并有权予以检举，由上级行政机关或者有关机关对使用的非法单据予以收缴销毁，对直接负责的主管人员和其他直接责任人员依法给予处分。

　　第七十八条　行政机关违反本法第六十七条的规定自行收缴罚款的，财政部门违反本法第七十四条的规定向行政机关返还罚款、没收的违法所得或者拍卖款项的，由上级行政机关或者有关机关责令改正，对直接负责的主管人员和其他直接责任人员依法给予处分。

　　第七十九条　行政机关截留、私分或者变相私分罚款、没收的违法所得或者财物的，由财政部门或者有关机关予以追缴，对直接负责的主管人员和其他直接责任人员依法给予处分；情节严重构成犯罪的，依法追究刑事责任。

　　执法人员利用职务上的便利，索取或者收受他人财物、将收缴罚款据为己有，构成犯罪的，依法追究刑事责任；情节轻微不构成犯罪的，依法给予处分。

　　第八十条　行政机关使用或者损毁查封、扣押的财物，对当事人造成损失的，应当依法予以赔偿，对直接负责的主管人员和其他直接责任人员依法给予处分。

　　第八十一条　行政机关违法实施检查措施或者执行措施，给公民人身或者财产造成损害、给法人或者其他组织造成损失的，应当依法予以赔偿，对直接负责的主管人员和其他直接责任人员依法给予处分；情节严重构成犯罪的，依法追究刑事责任。

　　第八十二条　行政机关对应当依法移交司法机关追究刑事责任的案件不移交，以行政处罚代替刑事处罚，由上级行政机关或者有关机关责令改正，对直接负责的主管人员和其他直接责任人员依法给予处分；情节严重构成犯罪的，依法追究刑事责任。

　　第八十三条　行政机关对应当予以制止和处罚的违法行为不予制止、处罚，致使公民、法人或者其他组织的合法权益、公共利益和社会秩序遭受损害的，对直接负责的主管人员和其他直接责任人员依法给予处分；情节严重构成犯罪的，依法追究刑事责任。

第八章　附　　则

第八十四条　外国人、无国籍人、外国组织在中华人民共和国领域内有违法行为，应当给予行政处罚的，适用本法，法律另有规定的除外。

第八十五条　本法中"二日""三日""五日""七日"的规定是指工作日，不含法定节假日。

第八十六条　本法自 2021 年 7 月 15 日起施行。

中华人民共和国行政强制法

（2011 年 6 月 30 日第十一届全国人民代表大会常务委员会第二十一次会议通过　2011 年 6 月 30 日中华人民共和国主席令第 49 号公布　自 2012 年 1 月 1 日起施行）

第一章　总　　则

第一条　为了规范行政强制的设定和实施，保障和监督行政机关依法履行职责，维护公共利益和社会秩序，保护公民、法人和其他组织的合法权益，根据宪法，制定本法。

第二条　本法所称行政强制，包括行政强制措施和行政强制执行。

行政强制措施，是指行政机关在行政管理过程中，为制止违法行为、防止证据损毁、避免危害发生、控制危险扩大等情形，依法对公民的人身自由实施暂时性限制，或者对公民、法人或者其他组织的财物实施暂时性控制的行为。

行政强制执行，是指行政机关或者行政机关申请人民法院，对不履行行政决定的公民、法人或者其他组织，依法强制履行义务的行为。

第三条 行政强制的设定和实施，适用本法。

发生或者即将发生自然灾害、事故灾难、公共卫生事件或者社会安全事件等突发事件，行政机关采取应急措施或者临时措施，依照有关法律、行政法规的规定执行。

行政机关采取金融业审慎监管措施、进出境货物强制性技术监控措施，依照有关法律、行政法规的规定执行。

第四条 行政强制的设定和实施，应当依照法定的权限、范围、条件和程序。

第五条 行政强制的设定和实施，应当适当。采用非强制手段可以达到行政管理目的的，不得设定和实施行政强制。

第六条 实施行政强制，应当坚持教育与强制相结合。

第七条 行政机关及其工作人员不得利用行政强制权为单位或者个人谋取利益。

第八条 公民、法人或者其他组织对行政机关实施行政强制，享有陈述权、申辩权；有权依法申请行政复议或者提起行政诉讼；因行政机关违法实施行政强制受到损害的，有权依法要求赔偿。

公民、法人或者其他组织因人民法院在强制执行中有违法行为或者扩大强制执行范围受到损害的，有权依法要求赔偿。

第二章　行政强制的种类和设定

第九条 行政强制措施的种类：

（一）限制公民人身自由；

（二）查封场所、设施或者财物；

（三）扣押财物；

（四）冻结存款、汇款；

（五）其他行政强制措施。

第十条 行政强制措施由法律设定。

尚未制定法律，且属于国务院行政管理职权事项的，行政法规可以设定除本法第九条第一项、第四项和应当由法律规定的行政强制措施以外的其他行政强制措施。

尚未制定法律、行政法规，且属于地方性事务的，地方性法规可以设定本法第九条第二项、第三项的行政强制措施。

法律、法规以外的其他规范性文件不得设定行政强制措施。

第十一条 法律对行政强制措施的对象、条件、种类作了规定的，行政法规、地方性法规不得作出扩大规定。

法律中未设定行政强制措施的，行政法规、地方性法规不得设定行政强制措施。但是，法律规定特定事项由行政法规规定具体管理措施的，行政法规可以设定除本法第九条第一项、第四项和应当由法律规定的行政强制措施以外的其他行政强制措施。

第十二条 行政强制执行的方式：

（一）加处罚款或者滞纳金；

（二）划拨存款、汇款；

（三）拍卖或者依法处理查封、扣押的场所、设施或者财物；

（四）排除妨碍、恢复原状；

（五）代履行；

（六）其他强制执行方式。

第十三条 行政强制执行由法律设定。

法律没有规定行政机关强制执行的，作出行政决定的行政机关应当申请人民法院强制执行。

第十四条 起草法律草案、法规草案，拟设定行政强制的，起草单位应当采取听证会、论证会等形式听取意见，并向制定机关说明设定该行政强制的必要性、可能产生的影响以及听取和采纳意见的情况。

第十五条 行政强制的设定机关应当定期对其设定的行政强制进行评价，并对不适当的行政强制及时予以修改或者废止。

行政强制的实施机关可以对已设定的行政强制的实施情况及存在的必要性适时进行评价，并将意见报告该行政强制的设定机关。

公民、法人或者其他组织可以向行政强制的设定机关和实施机关就行政强制的设定和实施提出意见和建议。有关机关应当认真研究论证，并以适当方式予以反馈。

第三章 行政强制措施实施程序

第一节 一般规定

第十六条 行政机关履行行政管理职责，依照法律、法规的规定，实施行政强制措施。

违法行为情节显著轻微或者没有明显社会危害的，可以不采取行政强制措施。

第十七条 行政强制措施由法律、法规规定的行政机关在法定职权范围内实施。行政强制措施权不得委托。

依据《中华人民共和国行政处罚法》的规定行使相对集中行政处罚权的行政机关，可以实施法律、法规规定的与行政处罚权有关的行政强制措施。

行政强制措施应当由行政机关具备资格的行政执法人员实施，其他人员不得实施。

第十八条　行政机关实施行政强制措施应当遵守下列规定：

（一）实施前须向行政机关负责人报告并经批准；

（二）由两名以上行政执法人员实施；

（三）出示执法身份证件；

（四）通知当事人到场；

（五）当场告知当事人采取行政强制措施的理由、依据以及当事人依法享有的权利、救济途径；

（六）听取当事人的陈述和申辩；

（七）制作现场笔录；

（八）现场笔录由当事人和行政执法人员签名或者盖章，当事人拒绝的，在笔录中予以注明；

（九）当事人不到场的，邀请见证人到场，由见证人和行政执法人员在现场笔录上签名或者盖章；

（十）法律、法规规定的其他程序。

第十九条　情况紧急，需要当场实施行政强制措施的，行政执法人员应当在二十四小时内向行政机关负责人报告，并补办批准手续。行政机关负责人认为不应当采取行政强制措施的，应当立即解除。

第二十条　依照法律规定实施限制公民人身自由的行政强制措施，除应当履行本法第十八条规定的程序外，还应当遵守下列规定：

（一）当场告知或者实施行政强制措施后立即通知当事人家属实施行政强制措施的行政机关、地点和期限；

（二）在紧急情况下当场实施行政强制措施的，在返回行政机关后，立即向行政机关负责人报告并补办批准手续；

（三）法律规定的其他程序。

实施限制人身自由的行政强制措施不得超过法定期限。实施行政强制措施的目的已经达到或者条件已经消失，应当立即解除。

第二十一条 违法行为涉嫌犯罪应当移送司法机关的，行政机关应当将查封、扣押、冻结的财物一并移送，并书面告知当事人。

第二节 查封、扣押

第二十二条 查封、扣押应当由法律、法规规定的行政机关实施，其他任何行政机关或者组织不得实施。

第二十三条 查封、扣押限于涉案的场所、设施或者财物，不得查封、扣押与违法行为无关的场所、设施或者财物；不得查封、扣押公民个人及其所扶养家属的生活必需品。

当事人的场所、设施或者财物已被其他国家机关依法查封的，不得重复查封。

第二十四条 行政机关决定实施查封、扣押的，应当履行本法第十八条规定的程序，制作并当场交付查封、扣押决定书和清单。

查封、扣押决定书应当载明下列事项：

（一）当事人的姓名或者名称、地址；

（二）查封、扣押的理由、依据和期限；

（三）查封、扣押场所、设施或者财物的名称、数量等；

（四）申请行政复议或者提起行政诉讼的途径和期限；

（五）行政机关的名称、印章和日期。

查封、扣押清单一式二份，由当事人和行政机关分别保存。

第二十五条 查封、扣押的期限不得超过三十日；情况复杂的，经行政机关负责人批准，可以延长，但是延长期限不得超过三十日。法律、行政法规另有规定的除外。

延长查封、扣押的决定应当及时书面告知当事人，并说明理由。

对物品需要进行检测、检验、检疫或者技术鉴定的，查封、扣押的期间不包括检测、检验、检疫或者技术鉴定的期间。检测、检验、检疫或者技术鉴定的期间应当明确，并书面告知当事人。检测、检验、检疫或者技术鉴定的费用由行政机关承担。

第二十六条 对查封、扣押的场所、设施或者财物，行政机关应当妥善保管，不得使用或者损毁；造成损失的，应当承担赔偿责任。

对查封的场所、设施或者财物，行政机关可以委托第三人保管，第三人不得损毁或者擅自转移、处置。因第三人的原因造成的损失，行政机关先行赔付后，有权向第三人追偿。

因查封、扣押发生的保管费用由行政机关承担。

第二十七条 行政机关采取查封、扣押措施后，应当及时查清事实，在本法第二十五条规定的期限内作出处理决定。对违法事实清楚，依法应当没收的非法财物予以没收；法律、行政法规规定应当销毁的，依法销毁；应当解除查封、扣押的，作出解除查封、扣押的决定。

第二十八条 有下列情形之一的，行政机关应当及时作出解除查封、扣押决定：

（一）当事人没有违法行为；

（二）查封、扣押的场所、设施或者财物与违法行为无关；

（三）行政机关对违法行为已经作出处理决定，不再需要查封、扣押；

（四）查封、扣押期限已经届满；

（五）其他不再需要采取查封、扣押措施的情形。

解除查封、扣押应当立即退还财物；已将鲜活物品或者其他不易保管的财物拍卖或者变卖的，退还拍卖或者变卖所得款项。变卖价格明显低于市场价格，给当事人造成损失的，应当给予补偿。

第三节　冻　　结

第二十九条 冻结存款、汇款应当由法律规定的行政机关实施，不得委托给其他行政机关或者组织；其他任何行政机关或者组织不得冻结存款、汇款。

冻结存款、汇款的数额应当与违法行为涉及的金额相当；已被其他国家机关依法冻结的，不得重复冻结。

第三十条 行政机关依照法律规定决定实施冻结存款、汇款的，应当履行本法第十八条第一项、第二项、第三项、第七项规定的程序，并向金融机构交付冻结通知书。

金融机构接到行政机关依法作出的冻结通知书后，应当立即予以冻结，不得拖延，不得在冻结前向当事人泄露信息。

法律规定以外的行政机关或者组织要求冻结当事人存款、汇款的，金融机构应当拒绝。

第三十一条 依照法律规定冻结存款、汇款的，作出决定的行政机关应当在三日内向当事人交付冻结决定书。冻结决定书应当载明下列事项：

（一）当事人的姓名或者名称、地址；

（二）冻结的理由、依据和期限；

（三）冻结的账号和数额；

（四）申请行政复议或者提起行政诉讼的途径和期限；

（五）行政机关的名称、印章和日期。

第三十二条 自冻结存款、汇款之日起三十日内，行政机关应当作出处理决定或者作出解除冻结决定；情况复杂的，经行政机关负责人批准，可以延长，但是延长期限不得超过三十日。法律另有规定的除外。

延长冻结的决定应当及时书面告知当事人，并说明理由。

第三十三条 有下列情形之一的，行政机关应当及时作出解除冻结决定：

（一）当事人没有违法行为；

（二）冻结的存款、汇款与违法行为无关；

（三）行政机关对违法行为已经作出处理决定，不再需要冻结；

（四）冻结期限已经届满；

（五）其他不再需要采取冻结措施的情形。

行政机关作出解除冻结决定的，应当及时通知金融机构和当事人。金融机构接到通知后，应当立即解除冻结。

行政机关逾期未作出处理决定或者解除冻结决定的，金融机构应当自冻结期满之日起解除冻结。

第四章　行政机关强制执行程序

第一节　一般规定

第三十四条　行政机关依法作出行政决定后，当事人在行政机关决定的期限内不履行义务的，具有行政强制执行权的行政机关依照本章规定强制执行。

第三十五条　行政机关作出强制执行决定前，应当事先催告当事人履行义务。催告应当以书面形式作出，并载明下列事项：

（一）履行义务的期限；

（二）履行义务的方式；

（三）涉及金钱给付的，应当有明确的金额和给付方式；

（四）当事人依法享有的陈述权和申辩权。

第三十六条　当事人收到催告书后有权进行陈述和申辩。行政机关应当充分听取当事人的意见，对当事人提出的事实、理由和证据，应当进行记录、复核。当事人提出的事实、理由或者证据成立的，行政机关应当采纳。

第三十七条　经催告，当事人逾期仍不履行行政决定，且无正当理由的，行政机关可以作出强制执行决定。

强制执行决定应当以书面形式作出，并载明下列事项：

（一）当事人的姓名或者名称、地址；

（二）强制执行的理由和依据；

（三）强制执行的方式和时间；

（四）申请行政复议或者提起行政诉讼的途径和期限；

（五）行政机关的名称、印章和日期。

在催告期间，对有证据证明有转移或者隐匿财物迹象的，行政机关可以作出立即强制执行决定。

第三十八条　催告书、行政强制执行决定书应当直接送达当事人。当事人拒绝接收或者无法直接送达当事人的，应当依照《中华人民共和国民事诉讼法》的有关规定送达。

第三十九条　有下列情形之一的，中止执行：

（一）当事人履行行政决定确有困难或者暂无履行能力的；

（二）第三人对执行标的主张权利，确有理由的；

（三）执行可能造成难以弥补的损失，且中止执行不损害公共利益的；

（四）行政机关认为需要中止执行的其他情形。

中止执行的情形消失后，行政机关应当恢复执行。对没有明显社会危害，当事人确无能力履行，中止执行满三年未恢复执行的，行政机关不再执行。

第四十条　有下列情形之一的，终结执行：

（一）公民死亡，无遗产可供执行，又无义务承受人的；

（二）法人或者其他组织终止，无财产可供执行，又无义务承受人的；

（三）执行标的灭失的；

（四）据以执行的行政决定被撤销的；

（五）行政机关认为需要终结执行的其他情形。

第四十一条　在执行中或者执行完毕后，据以执行的行政决定被撤销、变更，或者执行错误的，应当恢复原状或者退还财物；不能恢复原状或者退还财物的，依法给予赔偿。

第四十二条　实施行政强制执行，行政机关可以在不损害公共利益和他人合法权益的情况下，与当事人达成执行协议。执行协议可以约定分阶段履行；当事人采取补救措施的，可以减免加处的罚款或者滞纳金。

执行协议应当履行。当事人不履行执行协议的，行政机关应当恢复强制执行。

第四十三条　行政机关不得在夜间或者法定节假日实施行政强制执行。但是，情况紧急的除外。

行政机关不得对居民生活采取停止供水、供电、供热、供燃气等方式迫使当事人履行相关行政决定。

第四十四条　对违法的建筑物、构筑物、设施等需要强制拆除的，应当由行政机关予以公告，限期当事人自行拆除。当事人在法定期限内不申请行政复议或者提起行政诉讼，又不拆除的，行政机关可以依法强制拆除。

第二节　金钱给付义务的执行

第四十五条　行政机关依法作出金钱给付义务的行政决定，当事人逾期不履行的，行政机关可以依法加处罚款或者滞纳金。加处罚款或者滞纳金的标准应当告知当事人。

加处罚款或者滞纳金的数额不得超出金钱给付义务的数额。

第四十六条　行政机关依照本法第四十五条规定实施加处罚款或者滞纳金超过三十日，经催告当事人仍不履行的，具有行政强制执行权的行政机关可以强制执行。

行政机关实施强制执行前，需要采取查封、扣押、冻结措施的，依照本法第三章规定办理。

没有行政强制执行权的行政机关应当申请人民法院强制执行。但是，当事人在法定期限内不申请行政复议或者提起行政诉讼，经催告仍不履行的，在实施行政管理过程中已经采取查封、扣押措施的行政机关，可以将查封、扣押的财物依法拍卖抵缴罚款。

第四十七条　划拨存款、汇款应当由法律规定的行政机关决定，并书面通知金融机构。金融机构接到行政机关依法作出划拨存款、汇款的决定后，应当立即划拨。

法律规定以外的行政机关或者组织要求划拨当事人存款、汇款的，金融机构应当拒绝。

第四十八条　依法拍卖财物，由行政机关委托拍卖机构依照《中华人民共和国拍卖法》的规定办理。

第四十九条　划拨的存款、汇款以及拍卖和依法处理所得的款项应当上缴国库或者划入财政专户。任何行政机关或者个人不得以任何形式截留、私分或者变相私分。

第三节　代　履　行

第五十条　行政机关依法作出要求当事人履行排除妨碍、恢复原状等义务的行政决定，当事人逾期不履行，经催告仍不履行，其后果已经或者将危害交通安全、造成环境污染或者破坏自然资源的，行政机关可以代履行，或者委托没有利害关系的第三人代履行。

第五十一条　代履行应当遵守下列规定：

（一）代履行前送达决定书，代履行决定书应当载明当事人的姓名或者名称、地址，代履行的理由和依据、方式和时间、标的、费用预算以及代履行人；

（二）代履行三日前，催告当事人履行，当事人履行的，停止代履行；

（三）代履行时，作出决定的行政机关应当派员到场监督；

（四）代履行完毕，行政机关到场监督的工作人员、代履行人和当事人或者见证人应当在执行文书上签名或者盖章。

代履行的费用按照成本合理确定，由当事人承担。但是，法律另有规定的除外。

代履行不得采用暴力、胁迫以及其他非法方式。

第五十二条 需要立即清除道路、河道、航道或者公共场所的遗洒物、障碍物或者污染物，当事人不能清除的，行政机关可以决定立即实施代履行；当事人不在场的，行政机关应当在事后立即通知当事人，并依法作出处理。

第五章　申请人民法院强制执行

第五十三条 当事人在法定期限内不申请行政复议或者提起行政诉讼，又不履行行政决定的，没有行政强制执行权的行政机关可以自期限届满之日起三个月内，依照本章规定申请人民法院强制执行。

第五十四条 行政机关申请人民法院强制执行前，应当催告当事人履行义务。催告书送达十日后当事人仍未履行义务的，行政机关可以向所在地有管辖权的人民法院申请强制执行；执行对象是不动产的，向不动产所在地有管辖权的人民法院申请强制执行。

第五十五条 行政机关向人民法院申请强制执行，应当提供下列材料：

（一）强制执行申请书；

（二）行政决定书及作出决定的事实、理由和依据；

（三）当事人的意见及行政机关催告情况；

（四）申请强制执行标的情况；

（五）法律、行政法规规定的其他材料。

强制执行申请书应当由行政机关负责人签名，加盖行政机关的印章，并注明日期。

第五十六条　人民法院接到行政机关强制执行的申请，应当在五日内受理。

行政机关对人民法院不予受理的裁定有异议的，可以在十五日内向上一级人民法院申请复议，上一级人民法院应当自收到复议申请之日起十五日内作出是否受理的裁定。

第五十七条　人民法院对行政机关强制执行的申请进行书面审查，对符合本法第五十五条规定，且行政决定具备法定执行效力的，除本法第五十八条规定的情形外，人民法院应当自受理之日起七日内作出执行裁定。

第五十八条　人民法院发现有下列情形之一的，在作出裁定前可以听取被执行人和行政机关的意见：

（一）明显缺乏事实根据的；

（二）明显缺乏法律、法规依据的；

（三）其他明显违法并损害被执行人合法权益的。

人民法院应当自受理之日起三十日内作出是否执行的裁定。裁定不予执行的，应当说明理由，并在五日内将不予执行的裁定送达行政机关。

行政机关对人民法院不予执行的裁定有异议的，可以自收到裁定之日起十五日内向上一级人民法院申请复议，上一级人民法院应当自收到复议申请之日起三十日内作出是否执行的裁定。

第五十九条　因情况紧急，为保障公共安全，行政机关可以申请人民法院立即执行。经人民法院院长批准，人民法院应当自作出执行裁定之日起五日内执行。

第六十条　行政机关申请人民法院强制执行，不缴纳申请费。

强制执行的费用由被执行人承担。

人民法院以划拨、拍卖方式强制执行的，可以在划拨、拍卖后将强制执行的费用扣除。

依法拍卖财物，由人民法院委托拍卖机构依照《中华人民共和国拍卖法》的规定办理。

划拨的存款、汇款以及拍卖和依法处理所得的款项应当上缴国库或者划入财政专户，不得以任何形式截留、私分或者变相私分。

第六章　法律责任

第六十一条　行政机关实施行政强制，有下列情形之一的，由上级行政机关或者有关部门责令改正，对直接负责的主管人员和其他直接责任人员依法给予处分：

（一）没有法律、法规依据的；

（二）改变行政强制对象、条件、方式的；

（三）违反法定程序实施行政强制的；

（四）违反本法规定，在夜间或者法定节假日实施行政强制执行的；

（五）对居民生活采取停止供水、供电、供热、供燃气等方式迫使当事人履行相关行政决定的；

（六）有其他违法实施行政强制情形的。

第六十二条　违反本法规定，行政机关有下列情形之一的，由上级行政机关或者有关部门责令改正，对直接负责的主管人员和其他直接责任人员依法给予处分：

（一）扩大查封、扣押、冻结范围的；

（二）使用或者损毁查封、扣押场所、设施或者财物的；

（三）在查封、扣押法定期间不作出处理决定或者未依法及时解除查封、扣押的；

（四）在冻结存款、汇款法定期间不作出处理决定或者未依法及时解除冻结的。

第六十三条　行政机关将查封、扣押的财物或者划拨的存款、汇款以及拍卖和依法处理所得的款项，截留、私分或者变相私分的，由财政部门或者有关部门予以追缴；对直接负责的主管人员和其他直接责任人员依法给予记大过、降级、撤职或者开除的处分。

行政机关工作人员利用职务上的便利，将查封、扣押的场所、设施或者财物据为己有的，由上级行政机关或者有关部门责令改正，依法给予记大过、降级、撤职或者开除的处分。

第六十四条　行政机关及其工作人员利用行政强制权为单位或者个人谋取利益的，由上级行政机关或者有关部门责令改正，对直接负责的主管人员和其他直接责任人员依法给予处分。

第六十五条　违反本法规定，金融机构有下列行为之一的，由金融业监督管理机构责令改正，对直接负责的主管人员和其他直接责任人员依法给予处分：

（一）在冻结前向当事人泄露信息的；

（二）对应当立即冻结、划拨的存款、汇款不冻结或者不划拨，致使存款、汇款转移的；

（三）将不应当冻结、划拨的存款、汇款予以冻结或者划拨的；

（四）未及时解除冻结存款、汇款的。

第六十六条　违反本法规定，金融机构将款项划入国库或者财政专户以外的其他账户的，由金融业监督管理机构责令改正，并处以违法划拨款项二倍的罚款；对直接负责的主管人员和其他直接责任人员依法给予处分。

违反本法规定，行政机关、人民法院指令金融机构将款项划入国库或者财政专户以外的其他账户的，对直接负责的主管人员和其他直接责任人员依法给予处分。

第六十七条　人民法院及其工作人员在强制执行中有违法行为或者扩大强制执行范围的，对直接负责的主管人员和其他直接责任人员依法给予处分。

第六十八条　违反本法规定，给公民、法人或者其他组织造成损失的，依法给予赔偿。

违反本法规定，构成犯罪的，依法追究刑事责任。

第七章　附　　则

第六十九条　本法中十日以内期限的规定是指工作日，不含法定节假日。

第七十条　法律、行政法规授权的具有管理公共事务职能的组织在法定授权范围内，以自己的名义实施行政强制，适用本法有关行政机关的规定。

第七十一条　本法自 2012 年 1 月 1 日起施行。

中华人民共和国环境保护法

（1989 年 12 月 26 日第七届全国人民代表大会常务委员会第十一次会议通过　2014 年 4 月 24 日第十二届全国人民代表大会常务委员会第八次会议修订　2014 年 4 月 24 日中华人民共和国主席令第 9 号公布　自 2015 年 1 月 1 日起施行）

第一章　总　　则

第一条　为保护和改善环境，防治污染和其他公害，保障公众健康，推进生态文明建设，促进经济社会可持续发展，制定本法。

第二条　本法所称环境，是指影响人类生存和发展的各种天然的和经过人工改造的自然因素的总体，包括大气、水、海洋、土地、矿藏、森林、草原、湿地、野生生物、自然遗迹、人文遗迹、自然保护区、风景名胜区、城市和乡村等。

第三条　本法适用于中华人民共和国领域和中华人民共和国管辖的其他海域。

第四条　保护环境是国家的基本国策。

国家采取有利于节约和循环利用资源、保护和改善环境、促进人与自然和谐的经济、技术政策和措施，使经济社会发展与环境保护相协调。

第五条　环境保护坚持保护优先、预防为主、综合治理、公众参与、损害担责的原则。

第六条　一切单位和个人都有保护环境的义务。

地方各级人民政府应当对本行政区域的环境质量负责。

企业事业单位和其他生产经营者应当防止、减少环境污染和生态破坏，对所造成的损害依法承担责任。

公民应当增强环境保护意识，采取低碳、节俭的生活方式，自觉履行环境保护义务。

第七条　国家支持环境保护科学技术研究、开发和应用，鼓励环境保护产业发展，促进环境保护信息化建设，提高环境保护科学技术水平。

第八条　各级人民政府应当加大保护和改善环境、防治污染和其他公害的财政投入，提高财政资金的使用效益。

第九条　各级人民政府应当加强环境保护宣传和普及工作，鼓励基层群众性自治组织、社会组织、环境保护志愿者开展环境保护法律法规和环境保护知识的宣传，营造保护环境的良好风气。

教育行政部门、学校应当将环境保护知识纳入学校教育内容，培养学生的环境保护意识。

新闻媒体应当开展环境保护法律法规和环境保护知识的宣传，对环境违法行为进行舆论监督。

第十条 国务院环境保护主管部门，对全国环境保护工作实施统一监督管理；县级以上地方人民政府环境保护主管部门，对本行政区域环境保护工作实施统一监督管理。

县级以上人民政府有关部门和军队环境保护部门，依照有关法律的规定对资源保护和污染防治等环境保护工作实施监督管理。

第十一条 对保护和改善环境有显著成绩的单位和个人，由人民政府给予奖励。

第十二条 每年 6 月 5 日为环境日。

第二章 监 督 管 理

第十三条 县级以上人民政府应当将环境保护工作纳入国民经济和社会发展规划。

国务院环境保护主管部门会同有关部门，根据国民经济和社会发展规划编制国家环境保护规划，报国务院批准并公布实施。

县级以上地方人民政府环境保护主管部门会同有关部门，根据国家环境保护规划的要求，编制本行政区域的环境保护规划，报同级人民政府批准并公布实施。

环境保护规划的内容应当包括生态保护和污染防治的目标、任务、保障措施等，并与主体功能区规划、土地利用总体规划和城乡规划等相衔接。

第十四条 国务院有关部门和省、自治区、直辖市人民政府组织制定经济、技术政策，应当充分考虑对环境的影响，听取有关方面和专家的意见。

第十五条 国务院环境保护主管部门制定国家环境质量标准。

省、自治区、直辖市人民政府对国家环境质量标准中未作规定的项目，可以制定地方环境质量标准；对国家环境质量标准中已作规定的项目，可以制定严于国家环境质量标准的地方环境质量标准。地方环境质量标准应当报国务院环境保护主管部门备案。

国家鼓励开展环境基准研究。

第十六条 国务院环境保护主管部门根据国家环境质量标准和国家经济、技术条件，制定国家污染物排放标准。

省、自治区、直辖市人民政府对国家污染物排放标准中未作规定的项目，可以制定地方污染物排放标准；对国家污染物排放标准中已作规定的项目，可以制定严于国家污染物排放标准的地方污染物排放标准。地方污染物排放标准应当报国务院环境保护主管部门备案。

第十七条 国家建立、健全环境监测制度。国务院环境保护主管部门制定监测规范，会同有关部门组织监测网络，统一规划国家环境质量监测站（点）的设置，建立监测数据共享机制，加强对环境监测的管理。

有关行业、专业等各类环境质量监测站（点）的设置应当符合法律法规规定和监测规范的要求。

监测机构应当使用符合国家标准的监测设备，遵守监测规范。监测机构及其负责人对监测数据的真实性和准确性负责。

第十八条 省级以上人民政府应当组织有关部门或者委托专业机构，对环境状况进行调查、评价，建立环境资源承载能力监测预警机制。

第十九条 编制有关开发利用规划，建设对环境有影响的项目，应当依法进行环境影响评价。

未依法进行环境影响评价的开发利用规划，不得组织实施；未依法进行环境影响评价的建设项目，不得开工建设。

第二十条　国家建立跨行政区域的重点区域、流域环境污染和生态破坏联合防治协调机制，实行统一规划、统一标准、统一监测、统一的防治措施。

前款规定以外的跨行政区域的环境污染和生态破坏的防治，由上级人民政府协调解决，或者由有关地方人民政府协商解决。

第二十一条　国家采取财政、税收、价格、政府采购等方面的政策和措施，鼓励和支持环境保护技术装备、资源综合利用和环境服务等环境保护产业的发展。

第二十二条　企业事业单位和其他生产经营者，在污染物排放符合法定要求的基础上，进一步减少污染物排放的，人民政府应当依法采取财政、税收、价格、政府采购等方面的政策和措施予以鼓励和支持。

第二十三条　企业事业单位和其他生产经营者，为改善环境，依照有关规定转产、搬迁、关闭的，人民政府应当予以支持。

第二十四条　县级以上人民政府环境保护主管部门及其委托的环境监察机构和其他负有环境保护监督管理职责的部门，有权对排放污染物的企业事业单位和其他生产经营者进行现场检查。被检查者应当如实反映情况，提供必要的资料。实施现场检查的部门、机构及其工作人员应当为被检查者保守商业秘密。

第二十五条　企业事业单位和其他生产经营者违反法律法规规定排放污染物，造成或者可能造成严重污染的，县级以上人民政府环境保护主管部门和其他负有环境保护监督管理职责的部门，可以查封、扣押造成污染物排放的设施、设备。

第二十六条　国家实行环境保护目标责任制和考核评价制度。县级以上人民政府应当将环境保护目标完成情况纳入对本级人民政府负有环境保护监督管理职责的部门及其负责人和下级人民政府及其负责人的考核内容，作为对其考核评价的重要依据。考核结果应当向社会公开。

第二十七条　县级以上人民政府应当每年向本级人民代表大会或者人民代表大会常务委员会报告环境状况和环境保护目标完成情况，对发生的重大环境事件应当及时向本级人民代表大会常务委员会报告，依法接受监督。

第三章　保护和改善环境

第二十八条　地方各级人民政府应当根据环境保护目标和治理任务，采取有效措施，改善环境质量。

未达到国家环境质量标准的重点区域、流域的有关地方人民政府，应当制定限期达标规划，并采取措施按期达标。

第二十九条　国家在重点生态功能区、生态环境敏感区和脆弱区等区域划定生态保护红线，实行严格保护。

各级人民政府对具有代表性的各种类型的自然生态系统区域，珍稀、濒危的野生动植物自然分布区域，重要的水源涵养区域，具有重大科学文化价值的地质构造、著名溶洞和化石分布区、冰川、火山、温泉等自然遗迹，以及人文遗迹、古树名木，应当采取措施予以保护，严禁破坏。

第三十条　开发利用自然资源，应当合理开发，保护生物多样性，保障生态安全，依法制定有关生态保护和恢复治理方案并予以实施。

引进外来物种以及研究、开发和利用生物技术，应当采取措施，防止对生物多样性的破坏。

第三十一条　国家建立、健全生态保护补偿制度。

国家加大对生态保护地区的财政转移支付力度。有关地方人民政府应当落实生态保护补偿资金，确保其用于生态保护补偿。

国家指导受益地区和生态保护地区人民政府通过协商或者按照市场规则进行生态保护补偿。

第三十二条 国家加强对大气、水、土壤等的保护，建立和完善相应的调查、监测、评估和修复制度。

第三十三条 各级人民政府应当加强对农业环境的保护，促进农业环境保护新技术的使用，加强对农业污染源的监测预警，统筹有关部门采取措施，防治土壤污染和土地沙化、盐渍化、贫瘠化、石漠化、地面沉降以及防治植被破坏、水土流失、水体富营养化、水源枯竭、种源灭绝等生态失调现象，推广植物病虫害的综合防治。

县级、乡级人民政府应当提高农村环境保护公共服务水平，推动农村环境综合整治。

第三十四条 国务院和沿海地方各级人民政府应当加强对海洋环境的保护。向海洋排放污染物、倾倒废弃物，进行海岸工程和海洋工程建设，应当符合法律法规规定和有关标准，防止和减少对海洋环境的污染损害。

第三十五条 城乡建设应当结合当地自然环境的特点，保护植被、水域和自然景观，加强城市园林、绿地和风景名胜区的建设与管理。

第三十六条 国家鼓励和引导公民、法人和其他组织使用有利于保护环境的产品和再生产品，减少废弃物的产生。

国家机关和使用财政资金的其他组织应当优先采购和使用节能、节水、节材等有利于保护环境的产品、设备和设施。

第三十七条 地方各级人民政府应当采取措施，组织对生活废弃物的分类处置、回收利用。

第三十八条 公民应当遵守环境保护法律法规，配合实施环境保护措施，按照规定对生活废弃物进行分类放置，减少日常生活对环境造成的损害。

第三十九条 国家建立、健全环境与健康监测、调查和风险评估制度；鼓励和组织开展环境质量对公众健康影响的研究，采取措施预防和控制与环境污染有关的疾病。

第四章 防治污染和其他公害

第四十条 国家促进清洁生产和资源循环利用。

国务院有关部门和地方各级人民政府应当采取措施，推广清洁能源的生产和使用。

企业应当优先使用清洁能源，采用资源利用率高、污染物排放量少的工艺、设备以及废弃物综合利用技术和污染物无害化处理技术，减少污染物的产生。

第四十一条 建设项目中防治污染的设施，应当与主体工程同时设计、同时施工、同时投产使用。防治污染的设施应当符合经批准的环境影响评价文件的要求，不得擅自拆除或者闲置。

第四十二条 排放污染物的企业事业单位和其他生产经营者，应当采取措施，防治在生产建设或者其他活动中产生的废气、废水、废渣、医疗废物、粉尘、恶臭气体、放射性物质以及噪声、振动、光辐射、电磁辐射等对环境的污染和危害。

排放污染物的企业事业单位，应当建立环境保护责任制度，明确单位负责人和相关人员的责任。

重点排污单位应当按照国家有关规定和监测规范安装使用监测设备，保证监测设备正常运行，保存原始监测记录。

严禁通过暗管、渗井、渗坑、灌注或者篡改、伪造监测数据，或者不正常运行防治污染设施等逃避监管的方式违法排放污染物。

第四十三条　排放污染物的企业事业单位和其他生产经营者，应当按照国家有关规定缴纳排污费。排污费应当全部专项用于环境污染防治，任何单位和个人不得截留、挤占或者挪作他用。

依照法律规定征收环境保护税的，不再征收排污费。

第四十四条　国家实行重点污染物排放总量控制制度。重点污染物排放总量控制指标由国务院下达，省、自治区、直辖市人民政府分解落实。企业事业单位在执行国家和地方污染物排放标准的同时，应当遵守分解落实到本单位的重点污染物排放总量控制指标。

对超过国家重点污染物排放总量控制指标或者未完成国家确定的环境质量目标的地区，省级以上人民政府环境保护主管部门应当暂停审批其新增重点污染物排放总量的建设项目环境影响评价文件。

第四十五条　国家依照法律规定实行排污许可管理制度。

实行排污许可管理的企业事业单位和其他生产经营者应当按照排污许可证的要求排放污染物；未取得排污许可证的，不得排放污染物。

第四十六条　国家对严重污染环境的工艺、设备和产品实行淘汰制度。任何单位和个人不得生产、销售或者转移、使用严重污染环境的工艺、设备和产品。

禁止引进不符合我国环境保护规定的技术、设备、材料和产品。

第四十七条　各级人民政府及其有关部门和企业事业单位，应当依照《中华人民共和国突发事件应对法》的规定，做好突发环境事件的风险控制、应急准备、应急处置和事后恢复等工作。

县级以上人民政府应当建立环境污染公共监测预警机制，组织制定预警方案；环境受到污染，可能影响公众健康和环境安全时，依法及时公布预警信息，启动应急措施。

企业事业单位应当按照国家有关规定制定突发环境事件应急预案，报环境保护主管部门和有关部门备案。在发生或者可能发生突发环境事件时，企业事业单位应当立即采取措施处理，及时通报可能受到危害的单位和居民，并向环境保护主管部门和有关部门报告。

突发环境事件应急处置工作结束后，有关人民政府应当立即组织评估事件造成的环境影响和损失，并及时将评估结果向社会公布。

第四十八条　生产、储存、运输、销售、使用、处置化学物品和含有放射性物质的物品，应当遵守国家有关规定，防止污染环境。

第四十九条　各级人民政府及其农业等有关部门和机构应当指导农业生产经营者科学种植和养殖，科学合理施用农药、化肥等农业投入品，科学处置农用薄膜、农作物秸秆等农业废弃物，防止农业面源污染。

禁止将不符合农用标准和环境保护标准的固体废物、废水施入农田。施用农药、化肥等农业投入品及进行灌溉，应当采取措施，防止重金属和其他有毒有害物质污染环境。

畜禽养殖场、养殖小区、定点屠宰企业等的选址、建设和管理应当符合有关法律法规规定。从事畜禽养殖和屠宰的单位和个人应当采取措施，对畜禽粪便、尸体和污水等废弃物进行科学处置，防止污染环境。

县级人民政府负责组织农村生活废弃物的处置工作。

第五十条　各级人民政府应当在财政预算中安排资金，支持农村饮用水水源地保护、生活污水和其他废弃物处理、畜禽养殖和屠宰污染防治、土壤污染防治和农村工矿污染治理等环境保护工作。

第五十一条　各级人民政府应当统筹城乡建设污水处理设施及配套管网，固体废物的收集、运输和处置等环境卫生设施，危险废物集中处置设施、场所以及其他环境保护公共设施，并保障其正常运行。

第五十二条　国家鼓励投保环境污染责任保险。

第五章　信息公开和公众参与

第五十三条　公民、法人和其他组织依法享有获取环境信息、参与和监督环境保护的权利。

各级人民政府环境保护主管部门和其他负有环境保护监督管理职责的部门，应当依法公开环境信息、完善公众参与程序，为公民、法人和其他组织参与和监督环境保护提供便利。

第五十四条　国务院环境保护主管部门统一发布国家环境质量、重点污染源监测信息及其他重大环境信息。省级以上人民政府环境保护主管部门定期发布环境状况公报。

县级以上人民政府环境保护主管部门和其他负有环境保护监督管理职责的部门，应当依法公开环境质量、环境监测、突发环境事件以及环境行政许可、行政处罚、排污费的征收和使用情况等信息。

县级以上地方人民政府环境保护主管部门和其他负有环境保护监督管理职责的部门，应当将企业事业单位和其他生产经营者的环境违法信息记入社会诚信档案，及时向社会公布违法者名单。

第五十五条　重点排污单位应当如实向社会公开其主要污染物的名称、排放方式、排放浓度和总量、超标排放情况，以及防治污染设施的建设和运行情况，接受社会监督。

第五十六条　对依法应当编制环境影响报告书的建设项目，建设单位应当在编制时向可能受影响的公众说明情况，充分征求意见。

负责审批建设项目环境影响评价文件的部门在收到建设项目环境影响报告书后，除涉及国家秘密和商业秘密的事项外，应当全文公开；发现建设项目未充分征求公众意见的，应当责成建设单位征求公众意见。

第五十七条　公民、法人和其他组织发现任何单位和个人有污染环境和破坏生态行为的，有权向环境保护主管部门或者其他负有环境保护监督管理职责的部门举报。

公民、法人和其他组织发现地方各级人民政府、县级以上人民政府环境保护主管部门和其他负有环境保护监督管理职责的部门不依法履行职责的，有权向其上级机关或者监察机关举报。

接受举报的机关应当对举报人的相关信息予以保密，保护举报人的合法权益。

第五十八条　对污染环境、破坏生态，损害社会公共利益的行为，符合下列条件的社会组织可以向人民法院提起诉讼：

（一）依法在设区的市级以上人民政府民政部门登记；

（二）专门从事环境保护公益活动连续五年以上且无违法记录。

符合前款规定的社会组织向人民法院提起诉讼，人民法院应当依法受理。

提起诉讼的社会组织不得通过诉讼牟取经济利益。

第六章　法律责任

第五十九条　企业事业单位和其他生产经营者违法排放污染物，受到罚款处罚，被责令改正，拒不改正的，依法作出处罚决定的行政机关可以自责令改正之日的次日起，按照原处罚数额按日连续处罚。

前款规定的罚款处罚，依照有关法律法规按照防治污染设施的运行成本、违法行为造成的直接损失或者违法所得等因素确定的规定执行。

地方性法规可以根据环境保护的实际需要，增加第一款规定的按日连续处罚的违法行为的种类。

第六十条　企业事业单位和其他生产经营者超过污染物排放标

准或者超过重点污染物排放总量控制指标排放污染物的，县级以上人民政府环境保护主管部门可以责令其采取限制生产、停产整治等措施；情节严重的，报经有批准权的人民政府批准，责令停业、关闭。

第六十一条　建设单位未依法提交建设项目环境影响评价文件或者环境影响评价文件未经批准，擅自开工建设的，由负有环境保护监督管理职责的部门责令停止建设，处以罚款，并可以责令恢复原状。

第六十二条　违反本法规定，重点排污单位不公开或者不如实公开环境信息的，由县级以上地方人民政府环境保护主管部门责令公开，处以罚款，并予以公告。

第六十三条　企业事业单位和其他生产经营者有下列行为之一，尚不构成犯罪的，除依照有关法律法规规定予以处罚外，由县级以上人民政府环境保护主管部门或者其他有关部门将案件移送公安机关，对其直接负责的主管人员和其他直接责任人员，处十日以上十五日以下拘留；情节较轻的，处五日以上十日以下拘留：

（一）建设项目未依法进行环境影响评价，被责令停止建设，拒不执行的；

（二）违反法律规定，未取得排污许可证排放污染物，被责令停止排污，拒不执行的；

（三）通过暗管、渗井、渗坑、灌注或者篡改、伪造监测数据，或者不正常运行防治污染设施等逃避监管的方式违法排放污染物的；

（四）生产、使用国家明令禁止生产、使用的农药，被责令改正，拒不改正的。

第六十四条　因污染环境和破坏生态造成损害的，应当依照《中华人民共和国侵权责任法》的有关规定承担侵权责任。

第六十五条　环境影响评价机构、环境监测机构以及从事环境监测设备和防治污染设施维护、运营的机构，在有关环境服务活动中弄虚作假，对造成的环境污染和生态破坏负有责任的，除依照有关法律法规规定予以处罚外，还应当与造成环境污染和生态破坏的其他责任者承担连带责任。

第六十六条 提起环境损害赔偿诉讼的时效期间为三年，从当事人知道或者应当知道其受到损害时起计算。

第六十七条 上级人民政府及其环境保护主管部门应当加强对下级人民政府及其有关部门环境保护工作的监督。发现有关工作人员有违法行为，依法应当给予处分的，应当向其任免机关或者监察机关提出处分建议。

依法应当给予行政处罚，而有关环境保护主管部门不给予行政处罚的，上级人民政府环境保护主管部门可以直接作出行政处罚的决定。

第六十八条 地方各级人民政府、县级以上人民政府环境保护主管部门和其他负有环境保护监督管理职责的部门有下列行为之一的，对直接负责的主管人员和其他直接责任人员给予记过、记大过或者降级处分；造成严重后果的，给予撤职或者开除处分，其主要负责人应当引咎辞职：

（一）不符合行政许可条件准予行政许可的；

（二）对环境违法行为进行包庇的；

（三）依法应当作出责令停业、关闭的决定而未作出的；

（四）对超标排放污染物、采用逃避监管的方式排放污染物、造成环境事故以及不落实生态保护措施造成生态破坏等行为，发现或者接到举报未及时查处的；

（五）违反本法规定，查封、扣押企业事业单位和其他生产经营者的设施、设备的；

（六）篡改、伪造或者指使篡改、伪造监测数据的；

（七）应当依法公开环境信息而未公开的；

（八）将征收的排污费截留、挤占或者挪作他用的；

（九）法律法规规定的其他违法行为。

第六十九条　违反本法规定，构成犯罪的，依法追究刑事责任。

第七章　附　　则

第七十条　本法自 2015 年 1 月 1 日起施行。

图书在版编目（CIP）数据

生态环境行政处罚办法释义／李艳芳主编．—北京：中国法制出版社，2023.8
ISBN 978-7-5216-3786-1

Ⅰ.①生… Ⅱ.①李… Ⅲ.①环境保护法-行政处罚法-法律解释-中国 Ⅳ.①D922.685

中国国家版本馆 CIP 数据核字（2023）第 131089 号

策划编辑：王　彧
责任编辑：王　悦　　　　　　　　　　　　　　封面设计：李　宁

生态环境行政处罚办法释义
SHENGTAI HUANJING XINGZHENG CHUFA BANFA SHIYI

主编/李艳芳
经销/新华书店
印刷/三河市紫恒印装有限公司
开本/880 毫米×1230 毫米　32 开　　　　　　印张/ 12　字数/ 256 千
版次/2023 年 8 月第 1 版　　　　　　　　　2023 年 8 月第 1 次印刷

中国法制出版社出版
书号 ISBN 978-7-5216-3786-1　　　　　　　　　定价：89.00 元

北京市西城区西便门西里甲 16 号西便门办公区
邮政编码：100053　　　　　　　　　　　传真：010-63141600
网址：http://www.zgfzs.com　　　　　　编辑部电话：010-63141831
市场营销部电话：010-63141612　　　　印务部电话：010-63141606

（如有印装质量问题，请与本社印务部联系。）